VOYAGE

AUX

PAYS VOLCANIQUES

DU VIVARAIS

PAR LE DOCTEUR FRANCUS

PRIVAS
IMPRIMERIE TYPOGRAPHIQUE ROURE

1878

Pour paraître avant la fin de l'année :

VOYAGE
AUTOUR DU CANTON DE VALGORGE

PAR LE DOCTEUR FRANCUS

Les souscriptions sont reçues, dès aujourd'hui, chez M. Roure, éditeur, jusqu'à une date qui sera ultérieurement fixée.

VOYAGE
aux
PAYS VOLCANIQUES
DU VIVARAIS

PAR LE DOCTEUR FRANCUS

PRIVAS
IMPRIMERIE TYPOGRAPHIQUE ROURE.

1878.

Lettre à un ancien professeur du Collége de Privas.

Juin 1871.

Mon cher abbé,

Vous n'avez pas oublié ces temps heureux où ma jeunesse apprenait à comprendre et admirer Virgile, Homère, Euripide, Tasse, Dante et nos vieux poètes françois.

En outre, j'épelais avec vous les merveilles géologiques et végétales du pays.

Nous lisions dans les pierres et dans les fleurs, comme dans les deux livres où Dieu a le mieux écrit les secrets de sa puissance et de sa sagesse infinies.

Votre voix, comme une évocation magique, transformait, à nos yeux, tous ces pittoresques environs de Privas que nous avons tant de fois parcourus ensemble. La plaine et la montagne s'ouvraient pour nous révéler leurs mystères. Les vieux âges venaient se replacer sous nos yeux.

Nous assistions aux antiques bouleversements, aux séculaires batailles de l'eau et du feu, au développement des montagnes et au creusement des vallées. Nous trouvions à tous les détours du chemin quelque trace des étapes du Temps. Et notre âme, s'élevant en proportion de la grandeur du spectacle, éclairant le présent par le passé, prenait en quelque sorte des ailes à toutes ces révélations et goûtait de suprêmes voluptés à les saisir et à méditer sur elles.

D'autres temps, d'autres préoccupations sont venus ; mais le souvenir du pays natal et les premières impressions poétiques qu'il a fait fleurir sont restés gravés dans mon âme, se transformant, mais s'agrandissant, se suspendant pour ainsi dire à ma plume et remplissant mes heures d'insomnie, comme si c'était un devoir pour moi de chercher à les traduire pour des oreilles humaines et de faire apprécier aux autres ce qu'il y a de beau, de grand, d'original dans notre Vivarais.

Mon admiration pour les poètes anciens m'avait rendu poète. Du moins, je sentais vivement, mais, je l'avoue sans honte, je n'ai jamais fait que de mauvais vers. De la conception à l'exécution, du sentiment à l'expression, il y a loin, et, pour une raison ou pour l'autre, je n'ai pu passer, en vers, la distance qui les sépare. Puis, voyant l'indifférence générale que rencontrent les ouvrages en vers, et consultant mes propres impressions, il m'a semblé que la poésie, telle que je la comprenais au collège, et qui consiste surtout dans un brillant essor de l'imagination célébrant dans un style convenu un certain nombre de sujets convenus, n'était plus qu'un anachronisme ou du moins une portion restreinte du vaste domaine que cultivent les intelligences d'élite. L'histoire a supprimé l'emploi des Virgile et des Homère. Les philosophes vraiment dignes de ce nom ne laissent plus rien à faire aux poètes didactiques et moraux. Au théâtre, la solennelle tragédie est détrônée par le drame ou par la comédie de mœurs et de caractère. Personne n'a plus le temps de faire des vers, et ceux qui persistent à aligner des hémistiches, à moins d'être des aigles, se font toujours rire au nez.

Mais si la langue cadencée des poètes ne convient plus à la tournure d'esprit et aux besoins modernes, il serait absurde de vouloir proscrire la poésie elle-même.

En définitive, celle-ci n'est que l'expression saisissante, imagée, des grands faits ou des grandes idées. Le langage en vers n'était qu'une de ses manifestations, comme la peinture, la sculpture et la musique en sont d'autres. On pourrait dire qu'aujourd'hui le vers a passé dans la prose. Depuis un siècle, les plus grands poètes écrivent en prose : il suffit de citer Bernardin de Saint-Pierre, Châteaubriand, Michelet. Sous la plume de ces écrivains, la prose est venue égaler le vers en éclat et en coloris, et l'a dépassé en souplesse et en précision. La science, rétive au lit de Procuste de la versification, a fait une brillante entrée dans la prose. Avec sa vulgarisation a commencé une littérature nouvelle qui s'est attachée à faire ressortir les merveilleuses découvertes de notre époque et les beautés de la nature, sans en altérer le caractère, à faire, en un mot, de la poésie vraie.

Il m'a semblé que si quelqu'un savait saisir la poésie vraie de notre Vivarais, il ferait un livre singulièrement intéressant.

Il faudrait pour cela joindre à une vive imagination un grand amour de la science et une ardeur infatigable au travail, car, quoi qu'on en dise, les bons ouvrages ne se font pas tout seuls et ceux qui paraissent avoir le plus facilement coulé de source sont ceux qui ont coûté le plus de peine.

Il faut par dessus tout aimer ardemment son pays, l'avoir parcouru dans tous les sens, l'avoir étudié, interrogé sous toutes ses faces, s'être pénétré de son histoire, de sa constitution, de sa physionomie, de toutes ses conditions physiques, comme des tendances et des besoins de ses populations. Il faut n'être étranger à rien de ce qui intéresse le vieux Vivarais comme la nouvelle Ardèche.

Il faut... bien des choses que je n'ai pas. Cependant, si vous vouliez m'aider, peut-être, à nous deux, parviendrions-nous à écrire quelques feuillets du livre que j'ai rêvé. Peut-être, du moins, donnerions-nous à quelqu'un de plus capable n'ayant pas comme nous à dérober quelques rares loisirs aux nécessités d'un labeur quotidien, le désir de réaliser plus tard cette belle entreprise. Nous reparlerons de cela, mon cher abbé, l'automne prochain, quand, suivant votre promesse, vous nous reviendrez sur le théâtre aimé des enseignements d'autrefois. Nous irons revoir les anémones du Coiron, les ruines du monastère de Charaix et les gentianes jaunes de la roche Gourdon. Nous nous rajeunirons par la pensée des temps d'autrefois et nous demanderons au spectacle toujours nouveau de la vieille nature vivaroise les inspirations qui doivent fixer le cœur et l'attention d'un public toujours trop porté aux choses frivoles.

Pour punir les péchés des hommes, que n'avaient pu corriger ni le choléra, ni les maladies de la vigne et du ver à soie, Dieu leur a envoyé, depuis quelques années, une surexcitation de la manie politique qui est devenue en France une véritable rage.

Il m'est arrivé plus d'une fois, quand je suis sorti de mon village, de retrouver dans un état voisin de l'hydrophobie de braves gens qui, il y a un an ou deux, étaient, moins la laine, de petits agneaux.

On fait de la politique à propos de tout et à propos de rien.

Politiquer dans un pays où il y a tant à voir, tant à apprendre, tant à admirer, où Dieu a écrit tant de choses de sa plus belle écriture ; se perdre dans les débats de petites constitutions transitoires, quand on a devant soi des monuments naturels où se révèlent les lois de la constitution du monde ; écouter Adam quand Jéhovah parle et se montre, n'est-ce pas absurde, puéril et même sacrilége !

Puisque les paroles n'ont plus de prise sur cette foule affolée, nous prêcherons par l'exemple et — avec l'aide du dégoût et de la lassitude qu'engendre toujours le culte des faux dieux — j'espère bien que tôt ou tard nous nous retrouverons en nombre dans la voie instructive et féconde où nous allons chercher à attirer nos concitoyens égarés.

Donc, à cet automne, mon cher abbé, et veuillez croire à mes sentiments affectueux.

X...

Le digne ecclésiastique (1), à qui cette lettre était adressée, mourut peu de temps après. Il fallut faire seul en automne le voyage projeté. Chaque année depuis lors, seul ou accompagné, j'ai

---

(1) M. l'abbé Bourdillon, mort à Béziers le 15 mars 1872, à l'âge de 68 ans, a été pendant de longues années, professeur de rhétorique, de langues étrangères, de botanique et de géologie au collége de Privas, du temps que ce collége était dirigé par les Pères Basiliens. C'est incontestablement un des prêtres les plus distingués qui aient passé dans cet établissement où tant de nos jeunes compatriotes ont reçu, non-seulement l'instruction, mais encore, ce qui est infiniment plus précieux, cette éducation morale et religieuse sans laquelle l'instruction est plus souvent nuisible qu'utile.

parcouru quelque coin des montagnes natales, et c'est une partie des notes ou impressions recueillies dans ces trop rapides excursions que je présente aujourd'hui au public ardéchois. Ceci n'est point un travail académique, mais une suite de récits et de causeries, écrits au courant de la plume et sans aucune prétention. Je prie mes concitoyens de l'Ardèche de fermer les yeux sur une foule de lacunes ou de défauts qui s'y trouvent certainement, pour n'y voir que les bonnes intentions de l'auteur qui, tout en travaillant à faire mieux connaître son pays, a cherché aussi à répandre parmi ses habitants quelques idées utiles et à dissiper un certain nombre de préjugés dont ils sont trop souvent les jouets et les victimes.

VOYAGE
AUX
PAYS VOLCANIQUES
DU VIVARAIS

I

DE LIVRON A ROCHEMAURE.

L'entrée en Vivarais. — L'orage. — Un hommage au figuier. — Le royaume de la chaux. — Bergwise. — Comment le pavé de Montélimar fit découvrir, au siècle dernier, les volcans du Vivarais.

La grande porte du Vivarais était autrefois le pont de Valence. On avait en face de soi des montagnes arides, ou boisées seulement dans les sinuosités, formant comme une grande tenture bizarrement colorée suivant les saisons, de vert, de jaune, de rouge ou de gris, à laquelle servait de bordure l'étroite lisière de plaine verte, entremêlée de vignes et de mûriers, qui longe la rive droite du Rhône. La montagne de Crussol jouait son rôle dans ce tableau, soit qu'on se la figurât faisant les cornes aux habitants de l'autre rive, soit qu'on y vît, ce qui était plus simple, une enseigne et un avant-goût des grandes ruines naturelles qui attendent le voyageur assez osé pour pénétrer en Vivarais.

Aujourd'hui, c'est par la Voulte qu'on entre dans l'ancienne Helvie. Le tableau est plus parlant et l'enseigne plus vraie. Le chemin de fer, après quelques minutes de course à travers les champs de maïs, les vignes, les noyers, les figuiers, les pins, les peupliers, les saules et les oseraies qui couvrent la rive dauphinoise, saute le Rhône en sifflant et met le touriste émerveillé en présence d'un village rouge que dominent l'église et un castel du plus pur moyen-âge : c'est l'ancienne demeure de ces barons de Lévis-Ventadour qui prétendaient descendre de Lévy, l'ancêtre de la Ste-Vierge, et appelaient celle-ci : ma cousine. Une fumée bleue, se dégageant entre deux côteaux verdoyants, monte derrière le castel, révélant la place des mines et des hauts-fourneaux qui font la richesse de ce pays. Un de mes spirituels confrères, le docteur Munaret, compare la Voulte à un homard servi dans un plat de laitue.

La Voulte fait bien comme première station du chemin de fer en Vivarais. Elle le caractérise au point de vue historique, industriel et même politique. Le castel féodal rappelle les barons, comme l'église et son clocher roman proclament l'œuvre éternelle de la religion et du clergé, tandis que la fumée et la poussière rouge reviennent naturellement à tous ceux qui s'occupent de politique.

*
* *

Le bateau à vapeur nous avait débarqué à Valence. Ah ! quel bon temps que celui où on descendait le Rhône pour revenir du Nord en Vivarais ! Quel riche défilé de gais paysages et de ruines pittoresques ! Et puis alors on était jeune, ce qui est encore la première de toutes les richesses, dont les illusions font, d'ailleurs, la monnaie. Toutes ces montagnes et ces rives avaient un reflet de poésie comme dans les contes de fées. Elles l'ont encore aujourd'hui, mais à un autre point de vue. Ce que la science nous en a appris, ce que de nombreuses explorations nous ont permis d'y reconnaître, leur ont refait une auréole d'un caractère moins vaporeux, moins sentimental, mais plus durable, que celle d'autrefois. Aussi n'est-ce pas sans une véritable émotion que nous apercevions en face de nous les montagnes vivaroises avec leur costume rouge habituel, fripé de jaune et frangé de vert.

Quelque temps avant le départ de la diligence, le ciel, à la suite d'une chaude journée d'août, s'était subitement assombri sur toute la ligne des Cévennes. Des vapeurs, sortant on ne sait d'où, avaient apparu sur tout les points de l'horizon, en formant à l'ouest d'épaisses nuées comme celles qui durent apparaître à Moïse sur le mont Sinaï. L'atmosphère était devenue d'une chaleur et d'une lourdeur insupportables. Il y eut d'abord comme des reflets d'éclair. L'orage devait sévir à ce moment là sur les monts Dore. Puis à vue d'œil les éclairs devinrent plus sensibles et plus étendus. La crête des montagnes s'illuminait parfois depuis le Gard jusqu'en Bourgogne. Le tonnerre se fit entendre peu à peu, d'abord comme un sourd roulement de tambour à une cérémonie funèbre, puis, avec un rapide crescendo, roula sur les montagnes ses notes les plus éclatantes. Alors les éclairs redoublèrent d'intensité. L'épaisse muraille de nuages qui nous dérobait le Nord et l'Occident fut déchirée par des zigzags frénétiques ou de véritables colonnes de feu, auxquels succédaient d'épouvantables éclats de tonnerre. C'est comme cela qu'il devait tonner quand les anciens volcans de l'Auvergne et du Vivarais étaient en activité. On eût dit que la nature entière allait s'abîmer sous les coups de l'artillerie céleste. L'orage qui jusque là avait suivi la ligne des montagnes s'étendit rapidement dans la plaine. Une violente raffale d'eau inonda la plaine de Valence, sans refroidir le zèle réglementaire de notre conducteur qui, au plus fort de la tempête, vint nous crier : Messieurs les voyageurs, en voiture pour Privas !

Les voyageurs se regardèrent, mais aucun n'hésita et la diligence prit au petit trot la direction du pont.

J'étais dans le coupé avec un enfant qui ne cachait

pas sa frayeur et une religieuse qui disait son chapelet avec un calme et une sérénité que n'eut jamais le plus stoïque des philosophes. Il y eut un moment où, impatientée par les gestes de l'enfant, elle lui dit d'une voix d'ailleurs fort douce : Taisez-vous, Monsieur, rien n'arrive de ce que le bon Dieu ne veut pas !

L'orage fut à son paroxysme au moment où nous traversions le pont, entre les feux du ciel et les eaux troubles et agitées du fleuve qui semblaient nous réclamer comme une proie légitime. J'avoue que je n'étais pas sans ressentir une certaine émotion, mais il me sembla voir comme une illumination céleste sur le visage de la religieuse et je fus honteux de ma propre faiblesse, en même temps que j'étais frappé du redoublement de force que la foi donne aux âmes pures. J'aurais voulu alors pouvoir animer les chevaux. Un apaisement presque subit de l'orage récompensa cette courageuse velléité. A peine le Rhône passé, nous trouvâmes un air plus frais et c'est vers les montagnes du Dauphiné que se firent entendre les forts grondements de la foudre. Je me rappelai involontairement le Tancrède de la *Jérusalem délivrée*, à qui il suffit de s'élancer dans la forêt magique pour en faire évanouir tout l'horrible appareil de flammes et de démons. Et l'expérience m'a, depuis, bien souvent prouvé que les choses qui paraissent les plus effrayantes dans ce monde ne sont pas les plus dangereuses, que les grosses voix, comme les bruyantes tempêtes, ne sont pas celles qui font le plus de victimes, que les plus braillards ne sont pas les plus courageux et qu'il suffit bien souvent de marcher résolûment en avant pour faire rentrer sous terre tels hommes ou tels partis dont le nom et les fanfaronnades remplissaient la veille le monde et faisaient l'admiration des uns et la terreur des autres.

*
* *

Revenons à des temps plus modernes. Il faut être un touriste antédiluvien pour parler d'un voyage en diligence de Valence à Privas.

Il n'y a plus aujourd'hui de diligences entre les deux chefs-lieux et c'est en chemin de fer, bon gré mal gré, que, riche ou pauvre, conservateur ou démocrate, on entre en Vivarais.

Nous avons déjà salué la Voulte. Plus d'une note sur ce pays, suspendue au bout de ma plume, allait s'en échapper, mais le chemin de fer ne lui en laisse pas le loisir. Le voilà qui tourne à gauche et s'enfuit comme un dératé. Un tunnel se présente, il s'y précipite. Les ténèbres sont heureusement de courte durée. Les collines à droite reparaissent vite, étalant au soleil leur maigre végétation. A gauche, le Rhône avec ses eaux grisâtres. Quelques oliviers le contemplent mélancoliquement, tandis que de nombreux mûriers s'ébattent à quelque distance dans la plaine.

Bon Dieu ! comme les collines sont abruptes et pierreuses ! Les vignes semblent harassées et je pense qu'elles ont dû remercier le phylloxera de les avoir délivrées d'une existence triste. Les pierres : voilà la vraie récolte de cette région.

Je dois un hommage en passant au figuier dont les larges feuilles masquent çà et là les rochers ou les vieilles murailles. Cet arbre pousse dans les fentes marneuses comme un grain de froment dans une bonne terre, et trouve le moyen d'en extraire des sucs que le soleil transforme en sucre. On dit d'un homme habile qu'il trouverait des truffes sur le radeau de la Méduse. Le figuier, plus habile, tire des figues du calcaire. Le figuier, s'il pouvait parler, répondrait probablement : C'est à Dieu que cet hommage est dû, à Dieu qui fait à tous les pas des miracles bien autrement surprenants que le mien.

On me reprochera peut-être de faire trop parler la nature. C'est que la nature est une grande bavarde — une bavarde admirable pour ceux qui savent la comprendre. Or, pour la comprendre, il faut l'avoir étudiée ; il faut surtout avoir saisi l'harmonie universelle des choses, c'est-à-dire l'ordre et la sagesse qui président à la création tout entière.

Tout vit et parle dans la nature pour qui sait y voir l'œuvre de Dieu.

On a beaucoup trop, dans ces derniers temps, exalté la raison humaine. On en a fait une petite folle qui croit avoir la science infuse, quand il lui suffirait de bien ouvrir les yeux pour reconnaître que chacune de ses découvertes agrandit Dieu, et de bien se regarder en dedans pour se convaincre de sa propre petitesse. Plus on apprend, plus on se sent ignorant, parce qu'un problème résolu est remplacé ordinairement par plusieurs autres encore plus difficiles à résoudre. C'est pour cela qu'on n'a jamais vu un esprit véritablement supérieur faire profession d'athéisme.

*
* *

Au Pouzin, les montagnes s'écartent. On aperçoit la trouée vers Privas. La chaîne du Coiron se présente comme une série de pains de sucre où le basalte disparaît sous les buis et les chênes verts. Les cigales chantent sur les mûriers : leur cri surprend toujours un peu le voyageur qui vient du nord. Une d'elles, effrayée par le sifflet de la locomotive, vient donner contre le train. C'est Gribouille avec des ailes. Bête et criard et courant au-devant du danger en voulant le fuir : à combien d'insectes politiques cela ne fait-il pas songer invinciblement ?

J'aurais bien voulu m'arrêter au Pouzin pour voir la collection de mon confrère, le docteur Lamothe, qui a cherché, non sans succès, dans les débris de tout genre que recèle le sol, la trace des anciennes populations celtiques et sarrasines qui ont occupé le pays ; mais si le temps m'a manqué cette fois, j'espère bien, une autre fois, réaliser ce projet.

On passe à Baix sans le voir. Il en sera de même, plus loin, pour Aubignas, Villeneuve-de-Berg et Balazuc, ce qui pourrait mériter à cette ligne le nom de chemin des stations invisibles.

De Baix à Cruas, c'est le grand faubourg de la chaux dont la capitale est au Teil. Qui n'a pas entendu parler de cette merveilleuse chaux du Teil, la reine des chaux hydrauliques pour la résistance à l'eau de mer, et sans laquelle on aurait difficilement mené à bonne fin la plupart des grands travaux de nos jours ?

Les gentilshommes chaufourniers détruisent la montagne pour revendre au monde entier ses débris calcinés. Heureusement qu'ils sont petits et que la montagne est grande. Il faudra bâtir bien des villes, des ponts et des jetées, avant que le Coiron soit sensiblement entamé.

La route de terre, blanche comme un ruban d'argent, ombragée çà et là par quelques noyers, se déroule parallèlement à la voie ferrée.

Cruas est à l'entrée d'un ravin, dominé par les ruines de la vieille abbaye. L'église avec sa crypte du IXe siècle est un monument qui mérite d'être visité, mais le chemin de fer est impitoyable et ce n'est pas cette fois que nous en parlerons.

La montagne, jusque là perpendiculaire, s'incline

et s'enfuit vers l'ouest. De riants côteaux lui font place. C'est l'entrée de la vallée de Barrès. Voici le village de Meysse.

Le pic de Bergwise se tient droit là-bas avec sa couronne de créneaux basaltiques surplombant le château de Pampellonne. Fernand de St-Andéol y a signalé l'existence d'un ancien oppidum gaulois dans lequel il a cru reconnaître les traces d'*Alona*, une ville helvienne que Pompée, d'après Etienne de Byzance, donna aux Marseillais pour punir les Helviens d'avoir embrassé la cause de Sertorius. Meysse, qui était le port d'Alona, tirerait son nom de sa métropole *Massalia* (Marseille), et le château de *Pampellonne* rappellerait, de son côté, l'*Alona de Pompée*.

Le sommet de Chenavari se dresse par dessus la montagne de Sierra, mais ne tarde pas à disparaître.

Un dike basaltique annonce l'approche de Rochemaure (*Ruppesmaura*). Il s'appelle *la Roche*. Il y en a deux autres plus petits à côté. Un entrepreneur voulut acheter la Roche, il y a quelques années, pour en faire une carrière de pierres à bâtir. Fort heureusement, on ne s'entendit pas sur le prix et la sentinelle noire a pu ainsi conserver son poste. Elle commence à être envahie dans ses cassures par la végétation.

D'autres roches basaltiques d'un magnifique effet se dressent plus loin au-dessus et au milieu de Rochemaure, dont elles supportent le château et les vieilles tours.

***

C'est ici le lieu de rappeler comment le pavé des rues de Montélimar fit découvrir, au siècle dernier, les volcans de l'Auvergne et du Vivarais.

Tandis que pour beaucoup de paysans de ces contrées, l'existence des anciens volcans ne faisait pas de doute, comme le prouvent les noms restés à bon nombre des anciennes montagnes volcaniques et l'expression vulgaire de *peyre arse* (pierres brûlées) pour désigner les cendres et scories, les savants, beaucoup moins avancés, ne s'étaient pas encore doutés que le sol français eût jamais lancé des flammes. Pascal et Cassini, quoiqu'ayant marché sur les volcans d'Auvergne, ne les avaient pas aperçus.

L'honneur de cette découverte revient à MM. Guettard et Malesherbes, de l'Académie des sciences, qui, revenant d'Italie en 1751, et ayant dîné à Montélimar avec Faujas de St-Fond et quelques autres savants, furent frappés de l'aspect des pierres composant le pavé des rues de cette ville et de leur ressemblance avec les pièces polygonales de lave servant aux anciennes voies romaines, qu'ils venaient de voir du côté de Rome et de Naples. Ils demandèrent d'où venaient ces pierres basaltiques. On les mena à Rochemaure, où ils crurent reconnaître les restes d'anciennes éruptions volcaniques. Ils visitèrent une partie du Vivarais et de l'Auvergne, et c'est à Clermont seulement que tous leurs doutes furent levés et qu'ils constatèrent la parfaite identité des anciens phénomènes volcaniques de ces contrées avec ceux dont ils venaient d'être les témoins en Italie.

Guettard publia en 1751 son *Mémoire sur quelques montagnes de la France qui ont été des volcans*. On se moqua de lui et un savant professeur de Clermont prouva même que les scories signalées étaient des débris de travaux de forges établis par les Romains.

M. Montet, de l'Académie de Montpellier, décrivit en 1760 les volcans du Languedoc.

M. Desmarets appuya les vues de M. Guettard en 1771.

En 1775, Guettard et Faujas de St-Fond visitèrent le volcan d'Ayzac, près d'Antraigues.

En 1777, le Vivarais fut parcouru par l'abbé de Mortesagne, Faujas de St-Fond et M. Gensanne.

Enfin, les ouvrages de Faujas de St-Fond en 1778 et de Soulavie en 1780, mirent hors de toute contestation l'existence des volcans de la France centrale.

II

LE CHENAVARI.

Le Chenavari. — L'exploitation de ses prismes basaltiques au siècle dernier. — Un ruisseau de laves solidifiées. — Une erreur de Poulett Scrope. — La mort du chêne.

Rochemaure est un des endroits les plus curieux de l'Ardèche, au triple point de vue volcanique, pittoresque et historique.

Nulle part l'histoire du feu n'est écrite en caractères plus grandioses. C'est le fronton de l'immense monument volcanique qui constitue la chaîne du Coiron, et l'on peut dire que ce fronton est digne du reste de l'édifice.

La montagne de Chenavari qui domine le versant dont une pointe porte Rochemaure, se relie à tout le système volcanique du Coiron, et elle en est seulement le sommet le plus avancé à l'est.

On peut monter à cheval ou à mulet jusqu'au sommet du Chenavari. J'ai fait cette ascension le 28 août 1876, sur un mulet assez rétif mais qui, en somme, se conduisit bien, grâce au guide qui m'accompagnait et qui le dirigeait de la voix ou en le tenant par la queue. Je n'ai encore trouvé qu'à Rochemaure cette façon originale de conduire les mulets.

Nous mîmes une heure pour monter de la plaine au sommet du plateau.

Je remarquai sur divers points de la route des couches d'argile surmontées d'un conglomérat solidement relié par un ciment calcaire formant une sorte de beton.

Une fort jolie gorge, à terrain très-fertile, s'étend derrière le village de Rochemaure. Elle formait l'ancienne métairie *Fara cum ecclesia Sti-Laurentii* mentionnée par la *Charta vetus* parmi les dons faits à l'église de Viviers. Je reparlerai plus loin de l'église de St-Laurent dont nous laissons les ruines à notre droite.

Les colonnades basaltiques de Chenavari ont été exploitées à diverses reprises comme pierres à bâtir ou pour le pavage des rues.

Nous trouvons dans le curieux ouvrage de Marzari-Pencati, un géologue italien qui a visité le Coiron en 1805 (1), que Faujas de St-Fond, vingt ans auparavant, avait fait paver la grande rue de Montélimar avec des prismes hexagonaux de Chenavari qui étaient plantés en terre verticalement et dont l'assemblage formait une vraie mosaïque. Marzari, en visitant Chenavari, trouva même les ouvriers occupés à l'extraction des prismes. L'entrepreneur s'était chargé de fournir 1,600 prismes par an pour entretenir la grande rue de Montélimar laquelle, servant au passage de la grand'route entre Lyon et Marseille, était

(1) CORSA PEL BACINO DEL RODANO *contiene la Orittografia del monte Coiron.* Vicenza, 1806.

promptement détériorée. Les prismes devaient avoir une base de 7 à 11 pouces, avec une hauteur minimum de 7 pouces. Ces pierres étaient payées, rendues à Montélimar, à raison d'un louis le cent.

**

Le sommet de Chenavari forme une belle terrasse gazonnée, presque ronde, bornée au nord et au sud par une muraille à pic de basaltes, mais très accessible à l'est et surtout à l'ouest. Les plus belles colonnes basaltiques sont au nord-ouest.

Il y a quelque temps, un ouvrier de Rochemaure trouva sur Chenavari une médaille romaine frappée à l'effigie de Vespasien et une douzaine de poignées de cuivre en forme de demi-bracelets, remarquables par des ciselures d'un travail exquis (1). Un cantonnement romain ou gaulois a donc été établi, à une certaine époque, au sommet de Chenavari, comme au sommet du cône voisin de Bergwise.

Mon guide attacha le mulet à une souche de buis et nous montâmes ensemble sur un petit mamelon qui domine la terrasse au nord-est, mamelon où les têtes noires des laves alternent avec le feuillage des buis.

Mon guide, qui est quelque peu braconnier, m'apprend que le versant de ce mamelon qui fait face au nord est le refuge des lièvres qui viennent s'y poster,

(1) ALBERT DU BOYS. *Album du Vivarais.*

le nez à la bise, abrités contre le vent du sud par le mamelon lui-même, et qu'il est assez difficile en cette position de les tirer.

De cet endroit, le spectacle est admirable. Les collines bien cultivées ondulent sous nos pieds vers Rochemaure. Le vieux donjon qui, vu de la plaine, semble perché dans les nues, nous fait de là haut l'effet de se baigner dans le Rhône. Les maisons blanches de Montélimar ressemblent à un troupeau de moutons disséminés dans la verdure.

Derrière une première ligne de collines boisées qui bordent la plaine de Montélimar, on aperçoit une autre ligne de montagnes bleues, coupée par une large échancrure en forme de croissant, que les paysans appellent la *Grande-Berche*, et plus loin, au sud, l'énorme mont Ventoux qui nous cache Carpentras.

Nos yeux peuvent suivre le cours sinueux du Rhône jusqu'au Pont-St-Esprit.

Sous nos pieds, au nord, est un frais vallon où se dresse le cône volcanique de *Van*, tapissé de châtaigniers et de chênes-verts.

Un peu plus loin surgit le cône de *Bergwise* que nous avions aperçu la veille en chemin de fer.

Un autre cône voisin porte le nom de *Grange de Barry*.

Ces montagnes nous cachent la belle vallée du Cros de Barrès, où sont les villages de St-Martin-le-

Supérieur et de St-Pierre-la-Roche. St-Martin-l'Inférieur est un peu plus bas sous Bergwise.

En allant vers l'ouest, nous apercevons la croupe du *Faou*. Sceautres est de l'autre côté. Un peu plus à gauche apparaît la montagne d'Aubignas.

Nous étions arrivés sur le Chenavari du côté du Rhône. Nous redescendîmes par le côté opposé, au milieu des aubépines et des chardons.

Au col qui sépare le *Faou* du Chenavari, le gazon disparaît presqu'entièrement sous une foule de petits buissons, mais en certains endroits où la végétation n'a pas encore bien pu s'établir, on retrouve la chaussée des Géants, c'est-à-dire un vrai pavé de basaltes inégaux plantés là comme d'énormes têtes de clous.

Nous revenons par les mas des Audouards et des Archiac en côtoyant le mamelon volcanique de la *Prépie*, garni de genévriers et par conséquent très-fréquenté par les grives.

Le conglomérat recouvre encore de ce côté les couches argileuses formées par la décomposition des plus anciennes cendres volcaniques.

En face de nous et sous nos pieds s'ouvre le vallon de Rignas, que surplombe le dike où sont perchées les ruines du vieux donjon. Le ravin situé derrière ces ruines présente un spectacle saisissant. Il a coulé par là des torrents de laves boueuses, mêlées de toutes sortes de détritus minéraux, dont on peut voir les derniers fl   solidifiés, et c'est là sans doute ce qui a valu à cet endroit le nom de Rignas (*rivus ignis*). Bien qu'on ne puisse apercevoir ni à Chenavari, ni dans les environs, ni peut-être dans tout le Coiron, aucune trace bien évidente de bouche volcanique, le simple aspect du ravin en question suffi pour démontrer qu'il n'est pas nécessaire, comme l'a fait le géologue anglais Poulett Scrope, d'aller jusqu'au Mézenc chercher la source des basaltes qui ont couvert les montagnes calcaires du Coiron.

Ce même géologue, dont les idées ont été trop légèrement adoptées par M. Elisée Reclus, considère les dikes de Rochemaure comme d'énormes blocs écroulés de la montagne à la suite des érosions du Rhône. Cette hypothèse, d'après notre éminent géologue Dalmas, est une fantaisie de touriste étranger. En effet, il est bien évident que ces dikes, comme tous ceux du Coiron, proviennent des épanchements des filons dont toute la montagne est criblée.

Les laves de Rignas s'effritent très-facilement sous l'action combinée de l'eau, du soleil et de la gelée, et l'on peut prévoir l'époque où elles auront entièrement disparu, ce qui fait supposer qu'elles ont occupé autrefois un beaucoup plus large espace.

Mais ce n'est pas ici le lieu d'aborder la question des volcans. Nous y reviendrons quand nous serons au centre de la région volcanique dont nous venons seulement de toucher le seuil.

*
* *

Une des choses qui saisissent le plus douloureusement quand on est sur les sommets du Coiron, c'est l'absence d'arbres.

Qu'est devenu le chêne, ce roi de la montagne, qui portait le gui sacré et dont l'ombrage abritait les délibérations de nos pères les Gaulois ? A peine en reste-t-il quelques bouquets çà et là dans nos montagnes vivaroises. L'imprévoyant bûcheron l'abat depuis des siècles, comme l'imbécile rhéteur de nos jours abat les fortes et vivifiantes croyances. Et cependant lui seul retenait solidement la terre végétale sur les pentes et les sommets. Grâce à lui, la vie régnait sur la hauteur aussi bien que dans la plaine. En le détruisant, on a livré sans défense les flancs des montagnes aux influences atmosphériques et aux intempéries des saisons. Le vent et la pluie ne trouvant plus l'arbre à sa place, ont décharné la montagne. Les sources ont tari. Les inondations ont désolé les régions inférieures. On a fini par comprendre le mal et on a voulu reboiser. Mais on s'est heurté à l'apathie, à l'égoïsme... et aux chênes. On ne refait pas en quelques années ce que la nature avait mis des siècles à créer, c'est-à-dire les belles forêts. De même, il faudra du temps pour faire revivre ces fortes et généreuses croyances et cet esprit patriotique que l'aveuglement des uns et l'égoïste ambition des autres ont presque détruit et qui avaient coûté à la France quinze siècles d'efforts et de sacrifices.

Le chêne rouvre (*robur*), le vrai chêne gaulois (en patois le *roure*), le plus commun dans nos contrées, est celui qui fournit le meilleur tan et la glandée la plus abondante. Son bois pèse un quart de plus que celui du chêne blanc. Tous deux viennent très-bien dans les terrains argilo-calcaires de la partie méridionale du département. Le chêne vit un siècle ou deux; mais on en connaît dont l'existence est évaluée de 20 à 25 siècles.

Le chêne-vert, qui pour les botanistes forme deux espèces distinctes (*Quercus ilex* et *Q. Virens*) est confondu par nos paysans sous le nom de *léouzé*, qui est évidemment une corruption du mot *yeuse*. C'est un arbre méridional qui ne va guère au-delà de Valence. Son aspect est plus vert. Ses feuilles piquent un peu, sont persistantes comme celles du buis et ne tombent que quand les autres sont déjà venues.

L'écorce du chêne est un astringent très-énergique. On l'emploie quelquefois en gargarisme par une décoction de 10 à 15 grammes dans un litre d'eau.

**

Une lettre du Bourg-St-Andéol annonçait, l'autre jour, dans une feuille locale, l'ouverture de la *glandée* dans la forêt communale. Hélas! les bois de chênes, les anciennes *rourédes*, sont si rares, qu'une foule de personnes ignorent que la glandée est la faculté d'introduire des porcs dans les bois pour y pâturer les glands tombés à leur maturité. La glandée n'a lieu naturellement que dans les bois où les chênes sont assez gros pour n'avoir pas à redouter la dent des animaux.

Le gland est recherché par les cerfs, les daims, les chevreuils et plusieurs oiseaux. Dans l'Ardèche, il est à peu près uniquement la pâture des porcs. Cependant quelques fermiers donnent les glands cuits aux poules et aux dindons. Les moutons, les bœufs et les chevaux, quand ils n'ont rien de mieux, peuvent s'y accoutumer. Les premiers hommes ont vécu de glands, malgré leur goût amer et astringent. Il est vrai qu'avec cela, ils ne buvaient que de l'eau claire. Peut-être est-ce cette nourriture grossière qui les rendait si forts.

Ceci rappelle involontairement un vers de Juvénal dont le sens est celui-ci : « Vous vous étonnez qu'il y ait tant de maladies à Rome : — comptez les cuisiniers. »

Je ne crains pas d'être contredit par aucun de mes confrères de l'Ardèche en affirmant que le docteur *Tempérance* est bien cent fois plus habile que le plus savant d'entre nous.

> Les arbres sont autant de mâchoires qui rongent
> Les aliments épars dans l'air souple et vivant ;
> Ils dévorent la pluie, ils dévorent le vent.
> Tout leur est bon : la nuit, la mort. La pourriture
> Voit la rose et lui va porter sa nourriture. (1)

Les arbres sont de patients travailleurs qui reconstituent la chair de la montagne. Ils en puisent les éléments dans l'air, dans le rocher, dans eux-mêmes, c'est-à-dire dans ce *quid divinum* qui leur a donné le pouvoir d'opérer des transformations cent fois plus merveilleuses que celles de l'ancienne pierre philosophale.

Ils boivent l'inondation et l'emmagasinent pour les sources dont le filet d'argent va percer le sol, quelquefois si loin d'eux.

Ils assainissent l'air, le nettoient pour les poumons humains et le chargent de leurs émanations salubres.

Ce sont des agents discrets qui ne bavardent pas, ne se font pas payer et n'ont jamais trompé personne.

Ils se font rouler par les vents violents pour en amortir le choc.

Quand les arbres disparaissent d'une contrée, cela ne fait pas l'éloge de ses habitants, car la sauvagerie, l'incurie et l'inintelligence ont pu seules opérer la destruction ou empêcher le retour de ces grandes

---

(1) VICTOR HUGO. *Légende des siècles*.

influences végétales — véritables génies bienfaisants, plantés comme des jalons sur la route de l'homme.

Les Gaulois qui honoraient les arbres comme des personnes divines, étaient plus sages que nous. Ne pouvant plus mettre les arbres sous la protection de la religion, les législateurs modernes les mettent sous la protection de la loi. Mais la loi est bien insuffisante si elle n'est pas aidée par le bon sens de tous. Et les faits récents de Loubaresse montrent trop bien que cet appel n'est pas toujours entendu.

III

ROCHEMAURE.

Les trois étapes historiques d'un village vivarois. — Le donjon. — L'église St-Laurent. — Une inscription à deviner. — La fête de Ste-Marthe à Rochemaure. — Les démêlés locaux à propos de l'église paroissiale. — Relations aqueuses entre la Voulte et Rochemaure.

Il suffit d'un coup d'œil au voyageur qui arrive devant Rochemaure pour reconnaître dans la physionomie extérieure de ce village la trace de ses trois grandes étapes historiques :

Au sommet, le Rochemaure purement féodal, ce qu'on appelle le *Château*, comprenant non seulement l'ancienne habitation seigneuriale et le donjon, mais encore une cinquantaine de maisons, du milieu desquelles émergent quelques mûriers, le tout environné encore de son mur d'enceinte ;

Au milieu, le Rochemaure moyen-âge, qu'on appelle la *Ville*, relié au premier par une double muraille de fortifications qui en faisait une sorte de sentinelle avancée de la première enceinte féodale. La Ville représente l'affranchissement des communes, et sa fondation remonte probablement à cette époque ;

Enfin, au bas de la colline, sur la route de Cruas au Teil et à deux pas de la voie ferrée, le Rochemaure moderne qu'on appelle encore le *Faubourg*.

**

Le donjon de Rochemaure qui est si hardiment perché sur le dike basaltique de Rignas, fut évidemment le noyau de tous les ouvrages fortifiés qui s'élevèrent ensuite autour de lui. On attribue sa construction à Adhémar de Monteil qui, dit-on, revenu riche des dépouilles sarrasines conquises aux croisades, acheta les baronies d'Aps et de Rochemaure pour lesquelles il rendait hommage à l'évêque de Viviers. C'est ce même Adhémar qui fonda la ville de Montélimar située en face de l'autre côté du Rhône ; mais le nom de Rochemaure, rapproché du rôle que les Sarrasins ont joué en Vivarais, permet de supposer que, pendant les siècles précédents, une position aussi importante n'avait pas été négligée par ces derniers, en sorte qu'ils pourraient bien avoir été les premiers constructeurs du donjon.

L'histoire de Rochemaure est encore couverte d'obscurité. Voici les rares lueurs que nous avons recueillies :

En 1209, l'évêque de Viviers reçoit de Giraud ou Gérald Adhémar le château de Rochemaure comme témoignage éternel de la piété des Adhémar, mais il se contente de l'hommage de ce seigneur et lui restitue ce château à titre de futur fief épiscopal (1).

En 1210, Adhémar de Poitiers, comte de Valentinois, acquiert un droit de gîte à Cléon-d'Andran, de Guirald Adhémar, seigneur de Monteil, pour 9,000 sols *ita scilicet quod ab omni obligatione novem millium solidorum pro quibus erat michi obligatum castrum de Rochamaura et censsus de Cleu, in perpetuum absolvo et quitium facio et pignus castri de Rochamaura vobis remitto et desemparo*. C'est Adhémar de Poitiers qui parle à Guirald Adhémar (2).

En 1301, un autre Giraud Adhémar, seigneur de Rochemaure et d'Aps, exempte de la taille, sous la seule réserve des cas impériaux, ses sujets d'Aubignas (3).

Au xv° siècle, ce sont les barons de la Voulte qui sont les seigneurs de Rochemaure.

On dit que plus tard cette seigneurie passa à la

---

(1) COLUMBI. *De rebus gestis episcoporum vivariensium*, p. 112.
(2) Charte citée par l'abbé Chevalier dans les *Documents relatifs au Dauphiné*, publiés par l'Académie delphinale en 1868.
(3) ROUCHIER. *Histoire du Vivarais*, t. 1ᵉʳ, p. 450.

famille de Cheylus et ensuite à celle des de Fages, mais je n'ai pu vérifier si le fait est exact.

Il est certain qu'à la fin du 16e et au commencement du 17e siècle, les seigneurs Geys de Pampellonne et Hilaire de Jovyac que nous voyons commander à Rochemaure, y sont avec le titre de châtelains pour le service du roi.

Pendant tout le 18e siècle, la seigneurie de Rochemaure appartenait aux Rohan-Soubise.

***

On monte au donjon par un escalier très-raide de 80 marches, en pierres de Cruas posées sur les têtes de basalte ; au milieu, on remarque à droite l'ouverture de la citerne du donjon.

A part la tour supérieure du donjon où l'on ne peut monter qu'avec une échelle, toutes les pièces supérieures, depuis longtemps dépourvues de toiture, ont été transformées par le temps en terrasses gazonnées d'où l'on jouit de la vue la plus splendide qui se puisse imaginer. On peut y voir aussi par la disposition de ces pièces, à quel point la défense des places de guerre était alors tenace. Les combattants du moyen-âge disputaient le terrain pied à pied. Le village de Rochemaure pris, le vainqueur avait encore à emporter le château, puis chaque compartiment du donjon, jusqu'à la partie supérieure où l'assiégé pouvait encore, sauf la famine, tenir un certain temps comme dans un réduit inexpugnable.

Le château dont on voit les ruines à côté du donjon et qui n'en est séparé que par une sorte de préau, est d'une époque bien moins ancienne. On suppose qu'il fut construit par les Cheylus. On y montre les traces de la chapelle et une citerne où il y a toujours de l'eau. Le reste de l'édifice n'est qu'un amas de ruines dont les murs extérieurs sont seuls en partie conservés, et où il nous a été impossible de retrouver les traces luxueuses dont quelques écrivains ont parlé.

Deux murs fortifiés descendent à peu près parallèlement, l'un du donjon et l'autre de l'extrémité opposée du *Château*, le premier aboutissant à la ruelle qui longe la maison Privat et qui porte le nom de rue des *Tournelles*, et le second se reliant à la tour du Gua qui se dressait, sur un autre dike basaltique, au milieu de la Ville, comme le représentant toujours debout de l'autorité seigneuriale.

Vers le milieu de cette dernière muraille, entre le château et l'église de Notre-Dame des Anges, il y a une porte murée. La tradition veut qu'il existe là une cavité où un seigneur d'Aps, maître de Rochemaure, aurait fait enfermer une fille du peuple qui avait refusé de se rendre à ses désirs.

L'auteur de *Vals et ses Environs*, M. Chabalier, a conclu, d'une lettre du curé de Rochemaure en 1762, que le château existait encore à cette époque et qu'il avait été ruiné seulement sous la Révolution. Mais je tiens de témoins oculaires de la Révolution que le château ne différait guère alors de ce qu'il est aujourd'hui, qu'il était sans toiture et déjà aux trois quarts détruit (probablement depuis le siége qu'il eut à subir en 1621). Les papiers publics dont les révolutionnaires s'emparèrent en 1793 furent brûlés aux Brassières, devant la maison Coulet.

La plus ancienne église de Rochemaure, dite de St-Laurent, est à 4 ou 500 mètres du château, en allant vers Chenavari. Elle était probablement isolée alors comme aujourd'hui, car on ne distingue pas de ruines dans les alentours, ce qui peut s'expliquer, d'ailleurs, par sa proximité du château qui en commandait tous les abords.

L'église de St-Laurent est en ruines sauf le chœur, où les desservants de Rochemaure viennent dire la messe, suivie de procession, tous les jours pendant l'octave de St-Laurent. On y va aussi pour les Rogations. Cette église est encore un but de pèlerinage pour beaucoup d'habitants des environs. On m'a cité un brave homme qui y vient chaque année depuis trente ans pendant l'octave de St-Laurent.

Le chœur est séparé par un mur moderne du reste de la nef qui est sans toiture et dont les murailles sont seules debout. On y voit à gauche, entourés d'une grille et ombragés de cyprès entremêlés de lierre, de beaux tombeaux en marbre d'une famille du pays.

Au-dessus de la porte qui conduit de la nef dans le chœur on aperçoit incrustée dans le mur moderne une plaque en pierre de Cruas, de 20 à 25 centimètres de hauteur sur 35 à 40 de largeur, un peu détériorée aux angles, où l'on peut lire la curieuse inscription suivante :

S	A	T	O	R
A	R	E	P	O
T	E	N	E	T
O	P	E	R	A
R	O	T	A	S

QIROI
—VM
BERTƧ
ME FEEIT

Les caractères sont de l'époque romane. Ils sont tous très-bien conservés sauf ceux du mot QIROI (?) qui n'est qu'imparfaitement reconnaissable. On peut supposer que c'est la première partie du nom de l'auteur du rébus, ou plutôt du maçon. Ce nom d'Humbert a été retrouvé, je crois, à Cruas. La locution ME FEEIT pour ME FECIT est une forme, ou une faute d'orthographe, assez fréquente au moyen-âge.

J'ai entendu émettre plusieurs avis au sujet de cette inscription.

Un de nos compatriotes, fort instruit et très-intelligent cependant, se basant sur ce que le mot *opera* signifie, dans la haute latinité, *tout ce qui a rapport aux travaux des champs* et que *rota*, dans Virgile et autres auteurs, est pris pour *chariot*, prétend que l'inscription n'est qu'une vulgaire enseigne industrielle et la traduit ainsi :

Le fabricant Arépon tient tout ce qui a rapport aux travaux des champs, y compris les chariots.

L'auteur de cette interprétation hardie avoue que le mot *tenere* n'est nulle part employé, dans les inscriptions romaines, avec le sens qui lui est prêté ici, d'où il conclut que l'inscription est relativement peu ancienne et imprégnée d'une forte odeur de terroir. Les mots *Umbert me fecit* le confirment dans cette idée, car Umbert ou Humbert est un nom propre d'origine bourguignonne ou lombarde, qui ne se rencontre guère avant le X⁰ siècle et seulement dans l'est de la France ou le nord de l'Italie. Il observe, en outre, que si l'inscription remontait seulement au XII⁰ siècle, il y aurait Umbertus et non Umbert.

Un autre de nos compatriotes, des plus érudits, a bien voulu nous communiquer sur le même sujet de savantes conjectures qui, bien que passant à côté de la version véritable, seront lues avec intérêt par les personnes compétentes.

Je lui laisse la parole.

« Vous avez dû remarquer que cette inscription, qu'elle soit lue de gauche à droite, suivant notre système d'écriture, ou de droite à gauche, selon le système d'écriture sémitique, présente le même ordre de lettres, c'est-à-dire que, en commençant par la fin, ou, pour me servir d'une image, en la prenant à rebrousse-poil, on obtient exactement la même lecture. Rangée en cercle ou en forme de roue, elle pourrait donc se lire dans quelque sens que la roue tournât. Ce singulier miroitement, qui n'est ici qu'un jeu, rappelle néanmoins un vieux système d'écriture que l'on trouve employé dans de très-anciennes inscriptions grecques et que l'on appelle *Boustrophédone*. Dans cette écriture, la première ligne commençait ordinairement à gauche et la seconde reprenait à droite la fin de la première, pour revenir au point de départ de celle-ci et tourner ensuite. L'ensemble des lignes offrait de la sorte, ainsi que s'expriment les savants eux-mêmes, une certaine analogie avec les sillons tracés par le bœuf dans l'aller et le retour de la charrue : de là le nom de *boustrophédone*, de *bous* bœuf et de *strephô* je tourne. Le « semeur » et les « roues » de l'inscription de Rochemaure paraissent faire allusion à tout cela.

« Vous aurez remarqué ensuite que, dans cette

même inscription, non seulement on obtient une lecture identique en l'épelant de gauche à droite et de droite à gauche, mais encore que cette lecture ne varie pas, qu'elle soit faite de haut en bas ou de bas en haut. Si l'on tient l'inscription pour une roue, ainsi qu'on pourrait y être autorisé par ce que je viens de dire, on serait quelque peu fondé à supposer, en conséquence, que l'ensemble, dans son arrangement, figure l'enchevêtrement mystérieux des roues animées de la vision d'Ezéchiel, roues qui se mouvaient les unes dans les autres, allant à la fois de gauche à droite, de droite à gauche, de haut en bas et de bas en haut : *per quatuor partes earum euntes ibant.* Ce *logodédale* était une figure de Dieu et du monde qu'il anime : *Spiritus Dei erat in rotis,* dit le prophète. On s'en explique donc tout naturellement la présence dans une église où cette figure pouvait fort bien remplacer le triangle habituel avec l'œil ou le nom de Jéhovah au centre.

« Quant à la traduction que je puis donner, elle ne saurait être non plus que conjecturale. Il n'y a néanmoins dans l'inscription qu'un seul mot qui offre quelque difficulté : c'est *Arepo.* Toutefois, en le divisant et en lisant *A repo,* on peut obtenir pour toute la phrase un sens répondant assez bien au caractère du symbole. *Repo* ablatif de *repum* étant pris pour un correspondant du grec *rembos* et *repos,* le texte restitué : *Sator a repo tenet opera rotas* peut se traduire ainsi : *Le semeur empêche avec soin les roues de dévier.* Ici le Semeur, celui qui répand la vie comme une semence et en dirige le cours, c'est Dieu, le Dieu suprême des Sémites, que les Latins identifièrent tout à la fois à leur Satur ou Saturne qualifié par eux de Père de l'Agriculture, et à la Fortune dont un des symboles était la roue, originairement la roue de la vie. Peut-être entrevoit-on mieux avec mon exégèse la pensée qu'a eue le prophète Ezéchiel en disant que l'esprit de vie était dans les roues de sa mystérieuse vision..... »

Il y a quelque temps, je fis parvenir à M. Léon Rénier, de l'Institut, un fac-similé de l'inscription en le priant de me donner son opinion à cet égard. Le savant membre de l'Académie des Inscriptions et Belles-Lettres trouva la pièce fort curieuse et la conserva pour l'examiner, mais en déclarant, à première vue, qu'il la considérait comme une ancienne table de jeu servant à un amusement dont la tradition s'était perdue.

Tout récemment, j'ai reçu d'un des collègues de M. Léon Rénier, celui qui avait bien voulu être mon obligeant intermédiaire dans cette circonstance, la note suivante :

« L'étude attentive que M. Léon Rénier a faite de l'inscription de Rochemaure l'a pleinement confirmé dans sa première appréciation. Il demeure convaincu que cette prétendue inscription n'est autre chose qu'une table de jeu, une sorte de damier destiné à quelque jeu inconnu dans le genre des dames ou des échecs. »

La véritable interprétation de l'inscription de Rochemaure est évidemment celle qui a paru dans le *Magasin pittoresque* de 1854 et qui est, je crois, due à M. Jules Quicherat. L'éminent philologue, reconnaissant une inscription *boustrophédone* l'a lue, à la manière dont les bœufs tracent leurs sillons, c'est-à-dire la première ligne de gauche à droite, la seconde de droite à gauche, la troisième d'abord de gauche à droite puis de droite à gauche ; la quatrième de gauche à droite, et, enfin, la cinquième de droite à gauche, et il a trouvé l'affirmation répétée d'une pensée éminemment philosophique, morale et religieuse, c'est-à-dire :

SATOR
OPERA
TENET

et

TENET
OPERA
SATOR

De quelque côté que l'on retourne l'inscription, on retrouve toujours la même devise qui correspond à l'adage : *Comme on a semé, l'on cueille*, ou, selon une formule plus moderne : *A chacun selon ses œuvres*, ou bien enfin, s'il est permis à l'archéologie de donner des leçons à la politique : *Un peuple n'a jamais que le gouvernement qu'il mérite.*

La moralité intentionnelle de l'instruction est donc hors de doute. Un pur damier ne parle pas si sagement. Il est bon d'observer cependant que la version de M. Quicherat et l'opinion de M. Léon Renier ne sont pas absolument contradictoires. Rien n'empêche de supposer que l'inscription primitive, expression d'une haute pensée morale et religieuse, soit devenue plus tard une table de jeu. Les exemples de faits analogues ne manquent pas dans l'histoire.

Pour peu, d'ailleurs, qu'on observe l'inscription, on y découvre une foule de détails nouveaux qui ne sont pas tous certainement l'effet du hasard. En voici quelques-uns :

Le mot *Tenet*, qui est le trait d'union de la double formule et la troisième personne indispensable de chacune d'elles, forme, dans sa double direction horizontale et verticale, une croix, comme pour sceller du signe évangélique une des maximes fondamentales de l'Evangile, peut-être aussi par une discrète allusion graphique au mystère de la Trinité.

La croix revient plusieurs fois dans ce mystique tableau : avec les diagonales croisées formées par les lignes idéales unissant les deux S et les deux P, comme avec les diagonales rectangulaires formées par les deux O et les deux A.

Sur les huit lettres que comprend l'inscription, une

seule, l'N n'y figure qu'une fois. Aussi se trouve-t-elle au centre du tableau, comme pour figurer le Dieu unique où tout aboutit et autour duquel tout converge.

Les quatre E et les quatre T roulent autour de l'N dans des cercles idéaux comme les planètes autour du soleil.

Je me suis amusé, un jour, à marquer avec des crayons de couleurs différentes les trois mots de l'inscription : *Sator* en bleu, *Opera* en vert et *Tenet* en rouge, et j'ai eu sous les yeux un ensemble aux couleurs harmoniques où le grand carré bleu de *Sator* contenait le monde, et la croix rouge de *Tenet* l'animait, tandis que la forte charpente verte d'*Opera* semblait là pour consolider l'édifice.

Le procédé en lecture spirale indiqué plus haut donne non seulement *Sator opera tenet*, mais aussi *Rotas Arepo tenet*. Je suis fortement tenté de croire que cette devise avait aussi un sens perdu aujourd'hui. Qui sait si, dans le langage usuel de l'époque, *Arepo* ne signifiait pas Ouvrier ?

Les lettres de l'inscription lues en direction oblique ne présentent que des assemblages de voyelles seules ou de consonnes seules, n'offrant absolument aucun sens, tandis qu'en ligne droite la devise resplendit dans toutes les directions, comme pour indiquer que la voie droite seule conduit à la vérité et qu'il n'y a qu'erreur et ténèbres dans les voies tortueuses.

On peut observer encore que les premières lettres, en transposant le T, donnent : *Sta-Ora* (arrête-toi, prie !), ce qui convient admirablement à la porte d'une église, mais il me semble imprudent d'insister sur cette heureuse coïncidence, car les malins pourraient lui opposer celle-ci : *Sat orare* (assez prier !)

Les Orientaux cultivaient la cabale et attribuaient des propriétés magiques à certaines combinaisons de lettres. De là les *abracadabra*. La sorcellerie européenne s'empara de ces superstitions pendant les croisades. Les livres de magie gothique en sont pleins. Peu à peu cela devint une manie et un puéril amusement. A partir de la Renaissance, l'on fabrique des inscriptions dont les lettres forment des combinaisons curieuses.

Pour bien des gens sans doute, ce n'était là qu'un pur jeu d'esprit, mais ce n'était pas toujours le cas, et je demande une exception honorable pour celle de Rochemaure.

On dirait que l'auteur inconnu de l'inscription a voulu donner par elle une image du monde :

Dieu, figuré par l'N du milieu et par le grand carré des *Sator*, formant à la fois le centre et les limites de toute chose ;

La croix soutenant l'humanité ;

Enfin la grande loi de justice, que chacun est traité

selon ses œuvres (*opera*), apparaissant précise, éclatante, de quelque côté que l'on retourne ce microcosme.

O décadence des choses d'ici bas ! L'œuvre patiente d'un chercheur sublime a pu devenir, dans la suite des siècles, grâce à son agencement symétrique, la table d'un jeu de dés où la perte ou le gain dépendaient sans doute des lettres couvertes par les dés. On peut supposer par exemple que celui qui couvrait l'N, lettre unique dans le tableau, gagnait deux fois plus que celui qui couvrait le P ou l'S qui y figurent chacun en double, et quatre fois plus que celui qui couvrait l'E, l'A, l'O et le T qui y figurent quatre fois. Un amateur trouverait facilement d'autres combinaisons, sans parler de celles qui pourraient résulter de la formation fortuite de nouveaux mots au moyen de dés portant eux-mêmes une lettre différente sur chacune de leur faces. Dans ce dernier cas, il faudrait supposer un jeu de gens lettrés, de moines probablement. L'église de St-Laurent appartenait aux chanoines de St-Ruf.

Les mots *Umbert me fecit* placés à côté du tableau concordent beaucoup mieux, il faut l'avouer, avec l'hypothèse d'une table de jeu qu'avec celle d'une inscription mystique, mais sans exclure cette dernière, surtout en admettant, comme nous l'avons fait, la transformation de la destination primitive de l'inscription.

Si, comme je le pense, l'inscription n'a pas été retrouvée ailleurs que dans notre pays, on peut supposer qu'elle est l'œuvre d'un moine, aussi philosophe que savant, et patient par-dessus tout, qui, trouvant sous sa main une grande vérité et fasciné par elle, aura passé des années à la travailler, la tailler comme un diamant à facettes, dans une forme qui rappelât les grands symboles religieux, et qui, par une sorte de miracle, a réussi à faire tenir le tout dans 25 lettres de l'alphabet. Quelle différence avec les errements modernes où les mots, sinon les idées, sont aussi innombrables que les sables de la mer ! Aussi, tandis que le Temps emporte tant de flots verbeux, discours ou livres, dans l'Océan de l'oubli, voilà une formule qui doit à sa concision, à la fois bizarre et harmonique, d'avoir traversé les âges et de se retrouver aussi jeune, aussi piquante et aussi vraie qu'au temps de Charlemagne, le jour où un observateur l'aperçoit fortuitement accrochée, comme une médaille divine, aux murs ruinés d'une vieille église.

En voilà, je crois, assez, surtout de la part d'un touriste, sur un sujet aussi grave. La question est ouverte.

L'église de Saint-Laurent fut détruite par les protestants, lors de leur expédition sur Viviers où ils brûlèrent toute la nef de la cathédrale. Les protestants tentèrent également d'emporter Rochemaure (*la Ville*), mais ils trouvèrent de la part de la population une résistance invincible. Les femmes déployèrent un courage héroïque et couvrirent les assaillants de pierres et d'huile bouillante. Néanmoins, une porte de la ville avait sauté et les protestants allaient devenir maîtres de la place. Les habitants de Rochemaure firent alors un vœu à sainte Marthe, dont c'était la fête (29 juillet). Aussitôt, d'après la tradition, on vit la plaine du Dauphiné et tout l'horizon en feu, et les protestants effrayés abandonnèrent leur entreprise pour continuer leur marche sur Viviers. Une cérémonie a lieu chaque année, le 29 juillet, en commémoration de cet événement. Le curé, entouré des fidèles, monte de l'église à la *Ville*, et, arrivé devant l'ancienne porte de Ste-Marthe, chante trois fois : *Sancta Martha, ora pro nobis !* Il récite ensuite l'oraison de la sainte. Les anciens consuls de Rochemaure avaient alloué, pour cette cérémonie, une somme annuelle de trois livres tournois qui a été payée jusqu'à la Révolution. Jusqu'à ces dernières années, la municipalité se faisait un devoir d'assister à cette cérémonie.

On voit entre Rochemaure et Jovyac les ruines d'une autre église, probablement la plus ancienne du pays. Elle était dédiée à saint Pierre. On a trouvé dans ses ruines des squelettes entiers couchés dans des cercueils formés de grandes pierres plates, comme ceux découverts récemment à St-Priest.

Après la destruction de l'église St-Laurent, le seigneur de Rochemaure voulut faire de la chapelle du château l'église paroissiale. Les gens de la *Ville* qui probablement voyaient dans cette mesure l'indice d'un renouvellement de sujétion, résistèrent vigoureusement. L'affaire fut portée devant le parlement de Toulouse qui partagea le différend, mais dans un sens plutôt favorable aux habitants. L'emplacement de la nouvelle église paroissiale fut fixé au sommet de la *Ville*, dans la partie la plus rapprochée du château. Cette église dédiée à Notre-Dame-des-Anges, paraît, du reste, avoir été bâtie sur les ruines d'un autre édifice religieux, si l'on en juge par des restes de piliers qu'on voit à l'entrée et dans les tribunes.

On remarque sur la paroi extérieure du clocher deux pierres sculptées représentant deux têtes qu'on peut prendre pour celles d'un prêtre et d'une prêtresse d'Isis. La prêtresse a au front un bandeau sur lequel on a gravé, évidemment après coup, la date de 1500. Il est probable que ces têtes appartenaient au précédent édifice religieux et que le constructeur de la nouvelle église n'a rien trouvé de mieux que de graver la date de son œuvre au front de la vieille médaille de pierre placée par lui au clocher.

L'église de Notre-Dame-des-Anges est entourée du cimetière. Sur le fronton de la porte principale sont sculptées les armoiries des anciens seigneurs.

Dans l'église on remarque plusieurs pierres tombales et un vieux tableau qui, à défaut de mérite artistique, a du moins celui de se rattacher à un souvenir d'histoire locale : il représente le seigneur d'Hilaire de Jovyac converti au catholicisme en 1591 par une apparition de sainte Anne. L'original est au château de Jovyac.

L'église de Notre-Dame des Anges rappelle un grand fait historique, celui qui exerça peut-être le plus d'influence sur les destinées du Vivarais au moyen-âge : c'est là, paraît-il, que fut signé en 1284, l'acte de pariage entre le représentant du roi Philippe-le-Bel et l'abbé de Mazan pour la fondation de Villeneuve-de-Berg, acte qui amena l'introduction de la justice royale en Vivarais et mit un frein aux abus de la féodalité.

***

Le progrès des temps, en faisant descendre insensiblement les gens de Rochemaure de la montagne vers la plaine, a occasionné plus d'une dissidence au sujet de l'église. Dans la première moitié du siècle dernier, un certain nombre de gens de la *Ville* se plaignirent de la position trop élevée de Notre-Dame-des-Anges et firent construire, en 1721, la chapelle des Pénitents. De nos jours, les gens de la plaine se sont plaints à leur tour et il en est résulté la nouvelle église, située au bas de la montagne, à peu de distance de la gare. Mais cela ne s'est pas passé sans résistance de la part des habitants de la *Ville* et du *Château*, et l'on a pu voir une fois de plus combien il est dangereux de toucher, même avec les plus grands ménagements, à des habitudes locales, surtout lorsqu'elles se rattachent à des intérêts particuliers. Les habitants de la ville, qui trouvaient tout naturel d'obliger ceux du faubourg à monter chez eux pour les offices religieux, trouvèrent souverainement arbitraire qu'on les fît descendre en bas pour la même cause. Il y eut un moment où ils chantèrent les offices tout seuls, où ils enterrèrent leurs morts sans l'intervention du clergé et où, ne pouvant dire la messe eux-mêmes, ils menacèrent d'appeler un pasteur protestant. Les dissidents auraient dû songer que le fait contre lequel ils s'insurgeaient sortait de la force même des choses et que la même cause qui avait fait descendre l'église du château à la ville devait plus tard la faire descendre de la ville au faubourg. Cette cause, c'est l'accroissement de la sécurité générale et du développement du commerce qui, en attirant les populations sur le parcours des voies de communication au fond des vallées, devaient nécessairement y faire transporter tôt ou tard tous les édifices publics, civils et religieux. Quand les habitants de la ville et du château abandonnent leurs anciennes habitations pour se porter en bas, car on peut voir dans ces deux quartiers bon nombre de maisons entièrement abandonnées, comment veut-on que le culte ne se déplace pas aussi ?

La nouvelle église de Rochemaure fait honneur à ceux qui en ont conçu le plan. Les proportions en sont parfaites. Le bénitier et les fonts baptismaux sont faits avec des fragments de silex fortement cimentés.

Pour en finir avec les anciens monuments religieux de Rochemaure, je dois citer :

Le prieuré de St-Pierre des Fontaines, au village des Fontaines, entre Meysse et Rochemaure ; le dernier prieur était un abbé de Chabrillan ;

Une chapelle dédiée à sainte Madeleine, au pied de la Roche, entre Meysse et St-Pierre des Fontaines ;

La chapelle de l'hôpital, dédiée à saint Nicolas, près du presbytère actuel ; l'hôpital était là où est aujourd'hui l'hôtel de ville ; cette extrémité du faubourg porte encore le nom de quartier de l'hôpital ;

Une chapelle de saint Joseph dans la *Ville*, à quelques pas de la chapelle des Pénitents, indiquée par les restes d'une vieille façade gothique où l'on peut lire les noms de *Jhesu* et de *Joseph*.

**

A côté des ruines de la chapelle Ste-Madeleine, au pied de la Roche, on a découvert des tombes anciennes avec des médailles de Constantin et des restes de mosaïque. Tous ces objets ont été vendus à M. Valentin, juge d'instruction à Montélimar, qui est le grand collectionneur d'antiquités de la contrée.

Les indices de constructions romaines ne sont pas rares de ce côté du Rhône. Il y en avait une dans la partie supérieure de l'enclos Mallet, au quartier dit des Faysses ; le sol y est jonché de fragments de marbres et de briques romaines et un mur, émergeant au milieu des vignes, indique l'endroit où l'on pourrait fructueusement opérer quelques fouilles.

En descendant de Notre-Dame-des-Anges dans la ville, on remarque une maison dont le portail est en pierres de Cruas polies, qui a appartenu successivement aux familles nobles le Blanc et du Verdier.

***

Un fait qui montre combien l'origine des fontaines est quelquefois éloignée, s'est passé il y a quelque temps à Rochemaure.

Un jour, les mineurs de la Voulte firent jaillir une colonne d'eau dans une des galeries en exploitation, et les fontaines de Rochemaure se trouvèrent aussitôt teintées en rouge. La municipalité de Rochemaure ayant réclamé et le trou ayant été bouché avec un fort béton, l'eau des fontaines redevint claire. Il y a 25 kilomètres entre les deux localités qui, de plus, font chacune partie d'un groupe de montagnes distinct et sont séparées par les trois vallées d'Ouvèze, de Chomérac et de Barrès.

IV

ALBA AUGUSTA HELVIORUM.

Les rampes de notre chemin de fer. — Le défilé des basaltes du Coiron. — Aubignas. — La plaine d'Aps. — Grandeur et décadence des empires et des familles bourgeoises — Les dangers de la richesse. — La religion seule pourrait en paralyser les effets. — Aveuglement des démocrates modernes.

De Rochemaure au Teil il y a 6 ou 7 minutes de chemin de fer. La voie se tient à peu près à égale distance du Rhône et des collines.

Au Teil commence la période accidentée — et qui, malheureusement, a déjà donné lieu à un grave accident — de notre principale voie ferrée.

Du Teil à Aubignas, la rampe a une inclinaison de 25 pour mille.

D'Aubignas à St-Jean, il n'y en a que 12 ou 13.

On descend ensuite sur Vogué avec une pente de 14 et l'on file à peu près en plaine jusqu'à Berrias.

De là à St-Paul on remonte avec une rampe de 16 jusqu'à la ligne de délimitation des eaux du Gard.

On a beaucoup critiqué la construction de cette voie et surtout la rampe du Teil à Aubignas.

Les ingénieurs répondent qu'on ne pouvait pas faire autrement et que le chemin de fer de Brioude a aussi des rampes de 25 et même de 28 par mille, avec rayon de 300 mètres, sans qu'il y soit jamais arrivé aucun grave accident. Ils ajoutent que l'accident survenu au Teil, après l'ouverture de la voie, était dû surtout à l'inexpérience des conducteurs, et que pareille chose n'est plus à craindre désormais en descendant au pas, comme on le fait depuis lors, ce passage dangereux.

Je crois que, malgré tout cela, les ingénieurs feront bien d'examiner à nouveau la question. En cherchant bien, peut-être finiront-ils par trouver le moyen de donner à la voie plus de développement de manière à diminuer une pente qui, sans cela, sera toujours un objet d'appréhension pour un certain nombre de voyageurs.

*
* *

Le trajet du Teil à Aubignas se fait tantôt au soleil, et tantôt sous terre à travers un fouillis de ravins où l'on voit à l'œil nu les innombrables couches de marne ou de calcaire bleu du néocomien surmontées de lits de cailloux roulés, qui servent de base aux coulées basaltiques.

— Oh ! que c'est drôle, dit un de nos compagnons de voyage à l'accent marseillais en contemplant, les couches calcaires coupées à pic ; que c'est drôle ! on dirait de la maçonnerie !

Des vignes au bas, quelques mûriers et quelques figuiers au milieu, puis des *léouzé* : voilà le bilan végétal de la contrée.

Avant de pénétrer dans le dernier tunnel, on aperçoit deux belles pointes couronnées de basaltes. Le grand défilé des basaltes commence et se poursuit sur toute la ligne des Coirons. Les colonnes de lave festonnées en grands promontoires font à la montagne, sur tout le parcours de la voie ferrée et bien au-delà, une large ceinture brune qui contraste avec le bleu du ciel qui la surmonte comme avec les pentes vertes qui lui sont subordonnées.

Peu de paysages sont plus riants en été et plus pittoresques en toute saison. Les gens du pays, trop habitués à ce genre de beautés, ne les voient même pas, mais combien de voyageurs, passant là par hasar en se rendant à Nîmes, les saluent d'un mot ou d'un geste d'admiration !

J'avais pris mon billet jusqu'à Aubignas seulement afin de contempler à l'aise la place où s'éleva jadis *Alba Augusta Helviorum*, la capitale de nos aïeux les Helviens.

Aubignas vient, selon quelques-uns, d'*Albina* qui était un poste avancé d'Albe. Je pencherais plutôt pour *Alba ignea* parce que ce lieu dut, en effet, servir de refuge à bon nombre de fuyards d'Albe en feu.

Quoi qu'il en soit, le village était trop éloigné, vu la chaleur surtout, pour qu'il me parût bien utile d'aller y chercher un éclaircissement et c'est à l'ombre d'un figuier, sur une petite éminence d'où l'on apercevait parfaitement toute la contrée, que je résolus de voir et de méditer dans l'intervalle de deux trains.

En dehors même des souvenirs historiques, le spectacle était des plus attrayants. Toute la plaine d'Aps, si l'on peut donner ce nom à l'ensemble des terrains passablement bosselés et ravinés qui s'étendaient à mes pieds, resplendissait sous un manteau de rosée que faisait évanouir peu à peu le soleil levant. Les champs et les vignes se présentaient selon l'exposition, rutilants de verdure ou avec des reflets d'argent. Un grand murmure d'eaux et de chants d'oiseaux, mêlé de quelques cris humains et d'aboiements de chiens, montait, comme par bouffées, des basfonds, au milieu desquels se dressait imposant et sévère le vieux castel féodal d'Aps sur son noir piédestal de laves.

Les montagnes de Berg à droite et au loin celles de Vallon formaient le fond du tableau et ajoutaient à sa sauvage grandeur.

Qui se douterait, si l'histoire n'était là pour nous l'apprendre, qu'à cet endroit existait une ville de cent mille âmes ? Les cultivateurs du pays trouvent chaque jour en fouillant leur sol quelque confirmation des données historiques : du marbre, des poteries, des fragments d'armes ou de statues, qu'ils vendent ordinairement assez cher à M. Valentin, de Montélimar, ou au musée Calvet, d'Avignon.

De pensée en pensée, en présence de toutes les grandes ruines, l'esprit est invinciblement porté à se demander les causes de la décadence des empires. Je vais consacrer en passant quelques lignes à ce grave sujet, mais, que le lecteur se rassure, ce ne sera pas à la façon des avocats, c'est-à-dire avec des formes prolixes et solennelles et par des considérations banales ou vides de sens commun; ce sera au moyen de faits, brièvement exposés et parfaitement saisissables pour le public ardèchois auquel je m'adresse.

*
* *

Lecteur, mon ami, si les travaux des champs ou d'une industrie quelconque n'ont pas entièrement absorbé ton esprit, tu as certainement observé ceci :

Que, dans les petites villes ou gros bourgs de notre département, les anciennes familles, celles qui avaient la fortune et l'influence il y a cinquante ou cent ans, ont presque entièrement disparu et ont été remplacées par d'autres qui doivent leur avénement aux vertus de leurs fondateurs, c'est-à-dire au travail, à l'épargne, à l'intelligence;

Que celles des anciennes familles qui se sont maintenues le doivent à l'esprit religieux d'abord et à toutes les vertus et qualités qui en sont la conséquence.

Eh bien ! approfondis ces faits, et tu en sauras autant que les plus grands politiques, sur les causes de la grandeur et de la décadence des empires.

L'homme est fait pour le travail et l'épreuve, comme l'enseigne la religion chrétienne, et non pour la satisfaction de ses sens comme le veulent les doctrines matérialistes qui tendent de plus en plus à prévaloir. Le seul bonheur auquel il ait droit est celui que procure le sentiment du devoir rempli.

La preuve que telle est bien sa destinée, c'est que la satisfaction des sens l'énerve et le démoralise, tandis que le travail et la lutte l'épurent et le relèvent.

D'où il suit que rien n'est si dangereux pour un homme comme pour une société que la prospérité matérielle. Les nations riches se corrompent et, en perdant les vertus qui ont fait leur grandeur, ne tardent pas à tomber en décadence et à disparaître. Voilà pourquoi l'Albe des Helviens a disparu avec le monde romain. Voilà aussi pourquoi je n'ai vu qu'avec un médiocre plaisir l'enthousiasme des journaux célébrant la facilité avec laquelle nous avons payé aux Prussiens notre rançon de cinq milliards. Il vaudrait mille fois mieux pour nous être plus pauvres en écus et avoir les qualités morales qui permettent de s'en passer.

Dans toutes nos petites villes, les anciens bourgeois ont plus ou moins disparu parce qu'ils n'ont pas su user dignement de la fortune acquise par eux ou par leurs pères.

Leur place a été occupée par des hommes descendus en sabots de la montagne ou venus simplement du village voisin, mais qui avaient la foi, la sobriété, la patience et l'énergie que les premiers avaient perdues. De même que l'eau coule claire des hauts sommets pour devenir trop souvent trouble et bourbeuse au bas, de même l'homme descend des montagnes pour se corrompre au contact d'une prétendue civilisation.

Les populations rurales sont une éternelle pépinière d'hommes forts, sains d'esprit et de corps. Ce sont elles qui infusent aux pauvres civilisés qui s'étiolent le sang nouveau sans lequel la société s'abatardirait avec une rapidité inouïe. Ce qui n'empêche pas le courant soi-disant démocratique moderne de professer pour les populations rurales — excepté toutefois aux époques d'élection — le plus profond mépris et de les mettre, au point de vue de la capacité intellectuelle et politique, bien au-dessous de la partie la plus corrompue de la population des villes.

Je n'aime pas à parler politique, mais la force des circonstances m'y oblige parfois. Je m'efforce alors d'être impartial comme il convient à un homme qui n'est inféodé à aucun parti. Je ne suis l'ennemi en principe d'aucune forme politique, car je pense comme tous les hommes de bon sens, que chacune d'elles peut être la meilleure dans un pays et la plus mauvaise en d'autres. Tout dépend évidemment sous ce rapport des temps, des lieux et des circonstances. Les personnes qui s'amusent encore à ergoter sur la supériorité du principe républicain ou du principe monarchique — drôles de principes qui sont reconnus excellents d'un côté d'une frontière et mauvais de l'autre — me font l'effet de ces deux individus qui se prirent aux cheveux parce que l'un d'eux était pour les vêtements légers et l'autre pour les vêtements chauds. Eh ! bon Dieu ! calmez-vous ! Toutes vos querelles ne changeront rien à la nature des choses. Quoi que vous disiez, on prendra des vêtements légers en été et des vêtements chauds en hiver. De même, partout où les citoyens seront assez sages pour savoir se gouverner eux-mêmes, on pourra vivre en république, c'est-à-dire laisser plus de large aux initiatives individuelles en restreignant l'action des lois et règlements, tandis que, dans le cas contraire, il faudra toujours en revenir au régime monarchique dont l'essence est une protection plus efficace de la liberté et des intérêts privés au moyen du juge et du gendarme.

Outre qu'il est bien démontré par l'histoire qu'un peuple a toujours le gouvernement qu'il mérite, il me semble évident que la prospérité et la grandeur d'un pays dépendent bien moins de l'enseigne des institutions que de la qualité des gouvernés. Depuis

Adam jusqu'à M. Thiers, nous ne voyons pas de forme gouvernementale qui ait été pour aucune nation un brevet d'immortalité.

Monarchies et Républiques sont tombées successivement dans le gouffre où le temps jette pêle-mêle les vieilles défroques et les vieux empires. Preuve qu'il faut chercher ailleurs que dans les formes gouvernementales le secret de la durée des Etats.

Or, s'il est une chose claire au monde, c'est que la force des sociétés tient à leur degré de moralisation bien plus qu'à leur richesse et que cette moralisation elle-même dépend de certaines influences au premier rang desquelles figurent les idées et croyances religieuses.

La religion, en élevant les âmes au-dessus de l'atmosphère impur des passions humaines, a seule jusqu'ici fourni des moyens efficaces de neutraliser l'effet démoralisant de la richesse et du bien-être. Elle seule, par son action incessante, universelle, aussi nécessaire au monde moral que la chaleur du soleil l'est au monde physique, a tenu les sociétés humaines au-dessus des abîmes où les entraine fatalement la loi de la pesanteur des intérêts et des appétits matériels. Elle seule a réussi à faire de l'homme un être véritablement supérieur aux animaux.

Et c'est justement la religion que les faux démocrates de nos jours poursuivent d'une haine aussi bête qu'acharnée. S'il est un point, en effet, sur lequel la plupart des républicains soient d'accord, n'est-ce pas l'horreur du sentiment religieux, la haine du clergé, le désir de donner un démenti aux lois naturelles comme aux lois divines en prétendant tirer de motifs purement humains les vertus qui tiennent à des mobiles supérieurs et que la grâce divine peut seule inspirer ?

Quand la confusion de sentiments et d'idées dans laquelle nous nous débattons actuellement sera un peu dissipée, quand les hommes impartiaux d'une autre époque examineront ce qui s'est dit et fait à l'époque actuelle, quand ils verront que c'est surtout en affichant le scepticisme et l'impiété que notre fausse démocratie a cherché à faire prévaloir sa forme gouvernementale préférée, nous pensons qu'ils ne seront pas moins embarrassés que nous le sommes aujourd'hui, pour qualifier, avec une sévérité suffisante, une pareille aberration.

V.

UNE PROMENADE A TRAVERS LES AGES.

Les quatre plus beaux kilomètres de France. — La source *St-Joseph* à la Bégude. — Les analyses d'eaux minérales. — Les granits. — Le fer grand peintre de la nature. — Baignoires naturelles en granit porphyroïde.

J'arrivai le soir à Aubenas, où m'attendait un compagnon de voyage curieux, comme moi, de parcourir nos montagnes et de leur demander les secrets des transformations du globe. Je plains ceux que la science géologique laisse indifférents. Ceux-là ne connaîtront jamais l'œuvre qui donne peut-être la plus haute idée de la puissance et de la sagesse divines.

Le lendemain matin, dans une bonne voiture de louage, nous descendions la route d'Aubenas à la Bégude. Le jour naissait à peine. La plaine du Pont était enveloppée dans une gaze blanche aux plis de laquelle semblaient se jouer les premières lueurs de l'aube. Les coqs chantaient et les chiens jappaient à toutes les maisons échelonnées sur la route. Les oiseaux commençaient leur gazouillement. Quelques chèvres matinales bêlaient aux lucarnes des étables.

Bientôt une ligne d'or marqua les sommets sinueux du Coiron, tandis que tout le versant qui nous faisait face restait dans un crépuscule bleu-cendré des plus vaporeux.

Cette poésie du matin s'alliait fort bien, dans notre imagination, avec les préoccupations scientifiques qui nous avaient mis en mouvement.

Là où bien des gens ne voient que des cailloux ou de la terre, nous apercevions la trace des étapes de la création. Le calcaire, le granit et le basalte rimaient richement, dans notre esprit, avec les splendeurs du soleil levant qui montrait sa tête sur le Coiron et dorait déjà le feuillage des mûriers. La verdure de ceux-ci était encore claire et transparente, et il nous semblait y apercevoir les fils jaunes de la soie.

En moins de temps que l'aube n'en met à devenir le jour, nous avions feuilleté une partie du grand livre géologique.

Du sommet liasique d'Aubenas, où abondent les fossiles, que faut-il pour arriver aux ravinements du trias qui dominent Fontbonne ? Cinq minutes. Et de là, au ruisseau granitique de Lautaret ? Dix minutes.

Nous avions fait en un quart d'heure le chemin que le globe avait mis des siècles et des siècles à parcourir. C'est du progrès, ou je ne m'y connais pas.

Le chemin d'Aubenas à la Bégude, que le docteur Monaret a justement appelé « les quatre plus beaux kilomètres de France, » est aussi le meilleur manuel de géologie que je connaisse, à condition toutefois que la promenade soit faite en compagnie d'une personne instruite.

A la Bégude, c'est le commencement du monde, c'est-à-dire le terrain primitif, granit et gneiss.

A mesure qu'on remonte vers Aubenas, on trouve les terrains sédimentaires, marnes et roches, correspondant aux diverses variétés de grès et aux premiers calcaires. — Pour trouver les calcaires supérieurs (jurassique, néocomien et crétacé), il faudrait aller vers le Rhône en suivant la direction de l'Ardèche.

Au-dessous du pont de Lautaret, on trouve les granits porphyroïdes qui ont soulevé le gneiss.

A mi-chemin d'Aubenas à Lautaret, à la porte d'une grange sur le rebord de la route, on aperçoit un filon basaltique — le prolongement d'un de ces dikes qui coupent le Coiron en tous sens, artères pétrifiées qui portaient autrefois la chaleur dans l'immense corps de la montagne. Quel touriste observateur n'a pas admiré ces dikes en montant ou descendant l'Escrinet ? Il y en a un précisément qui barre le col de la montagne et dans lequel il a fallu creuser un grand croissant pour faire passer la route.

Quand on approche de la Bégude, et généralement de tous les villages situés près du lit de l'Ardèche, on est frappé de l'alternance des pierres noires et blanches employées à la construction des maisons. On dirait un damier, où le granit plus ou moins quartzeux, forme les cases blanches et le basalte les cases noires.

La partie du lit de l'Ardèche laissée à sec présente également l'aspect d'un immense damier par ces mélanges de cailloux quartzeux et basaltiques, au milieu desquels se détachent un assez grand nombre de porphyres rouges.

.

Il y a dans l'enclos des Frères maristes à la Bégude, une source minérale dite de *St-Joseph*, obtenue au moyen d'un sondage pratiqué dans le granit schisteux. L'eau est élevée à l'aide d'une pompe à bras qui peut donner un débit de 14 ou 15 litres à la minute. Sa température est de 14 degrés; elle nous a paru faiblement gazeuse et alcaline, et nous soupçonnons un mélange avec de l'eau douce qu'on pourrait peut-être faire cesser par un meilleur captage.

En donnant, par une note placée au bas de la page, la composition de cette eau (1), comme nous le ferons pour la plupart des autres sources dont nous aurons à parler, nous avons hâte d'ajouter qu'il ne faut pas attacher à toutes ces analyses une importance décisive. Sans doute il est bon de savoir quelles substances les chimistes sont parvenus à découvrir dans une eau minérale, mais il est essentiel de se rappeler que la chimie, tout en ayant fait de grands progrès, en a cependant de plus grands encore à faire, et que beaucoup de sources, où les chimistes n'ont guère trouvé que les principes de

---

(1) Cette eau renferme par litre :

Bicarbonate de soude	. . . .	0 505
— potasse	. . . .	0 057
— chaux	. . . .	0 198
— magnésie	. . . . . .	0 080
— oxyde de fer	. . . .	0 010
Chlorure de sodium	. . . .	0 078
Sulfate de soude	. . . .	0 057
Résidu	. . . .	0 024
		999

l'eau ordinaire, sont précisément celles dont l'expérience a le mieux consacré les vertus.

Comme le dit fort justement le docteur Constantin James, une eau minérale n'est pas une dissolution saline ordinaire. C'est un breuvage à part qui a ses éléments propres comme sa saveur spéciale, que la nature a fabriqué par une sorte de chimie occulte, et dont elle s'est jusqu'à présent réservé la recette : la connût-on, qu'il resterait la difficulté de l'appliquer. Or, je crains bien que, de longtemps encore, nous n'en soyons réduits à accepter pour devise ces paroles si vraies et tant citées de Chaptal : « Quand on analyse une eau minérale, on dissèque un cadavre. »

.

A partir de la Bégude, en remontant le lit de l'Ardèche, le gneiss et le granit règnent exclusivement, — dans un royaume, d'ailleurs, que les trouées volcaniques font singulièrement ressembler à une écumoire.

On reconnaît bien vite, même à distance, à la configuration des montagnes, quand on entre dans le terrain primitif. Ici, les montagnes ne sont plus coupées à pic comme dans les régions sédimentaires (sur le Chassezac et dans toute la basse-Ardèche).

La roche s'en va graduellement selon les coupures opérées par les retraits qu'a subis la pâte gnésique en se refroidissant; mais elle s'en va lentement comme une brave troupe qui se laisse tailler en pièces plutôt que de reculer.

Il y a des vallées profondes, dans le gneiss et le schiste comme dans le calcaire, mais la pente y existe toujours et l'on y sent beaucoup mieux qu'ailleurs ce qu'il a fallu au temps de milliers d'années pour raviner ainsi l'ossature la plus intime du globe.

Des pointes aiguës restent à la cime de la montagne comme pour protester de la pérennité de la roche. Mais, comme il est de la destinée des choses les plus solides de crouler en ce monde, qu'on soit empire, république ou simple granit, ces pointes dures tombent à leur tour sous l'action de la gelée qui est le grand levier destructeur du temps, de même que le froid scepticisme est le grand agent destructeur des nations, — et le fracas étourdissant de leur chute remplace dans les paisibles vallées le spectacle des révolutions politiques qu'on se donne dans les cités populeuses.

Braves concitoyens des vallées de l'Ardèche, de la Volane ou de Fontaulière, vous êtes plus favorisés que les Parisiens. Quand un bloc se détache d'un des hauts sommets qui vous font des horizons si pittoresquement crénelés, et bondit en mugissant jusque dans la rivière, en faisant jaillir ses eaux limpides sans pouvoir les troubler, vous assistez à un spectacle grandiose, émouvant, qui dit simplement et sans phrase la puissance de Dieu et la faiblesse de l'homme, tandis que les chutes de gouvernements ne font rejaillir que de la boue et ne mettent en relief que la sottise ordinairement équivalente des gouvernants et des gouvernés.

* *

Le granit, qui vient de l'italien *grano* grain, en raison de son apparence grenue, est le terme générique pour désigner les roches qui, bien évidemment, ont formé la première couche solide du globe, puisqu'on les trouve toujours au-dessous des autres.

Le granit, qu'on appelle encore terrain primitif ou terrain cristallin, a été longtemps considéré comme étant d'origine purement ignée, mais les plus récentes données de la science et l'aspect extérieur de cette roche elle-même montrent que l'eau et le feu ont simultanément contribué à sa formation.

Le granit gris à petits grains est la plus ancienne roche connue.

Le gneiss est un granit où le mica prédomine. On l'appelle quelquefois granit stratifié.

Le granit porphyroïde, la syénite, les porphyres, les roches vertes (ophiolitiques ou serpentineuses), etc., sont des variétés du terrain primitif.

Pour le chimiste, le granit est une réunion de silicates à base d'alumine, de potasse et de soude.

Le minéralogiste y trouve du quartz (silice), du feldspath et du mica (composés de divers silicates).

Les teintes rouges, roses ou jaunes, que présentent ces roches, proviennent ordinairement du fer. Le fer est le grand peintre de la nature et on le trouve mêlé partout, dans le sang humain et dans les feuilles des végétaux aussi bien que dans les molécules des minéraux. Le célèbre minéralogiste, l'abbé Haüy, écrivait : « Quand la nature prend le pinceau, c'est très-souvent le fer oxydé qui est sur la palette. »

Le gneiss a eu une fusion tourmentée comme le montrent ses blocs roulés et lavés dans le lit des torrents. On peut y voir souvent les contours et comme les contorsions de la pâte pierreuse tiraillée dans divers sens et obéissant à diverses influences.

Le granit porphyroïde est la première des roches éruptives que les feux intérieurs ont poussées sous le gneiss. Sa contexture inégale, à gros grains roses ou verts, blancs et noirs, traversée de veines de quartz, révèle clairement une fusion imparfaite. C'est le nougat des terrains primitifs.

Le granit porphyroïde a percé le vieux granit, non seulement à Lautaret, mais à Thines, Largentière, Valgorge, Mayres, Vernoux, St-Péray, Annonay, etc.

Là où il faut le voir dans toute sa splendeur, c'est dans les rivières où il a été poli par les cailloux roulés et lavé par les eaux. A Largentière, au-dessus du Moulinet, et dans la rivière voisine de Roubrau, il forme de pittoresques bassins où les enfants apprennent à nager sans se douter que les baignoires dont les a dotés si libéralement la nature leur seraient enviées par les princes.

VI

LA CRÉATION DU VIVARAIS.

L'apparition de l'île des Cévennes. — C'est à la poussée des granits porphyroïdes que nos montagnes doivent leur principale élévation. — Les orages. — L'Atlantide. — La confusion des nomenclatures géologiques. — L'herbier des 27 couches terrestres. — Durée totale des formations géologiques.

Les légions immobiles du gneiss et du granit recommencent à défiler devant nous.

Indifférents qui passez devant ces masses informes qui drapent plus ou moins leur nudité dans les lambeaux de verdure que leur a laissés la violence des eaux, arrêtez-vous et saluez-les comme les plus vieux monuments du sol vivarois et même du sol européen.

Avant que, poussées par l'expansion intérieure, elles eussent surgi, le monde, c'était le chaos livré à l'action et aux réactions incessantes des éléments. Ni l'ancien, ni le nouveau continent n'existaient :

Jéhovah en était encore à la première journée de la création, journée dont notre imagination elle-même n'ose calculer la durée.

En ce temps-là, Dieu prit ses maîtres-ouvriers : l'Eau, l'Air et le Feu, et leur dit : Allez et travaillez !

Et chacun se mit à agir et il se livra entre eux des luttes homériques qui durèrent des siècles.

Tout à coup une île allongée apparut au milieu de la mer immense et tumultueuse : c'était la chaîne granitique dont le Tanargue et le mont Pilat forment les points culminants.

Les eaux marines sont rejetées à droite et à gauche de ce plateau qu'a fait émerger la poussée des granits porphyroïdes, qu'exhausseront plus tard d'autres soulèvements et que viendront enfin façonner ces ouvriers de la dernière heure qu'on appelle les volcans.

Le granit commence sa tâche en séparant les eaux : ceci pour le futur Océan, et cela pour la future Méditerranée. Le sol gaulois vient de naître ; il va se développer.

A peine a-t-il la tête hors de l'eau que les micaschistes, premier dépouillement des eaux marines, lui font un manteau soyeux et argenté, manteau qui va en s'épaississant à mesure que baisse la température de la première mer dite Cambrienne.

La puissance des couches micaschisteuses montre la durée de l'époque géologique à laquelle elles correspondent. Dans le canton des Vans, elle atteint parfois 300 mètres.

Mais les infiltrations de la mer bouillante continuent la décomposition du sous-sol et produisent l'enfantement de nouvelles montagnes.

L'île des Cévennes grandit et devient le plateau central de la France. Après les soulèvements du granit, ceux du micaschiste et des dépôts plus récents sont là pour témoigner de cette fécondité prolongée.

Et la preuve que cet exhaussement provient non pas du retrait des eaux, mais de l'action d'une force intérieure, se trouve dans le redressement du gneiss et du micaschiste dont on aperçoit partout les couches relevées et disloquées sous des inclinaisons de 30 à 70 degrés, et quelquefois même perpendiculaires.

Les granits porphyroïdes étant les seules roches placées au-dessous du gneiss et du granit gris à petits grains, qu'ils ont, d'ailleurs, évidemment soulevés, il est impossible de ne pas voir dans les granits porphyroïdes les agents de cette grande révolution terrestre à laquelle M. Dalmas attribue, non sans raison, la principale élévation de nos montagnes, et qui correspond au premier soulèvement de M. Elie de Beaumont.

Plus tard eurent lieu d'autres soulèvements qui relevèrent les couches postérieures, c'est-à-dire les grès (trias) et les premiers calcaires, mais l'inclinaison moindre (15° à 20°) des couches relevées fait présumer qu'ils eurent beaucoup moins de part à l'élévation de nos montagnes.

Le soulèvement postérieur au terrain jurassique, celui qui donna naissance aux montagnes de la Côte-d'Or, me paraît avoir élevé les Cévennes de plus de 200 mètres.

Vinrent enfin les éruptions trachytiques et phonolitiques qui firent surgir sur le haut plateau cévénol les cônes ou dômes gigantesques du Mézenc, du Gerbier de Jonc, etc. Mais le Tanargue est resté la plus haute montagne *granitique* de la contrée.

※

Ce qui se passe au moment où j'écris peut donner une idée de ce qui se passait au commencement du Vivarais.

Il fait une chaleur accablante. Le soleil rôtit les arbres comme les basaltes. L'eau de l'Ardèche s'envole en vapeurs que la chaleur rend encore invisibles mais qui ce soir ou demain apparaîtront en nuages lourds. En attendant on sent que l'air est fortement électrisé et qu'un orage violent n'est pas loin.

Peu à peu des nuages surgissent au-dessus des montagnes qui bordent l'horizon. Ils sont blancs, puis gris, puis noirs. Ils se rapprochent avec des grondements sinistres. Ils se heurtent et l'orage éclate dans toute sa magnificence.

Chacun reste chez soi. Hommes et animaux sont beaucoup plus humbles que d'habitude. Les dévots font des prières et ceux qui ne le sont pas se gardent bien de choisir ce moment pour leurs divagations ou leurs blasphèmes habituels.

Et c'est ainsi que Dieu fait remonter les eaux sur les plus hautes montagnes pour les arroser. C'est ainsi que les mers, sans quitter leur lit, vont féconder les continents. La chaleur sert de pompe et le tonnerre, ce grand purificateur de l'atmosphère, fournit le bouquet de la fête.

C'est le *circulus* du globe terrestre qui correspond à la circulation du sang dans le corps humain.

Reportons-nous par la pensée aux premiers temps de l'île des Cévennes.

La mer était bouillante et l'atmosphère surchauffée et saturée de vapeurs.

Une épouvantable tension électrique, résultat naturel de cet état de choses, devait provoquer d'horribles orages, presque constants, et dont l'île des Cévennes, seule émergée avec la Bretagne au milieu du futur sol gaulois, était nécessairement le grand centre d'attraction.

En attendant de donner sa loi à Moïse sur le mont Sinaï, Dieu la donnait aux éléments au milieu d'un appareil infiniment plus formidable que dans les futures montagnes de Judée, et le nom du Tonnerre resté au Tanargue (*mons Taranus*) indique assez hautement que ce point culminant avant les éruptions trachytiques et phonolitiques était encore le grand Sinaï cévénol et le siége d'incessantes tempêtes lorsqu'apparurent les premiers habitants de la contrée.

Les eaux des premières mers mises en mouvement autant par la chaleur intérieure que par les orages extérieurs, devaient, de leur côté, se livrer de formidables combats dont les surfaces émergées et même submergées faisaient naturellement les frais.

C'est ainsi que les roches primitives émiettées et décomposées fournissaient la matière des sédiments dans lesquels les diverses mers successives allaient écrire toutes les phases de leur existence.

La terre palpitait sous le choc de ces révolutions marines et atmosphériques, se crevassait et l'eau, pénétrant à de nouvelles profondeurs, provoquait de nouvelles ruptures et de nouveaux soulèvements. Le fond des mers, en s'exhaussant occasionnait aussi des déluges, dont le dernier seul a laissé une trace dans la mémoire de l'humanité. Mers et continents apparaissaient et disparaissaient successivement, comme à ce jeu de bascule que nous avons tous connu dans notre jeunesse. On place une poutre au travers d'une autre poutre plus élevée, puis deux enfants se mettent à cheval, un à chaque extrémité, et chacun d'eux monte et descend alternativement. L'Atlantide, cet antique continent dont la tradition nous a été conservée par les livres de Platon et qui a probablement disparu quand surgirent les plus hautes montagnes de l'Europe et de l'Asie (événement qui a peut-être, coïncidé avec le déluge de Noé), l'Atlantide, dis-je, est en ce moment à l'extrémité de la poutre qui plonge sous l'Océan, mais qui oserait affirmer qu'elle n'en sortira pas et que nous ne plongerons pas à notre tour dans une mer qui s'appellera l'Océan européen ?

*
**

Voilà comment les choses se sont passées pendant des milliers et des milliers de siècles, car le temps qui est beaucoup pour nous n'est rien pour Dieu.

Or, à mesure que l'oxydation du sous-sol pénétrait à de plus grandes profondeurs, la température du globe s'abaissait et la vie organique se développait graduellement dans la mer et sur les surfaces émergées.

Chaque étape de la nature vivante a laissé son empreinte sur les terrains qui ont servi à ses habitants de berceau et de tombe.

Les géologues distinguent vingt-sept couches ou étages de terrains formés par les dépôts des anciennes mers, mais, par suite des bouleversements du sol, il est rare qu'on rencontre beaucoup de ces couches se succédant régulièrement. A cette difficulté, il faut joindre la confusion des nomenclatures. La plupart de ces couches portent, en effet, des noms différents, suivant les pays ou même suivant les géologues.

Ceux-ci semblent toujours avoir pris un malin plaisir à débaptiser les terrains déjà signalés par leurs devanciers. C'est ainsi que le terrain *cambrien* a été transformé par les Anglais eux-mêmes en *cumbrien*, sous prétexte qu'il est plus complet dans le Cumberland que dans le pays des Cambres ou anciens Cimbres. Les Américains pour faire pièce aux Anglais ont remplacé les terrains cambrien, silurien (des anciens Silures) et devonien (du pays de Devonshire) par les terrains taconien, laurentien et canadien. D'Orbigny a contribué à la confusion par une foule de dénominations géographiques dont le moindre défaut est de ne pas être toujours d'une exactitude parfaite. M. Lyell a remplacé les terrains tertiaires inférieur, moyen et supérieur par les expressions d'*éocène*, *miocène* et *pliocène*, de deux mots grecs *eôs* aurore et *kainos* récent, ce qui, dans sa pensée signifie : éocène, terrain qui se rapproche de l'aurore, c'est-à-dire des temps actuels ; *miocène*, qui s'en rapproche moins, non pas que le précédent mais que le suivant ; *pliocène*, qui s'en rapproche davantage. Lyell a même créé le *pléistocène* et le *postpliocène*, et il a enfin trouvé des singes pour allonger la liste par l'*oligocène*, le *néocène*, etc. Les trois premières expressions ont été généralement adoptées, malgré la bizarrerie de leur origine, grâce peut-être à leur consonnance harmonieuse. Il n'en est pas moins vrai que les géologues se sont montrés, à propos de nomenclature, presqu'aussi sots que les politiciens à propos de formes de gouvernement et que leurs petits entêtements sur ce point ne sont pas une des moindres causes qui rebutent les jeunes gens au seuil des études géologiques.

Voici, pour mémoire, le tableau des terrains, dans l'ordre de leur apparition, d'après Alcide d'Orbigny :

Terrain de transition.

Époque silurienne.
{
1 Schistes calcaires (terrain cambrien).
2 Schistes charbonneux (terrain silurien).
3 Vieux grès rouge (terrain dévonien).
}

Époque carbonifère.
{
4 Calcaire carbonifère.
5 Grès houiller.
}

Terrain secondaire.

Époque du trias et pénéenne.
{
6 Grès rouge.
7 Calcaire pénéen (ou permien).
8 Grès vosgien.
9 Grès bigarré.
10 Calcaire coquillier (muschelkalk).
11 Marnes irisées.
}

Époque jurassique.
{
12 Lias.
13 Grande oolithe.
14 Groupe oxfordien.
15 Groupe corallien.
16 Groupe portlandien.
}

Époque crétacée.	17 Terrain des wealds. 18 Grès vert crétacé. 19 Craie verte. 20 Craie tuffeau. 21 Craie marneuse. 22 Craie blanche.

Terrain tertiaire.

Époque du terrain parisien.	23 Calcaire grossier (éocène).
Époque de la mollasse.	24 Mollasse (miocène).
Époque subapennine.	25 Collines subapennines (pliocène).

Terrain quaternaire.

Époque du diluvium.	26 Alluvions anciennes. 27 Alluvions modernes.

Les géologues ont cru reconnaître les premiers rudiments de la vie organique dans les masses calcaires amorphes qui accompagnent les terrains cambriens. Ces calcaires seraient formés d'animalcules microscopiques et en nombre infini appelés *Eozoon* ou animaux de l'aurore, dont la structure serait analogue à celle des rhizopodes de nos mers ou des nummulites de l'époque tertiaire. Ces animalcules, de la famille des Entroques, existent dans l'Ardèche où M. Dalmas les a découverts dans un calcaire subordonné aux micaschistes du ruisseau de Servouen, commune de St-Julien-d'Alban.

Les étages supérieurs se différencient surtout par les fossiles qu'ils contiennent.

Les terrains de transition sont caractérisés par une curieuse espèce de crustacés appelés *Trilobites*.

Les fougères et les calamites sont propres aux terrains houillers.

Les ammonites règnent en souveraines dans les terrains secondaires.

La gryphée arquée (une sorte d'escargot marin), ne se trouve que dans le lias.

Les hippurites, autre espèce de coquillage, sont cantonnés dans le terrain crétacé.

Les nummulites, petits coquillages ronds, semblables à des pièces de monnaie (*nummus*) habitent exclusivement le terrain éocène, etc.

C'est une sorte d'herbier en vingt-sept volumes où l'on peut suivre pas à pas les développements de la nature vivante et où les chapitres curieux abondent.

Il y a des savants qui ont essayé de chiffrer la durée des formations géologiques.

L'Américain Dana a calculé que la période quaternaire étant prise pour terme de comparaison, les phénomènes de la période tertiaire avaient demandé environ deux fois plus de temps, ceux de la période secondaire quatre fois plus et ceux de la période précédente quatorze fois plus. Or, en se basant sur des faits modernes, comme la durée reconnue de certains dépôts diluviens ou de certaines érosions de fleuves, on a supposé que la période quaternaire n'avait pas moins de 200 mille ans, ce qui donnerait un total de quatre millions de siècles pour la durée des formations qui ont précédé l'ère moderne.

VII

Les soulèvements de montagnes.

M. Elie de Beaumont. — L'âge des montagnes. — Soulèvements et abaissements du sol. — Les déluges. — Développement progressif du sol Vivarois.

Nous avons déjà plus d'une fois parlé des *soulèvements* de terrains.

Qu'on nous permette de rappeler en quelques lignes cette brillante découverte, dont l'auteur, M. Elie de Beaumont, est mort en 1874.

Au 18e siècle, on pressentit les soulèvements, mais sans oser les affirmer et surtout sans savoir les expliquer.

Les uns voyaient partout l'action de l'eau et les autres voyaient partout l'action du feu.

Le monde savant était partagé en *neptuniens* et *volcanistes* ou *plutoniens*, de même qu'aujourd'hui le monde politique est partagé en monarchistes et républicains.

La théorie de M. Elie de Beaumont a mis d'accord les neptuniens et les volcanistes ou plutôt les a fait disparaître les uns et les autres. Heureux présage pour le monde politique où les montagnes n'abondent pas moins que sur l'autre et où l'on ne paraît pas encore se douter qu'elles sont le résultat des feux intérieurs, c'est-à-dire des vices et des passions des individus, beaucoup plus que des sytèmes gouvernementaux auxquels les casuistes de toutes nuances s'efforcent encore de les rattacher.

L'ouvrage de M. Elie de Beaumont sur l'âge relatif des montagnes, qui révolutionna la science géologique, date de 1829. Jusques là, on avait considéré les montagnes comme existant de toute éternité et l'on n'attribuait guère qu'aux influences atmosphériques les modifications que leur forme ou leur élévation avaient dû subir. Notre compatriote l'abbé Jean-Louis Giraud-Soulavie qui était cependant un grand observateur, puisqu'il a été le précurseur de Cuvier dans la science de la paléontologie, attribuait uniquement au travail des eaux la formation des vallées vivaroises.

L'examen attentif des couches sédimentaires porta la lumière dans l'esprit d'Elie de Beaumont.

La succession de ces couches était parfaitement reconnue et établie depuis un siècle, mais personne n'avait songé à examiner les rapports existants entre elles et les montagnes.

Or, quand Elie de Beaumont eût constaté que telle couche était soulevée aux abords d'une montagne tandis qu'une couche de formation plus récente était restée intacte, il devint évident que la montagne avait surgi à une époque ou la première de ces couches existait mais où la seconde n'existait pas encore.

Autour des Alpes dauphinoises nous trouvons, par exemple, le terrain jurassique et même le crétacé inférieur relevés, tandis que le crétacé supérieur représenté par des couches à nummulites est resté horizontal et s'adosse à la montagne ou à la ligne oblique des couches redressées : n'est-ce pas là nature prise sur le fait, et un notaire lui-même aurait-il pu inscrire plus clairement la date d'apparition de la montagne ?

C'est ainsi qu'Elie de Beaumont put constater l'âge relatif des montagnes, et désigner, parmi ces innombrables enfants de la terre, les aînés et les cadets.

Les géologues ont constaté dix-sept soulèvements principaux.

La chaine des Cévennes est une des plus anciennement soulevées, comme le démontre l'inclinaison des couches du micaschiste qui sont à peu près perpendiculaires tout le long de la vallée de Valgorge.

Les montagnes de la Bretagne sont contemporaines des Cévennes et forment, avec le pays de Galles, les trois points les plus anciennement émergés de l'Europe occidentale.

Les monts Margéride et Lozère ont paru seulement après le lias dont on a suivi la trace jusques sur leur sommet (1).

Les Pyrénées et les Alpes sont venues après et, malgré leurs proportions énormes, sont de beaucoup les cadettes du Tanargue.

Les montagnes de la Côte-d'Or et du Jura ne datent que du onzième soulèvement qui a disloqué le terrain jurassique.

Les Alpes du Dauphiné apparurent ensuite, puis les Pyrénées avec les Apennins, les Alpes Juliennes, les Karpathes et les Balkans. L'apparition à peu près simultanée de ces énormes masses dut être une des plus grandes catastrophes du globe.

Les Alpes centrales, avec le St-Gothard et le mont Ventoux, sont encore postérieures, et l'on pense que les gigantesques excroissances de la Cordillière des Andes en Amérique, de l'Himalaya en Asie, et de l'Atlas en Afrique, sont de la même date. L'homme a pu y assister, puisque ces montagnes ont soulevé des terrains quaternaires contemporains de l'homme.

On suppose que les épouvantables déluges dont on trouve la trace en Europe furent la conséquence de ces soulèvements et, quant au déluge biblique, dont le souvenir s'est conservé dans les traditions de tous

(1) Académie des sciences mars 1877.

les anciens peuples d'Orient, la plupart des géologues le rattachent au soulèvement du mont Ararat.

Qui sait si nous ne sommes pas destinés à assister nous-mêmes à quelqu'une de ces grandes révolutions terrestres ?

Depuis que l'attention des savants a été attirée sur les soulèvements, un grand nombre de faits de ce genre plus ou moins contemporains ont été signalés.

Bien des récits consignés dans l'histoire, et rélégués au rang des f... s, se sont trouvés expliqués.

En 1757, au Mexique, on observa le gonflement d'un terrain de 4,000 mètres carrés. L'exhaussement total fut de 160 mètres, et un peu plus tard, il sortit, le long d'une crevasse, au même endroit, six grandes buttes de 500 mètres de haut.

On avait souvent remarqué sur diverses côtes le progrès ou le recul des eaux de la mer. Depuis les expériences de l'Académie d'Upsal qui nota, dès le milieu du siècle dernier, les divers niveaux de la mer du Nord par des entailles dans le rocher, et surtout depuis Elie de Beaumont, on sait que ce n'est pas la mer qui s'avance ou recule, mais la terre qui se gonfle ou s'affaisse.

Il y a plusieurs siècles que les côtes de Suède et de Norvège s'élèvent, tandis que le centre de l'Europe paraît s'affaisser graduellement depuis le soulèvement de la chaîne des Alpes.

La côte du Chili en 1822, à la suite d'un tremblement de terre, s'est relevée depuis Valdivia jusqu'à Valparaiso, c'est-à-dire sur une étendue de 200 lieues.

En ce moment la péninsule italique tend à se relever vers ses extrémités et s'affaisse au milieu.

A Pouzzoles, près de Naples, un monument connu sous le nom de Jupiter Sérapis, et construit vers le commencement de notre ère, s'est tour à tour affaissé et relevé, comme en témoignent les traces de pholades faciles à observer sur les colonnes. Les pholades sont des mollusques méditerranéens qui, apportés par l'eau de la mer, s'attachent aux rochers d'une falaise, aux pierres d'un édifice bâti sur le rivage, et s'y creusent de petites logettes.

Si de Pouzzoles nous passons à Gibraltar, nous trouvons l'ancien temple d'Hercule sous les eaux.

A Nice, le sol se serait exhaussé.

La submersion des Pays-Bas, la formation du Zuyderzée, n'est que de 1282.

Les documents historiques constatent de nombreux et considérables affaissements sur les côtes de France et d'Angleterre. On retrouve de toutes parts sur la côte anglaise des vestiges d'anciennes villes ou de villages engloutis, d'îles et de forêts submergées.

La baie de Douarnenez, près de Brest, recouvre une cité florissante, la ville d'Ys, ancienne capitale de la Cornouailles. Au sud, non loin de la pointe de Plogoff, lorsque la marée est basse, on distingue nettement, à

5 ou 6 mètres sous l'eau, des pierres druidiques, des autels, des murs, des ruines de divers monuments.

Un ancien sous-préfet de Tournon, qui a été ensuite sous-préfet à Coutances, M. Quénault, s'est livré à des recherches très-intéressantes sur les forêts submergées. L'affaissement du Cotentin et de la baie de St-Michel est connu de tous les géologues. En l'an 400 de notre ère, il y avait en avant du mont St-Michel une forêt de 7 lieues de long sur 4 de large, que la mer recouvre aujourd'hui. M. Quénault calcule que l'affaissement du sol sur la côte normande a été d'environ 2 mètres par siècle. Si le mouvement continue dans la même proportion, tous les ports de la Manche et de l'Océan seront détruits dans dix siècles. Quelques siècles plus tard, Paris sera devenu une ville maritime. Ce serait la fin du monde pour l'an 4,000. Heureusement que nous avons le temps d'y songer. D'ailleurs, — pour rassurer les peureux — je dois dire que l'exhaussement alterne souvent avec l'affaissement du sol et qu'un siècle détruit quelquefois l'effet du siècle précédent en remettant toutes choses à leur place.

Les journaux publiaient récemment un prospectus fort curieux qui se rattache à notre sujet.

Il existait en Portugal, du temps des Phéniciens, une ville considérable nommée *Cetobrix* qui fut submergée et resta plusieurs siècles sous l'Océan. Depuis lors, la côte portugaise s'est relevée, et Cetobrix sortie des eaux, mais recouverte d'un épais manteau de limon et de sable, va donner lieu à des fouilles, en vue desquelles l'acquéreur du terrain, un Français nommé Blin, a organisé une société par actions. (Voir le *Journal des Débats* du 24 mai 1875).

Notons ici que les théories de M. Elie de Beaumont tendent de plus en plus à recevoir un correctif de la part de l'école Lyell, en ce sens que là où M. Elie de Beaumont voit trop exclusivement le résultat de révolutions subites et d'immenses cataclysmes séparés par des périodes séculaires de repos, les géologues anglais voient peut-être avec raison des effets lents mais continus de l'action du temps.

Le mouvement insensible avec lequel ont lieu les soulèvements modernes fait présumer, en effet, qu'il en a été de même pour les soulèvements anciens, et qu'on n'a jamais vu de grands massifs de montagne pousser dans une nuit comme des champignons. Il est probable que des peuples entiers ont ainsi monté ou baissé sans s'en apercevoir.

Savants, à vos pièces : dites-nous bien vite si nous ne baissons pas trop en Vivarais !

M. Elie de Beaumont a cru remarquer que les chaînons du même âge avaient aussi la même direction. Il a appelé *système de montagne* les chaînes dont l'identité de direction lui semblait indiquer la contemporanéité. L'illustre géologue voyait dans les soulèvements une conséquence du refroidissement progressif de la terre. C'est la contraction résultant de ce refroidissement qui amènerait la rupture de la surface et l'apparition des roches profondes. M. Elie de Beaumont pensait encore que ces ruptures devaient se produire suivant des lois régulières et harmoniques. De là sa théorie du *réseau pentagonal*. Mais ce sont là des systèmes que l'observation des faits est encore loin d'avoir consacrés et qu'il suffira d'avoir mentionnés.

*.

Nous avons indiqué les principaux soulèvements qui élevèrent les Cévennes au-dessus des anciennes mers.

Les sommets de nos montagnes sont antérieurs à la première mer (Cambrienne), puisque les micaschistes qui en constituent le sédiment métamorphisé par la chaleur, s'arrêtent à mi-hauteur : les rivages de cette mer coupent les cantons des Vans, Valgorge, la Voulte et St-Péray. L'absence de cette roche entre Largentière et Privas fait supposer que cette partie du Vivarais, émergée lors de la mer Cambrienne, s'est affaissée ensuite, et c'est ainsi que les dépôts postérieurs du trias et du lias ont pu recouvrir directement le terrain primitif.

Le plateau central de la France, dont les Cévennes font partie, alla en se développant. Le soulèvement de l'Allier correspond à la période du trias.

Avant l'émersion des terrains jurassiques, l'Europe occidentale présentait l'aspect suivant :

A l'ouest, le faisceau breton (Bretagne française, Angleterre, Ecosse et Irlande) ; au nord, la Scandinavie (Suède et Norvége) ; à l'est, les Ardennes et les Vosges avec la plus grande partie de l'Allemagne centrale ; enfin, au sud, le plateau central de la France.

La mer couvrait encore les terrains où devaient s'élever un jour les grandes capitales : Paris, Londres, Berlin, Rome, Naples et Madrid. Les Alpes et les Pyrénées n'existaient pas. Les Cévennes, le Cantal et les Vosges formaient les seules montagnes de la future France.

Le soulèvement jurassique mit au jour le Jura, la Côte-d'Or, le Morvan et réunit le plateau central de la France d'un côté à la Bretagne et de l'autre à l'Allemagne.

Au lieu de quatre grandes terres qui existaient en Europe, il n'y en eut plus que deux : 1° La Scandinavie qui resta à peu près ce qu'elle était, et 2° Un vaste croissant dont le centre était à Perpignan et dont les extrémités aboutissaient, l'une à l'Ecosse, et l'autre à Cracovie.

Presque toute la partie sud-est de l'Ardèche, en suivant la ligne des Vans à Joyeuse, Largentière, Aubenas, Privas et la Voulte, fit alors son apparition au-dessus des eaux.

Les terrains crétacés de la Basse Ardèche surgirent

plus tard, en même temps que les plus hautes montagnes de l'Europe, c'est-à-dire une grande partie des Alpes et des Pyrénées.

Le soulèvement des Alpes occidentales correspond à l'émersion de la mollasse et c'est à cette même époque que commencèrent les éruptions trachytiques et phonolitiques du Vivarais.

Mais avant d'aborder l'étude des volcans, essayons de trouver la cause et le mode d'action de ces immenses conflagrations souterraines qui se traduisent par de si terribles bouleversements à la surface du sol.

VIII

J.-B. Dalmas.

Défense aux Vivarois d'ignorer la géologie. — Rôle glorieux de quelques Vivarois dans les sciences naturelles. — Un conférencier de province. — L'expérience de sir Humphry Davy. — Une objection de M. Ampère contre le feu central. — Les observations de M. Dalmas. — Fluidité croissante des roches éruptives, depuis les granits jusqu'aux laves modernes. — Variations dans l'accroissement de la chaleur à mesure qu'on pénètre au sein de la terre. — Le feu central détrôné par l'incandescence partielle résultant du contact de l'eau et des métaux alcalins. — Progrès de la théorie Dalmas.

Un de nos compatriotes qui a été au Japon me disait :

— Oh ! si j'avais su parler ou lire le japonais, que

de choses curieuses j'aurais apprises ! Et comme, au lieu d'être ennuyeux au possible, le séjour que j'ai fait dans ce pays aurait été agréable pour moi !

La géologie est beaucoup plus facile à apprendre que le japonais, et ceux qui l'étudient en sont bien vite récompensés, car elle peuple pour eux le temps et l'espace ; elle fait parler les pierres et revivre les anciens temps.

L'Ardèchois qui ne connaît pas la géologie est comme l'homme qui, placé dans la plus riche bibliothèque du monde, ne sait pas lire.

Ceci s'applique, du reste, aux sciences naturelles en général.

Le Vivarais offre une riche moison d'observations et de découvertes, non-seulement aux géologues et aux minéralogistes, mais encore aux botanistes, aux physiciens, aux chimistes, aux médecins, aux météorologistes, etc., à cause de la diversité des productions et des phénomènes résultant de la diversité des terrains, des climats et des altitudes.

Aussi est-il à remarquer que, si le rôle des enfants du Vivarais a été à peu près nul dans la poésie et dans les arts, et fort modeste en politique, il a été glorieux en ce qui touche aux sciences naturelles.

Qu'il nous suffise de citer :

Olivier de Serres, de Villeneuve-de-Berg, le père de l'agriculture française ;

Le médecin Combaluzier, de Bourg-St-Andéol, qui fut professeur de pharmacie à l'Université de Paris ;

Le médecin Jean Tardy, de Tournon, qui fut le précurseur de l'éclairage au gaz ;

L'astronome Flaugergues, de Viviers, qui démontra l'influence exercée par la lune sur notre atmosphère et traita le premier la question de l'aplatissement du globe terrestre aux pôles ;

L'abbé Soulavie, de Largentière, qui le premier découvrit les lois de la paléontologie stratigraphique et fut un observateur judicieux des phénomènes volcaniques ;

Les frères Montgolfier, d'Annonay, qui inventèrent le bélier hydraulique et plus tard, par les ballons, ouvrirent à l'homme le chemin des airs ;

Les frères Seguin, qui construisirent les premiers ponts en fil de fer et qui, en inventant la chaudière tubulaire, furent les véritables créateurs de l'industrie des chemins de fer ;

Auguste Bravais, qui alla au pôle nord surprendre les secrets des aurores boréales ;

Chazallon, qui trouva la loi des marées et donna ainsi les moyens de prévenir une foule de sinistres maritimes.

Quand les hommes sont morts, on peut sans trop de danger leur rendre justice, mais, quand il s'agit des vivants, on risque singulièrement de froisser des susceptibilités et d'éveiller des jalousies, quelque ménagement que l'on mette à dire ce qu'on croit être juste et vrai.

Hé bien ! au risque de me heurter à quelqu'une de ces passions mesquines, je dirai qu'à la question des soulèvements de terrains se rattache encore un titre de gloire pour notre pays.

C'est un des nôtres qui a complété, pour ainsi dire, la belle théorie de M. Elie de Beaumont en assignant aux soulèvements leur véritable cause, en faisant de l'hypothèse du feu central une justice raisonnée, c'est-à-dire en lui en substituant une autre plus conforme aux données actuelles de la science.

On sait en quoi consiste la théorie cosmogonique, à peu près universellement acceptée jusqu'à ces derniers temps. La Terre serait une masse primitivement gazeuse et incandescente, venue on ne sait d'où, qui, tournant sur elle-même et autour du soleil, prit, en vertu même de ce double mouvement, la forme sphérique. Une partie des gaz forma l'atmosphère. L'autre partie donna naissance à l'eau. La masse centrale, liquéfiée aussi, garda une température très-élevée. Insensiblement, par l'effet du rayonnement, cette masse se refroidit et peu à peu une écorce solide se forma à la surface, mais le noyau continue de brûler. L'incandescence originelle du globe et son refroidissement graduel : voilà les deux grands faits d'où les savants font dériver tous les phénomènes géologiques.

Je me souviens d'avoir assisté un jour à une conférence scientifique faite sur ce sujet par un digne professeur dans une petite ville de province. Le conférencier expliquait, non sans quelque embarras, l'état de fusion du globe au début. Un de ses auditeurs, bon bourgeois de la localité, l'interrompit par ces mots :

— Mais est-ce bien vrai, tout cela, Monsieur ? Est-ce qu'il n'y aurait pas quelque moyen plus simple et moins invraisemblable, d'expliquer la formation du globe ?

— On n'en connaît pas d'autres, répondit le professeur.

— Puisqu'il n'y en a pas d'autres, répliqua l'interrupteur avec une bonhomie parfaite et en poussant un gros soupir, il faut bien se contenter de celui-là.

Bien des gens avaient fait la même réflexion et ce n'est pas d'aujourd'hui que le feu central rencontre des incrédules. Le célèbre chimiste anglais, sir Humphry Davy, à qui l'on doit la découverte des métaux alcalins, émit l'idée que les volcans étaient l'effet, non du feu central, mais de la décomposition des roches alcalines par l'eau dans les profondeurs du sous-sol, et il trouva une confirmation en quelque sorte palpable de son opinion dans la nature des gaz qui s'échappent des cratères des volcans, gaz qui sont justement ceux qui doivent résulter de la combustion des métaux alcalins combinés avec le soufre ou le chlore.

Pour rendre son explication sensible, le savant anglais indiquait une expérience facile à répéter : elle consiste à placer sur un morceau de verre une boule métallique dans laquelle entrent en grande proportion les métaux alcalins; si, sur cette boule, représentant le globe terrestre, on fait tomber une rosée très-fine, on voit en peu de temps sa surface brûler et s'oxyder en communiquant à toute la boule une chaleur intense.

C'est ainsi, disait sir Humphry Davy, que la terre a été échauffée par la combustion de sa surface jusqu'à une profondeur assez considérable, mais qui, à moins d'un temps immense, n'a pu pénétrer jusqu'à son centre.

M. Ampère soutint les idées de Davy et, de plus, formula contre la théorie du feu central une objection qui a frappé tous les savants.

On sait que, dans l'hypothèse de la liquéfaction du noyau central du globe, la croûte solide ne représenterait guère que l'épaisseur d'une feuille de papier pelure sur une grosse orange. On évalue, en effet, le rayon terrestre à plus de 6,000 kilomètres, tandis que la couche solidifiée serait tout au plus de 48 kilomètres. « Si l'on peut être étonné de quelque chose, dit naïvement le *Manuel de Géologie* de Beudant, c'est que cette disproportion entre l'épaisseur de la croûte solide et le diamètre de la matière liquide ne donne pas lieu à plus de catastrophes qu'on n'en éprouve aujourd'hui à la surface de notre planète. »

Or, M. Ampère rappelle, de plus, aux savants qui n'y avaient pas songé, l'action qu'exercerait la lune sur cette énorme masse liquide, et montre qu'il en résulterait des marées analogues à celles de nos mers, mais bien autrement terribles, tant par leur étendue que par la densité du liquide. Il montre enfin que, dans cette hypothèse, l'enveloppe de la terre ne pourrait pas résister, étant incessamment battue par une espèce de levier hydraulique de 1,400 lieues de longueur.

M. Dalmas, en adoptant, à son tour, la théorie de Davy, l'a étayée d'une foule d'observations que personne n'avait encore faites et lui a donné un développement qui en fait une œuvre complètement originale et d'une incontestable portée scientifique.

Observateur passionné des œuvres de la nature, notre compatriote s'est livré, depuis 1840, à l'étude de la géologie, et ses judicieuses observations sur la nature et l'âge relatif des volcans de son pays natal (Montpezat), lui valurent, en 1841, l'estime et l'appui amical de M. Boursier, receveur général de l'Ardèche, qui était un grand amateur de géologie.

La recette particulière de Largentière étant devenue vacante, M. Boursier en confia la gérance à M. Dalmas, sachant bien que, sans négliger en rien sa tâche administrative, ce dernier mettrait à profit son séjour au centre des terrains de transition pour en faire une étude approfondie. Après un séjour de trois ou quatre ans à Largentière, notre compatriote alla, en qualité de notaire, faire un séjour de cinq ou six ans au Béage, c'est-à-dire au centre des dernières éruptions qui ont exhaussé le plateau cévennique. En descendant du Béage, M. Dalmas, qui joint à une grande patience d'observation une indépendance d'esprit fort précieuse en matière scientifique, passa encore quelque temps à l'étude de cette rare collection de terrains de tous les genres et de toutes les époques que lui fournissait notre pays. Il fit analyser et classer les nombreux échantillons de roches, de minerais et de fossiles qu'il recueillait et, au départ de M. Boursier, il les déposa à la Préfecture. Ce fut là le premier noyau du musée minéralogique départemental qu'il n'a cessé d'enrichir jusqu'en 1859, époque où sa riche collection fut réunie à celle de M. de Malbos. Enfin, il se retira dans la solitude d'une maison de campagne à Rosières, pour rédiger et exposer les conclusions auxquelles l'avait conduit un travail infatigable de dix ans.

Il écrivit là sa *Cosmogonie*, qui parut en 1852 et dont il exposa les principes essentiels, le 16 février de la même année, devant la société géologique de France.

La communication de son système fut faite à la même époque par l'illustre astronome François Arago, à l'Académie des sciences. Cette nouvelle théorie parut produire surtout un effet d'étonnement, mais il est évident, par les adhésions qu'elle a recueillies depuis, qu'elle dut faire réfléchir dès lors bien des esprits.

M. Dalmas avait été frappé, dès le début, des invraisemblances que présente l'hypothèse de l'incandescence originelle du globe. C'est pourquoi il s'était mis patiemment, mais opiniâtrement, à la recherche d'une hypothèse plus acceptable. Peu à peu les objections qui affluaient dans son esprit contre la théorie du feu central grossirent, se précisèrent et finirent par prendre un caractère décisif.

Et d'abord, pourquoi recourir à une cause aussi immense et aussi incalculable dans son origine et dans ses conséquences que l'incandescence complète du globe, quand une cause beaucoup moindre, beaucoup plus concevable et beaucoup plus en rapport avec les faits connus, suffit à expliquer ce que nous voyons ?

Vous me parlez de l'incandescence totale du globe, mais comment s'est-elle produite ? Et dans quel état se trouvaient alors les autres mondes qui peuplent l'espace ? Commençons d'abord par reconnaître, avec les chimistes et physiciens modernes, que la chaleur, la lumière, l'électricité... ne sont pas des corps, mais des modifications d'un *fluide impondérable* et universel (l'éther) qui ne peut passer de l'état *latent* à l'état *sensible* que par l'intervention d'un mouvement moléculaire mécanique, physique ou chimique de la *matière pondérable*. Donc, la chaleur universelle ne pouvait pas exister à l'époque originelle de l'univers, lorsque toutes les matières qui composent les corps célestes et notre petite planète étaient à l'état d'atômes isolés les uns des autres, dans l'immensité de l'espace. Placer le phénomène de la chaleur, avant toute condensation et toute combinaison de la matière pondérable, c'est placer l'effet avant la *cause*. Bien plus, si vous admettez une telle chaleur excessive et universelle, vous ne pouvez plus la faire rayonner nulle part, et pour la faire disparaître, il faut recourir au même miracle qui l'aurait créée en dehors de toutes les lois physiques.

Au lieu de procéder par synthèse comme les partisans aventureux de l'incandescence originelle totale, M. Dalmas prit le sentier beaucoup plus sûr de l'analyse scientifique.

Il examina les gneiss et les granits, roches fondamentales et qui, dans l'hypothèse du feu central, devraient être les mieux fondues, et il n'eut pas de peine à y reconnaître l'action concomitante de l'eau et du feu.

Tout le monde peut remarquer à chaque pas dans l'Ardèche, que, plus les roches éruptives sont nouvelles, plus leur fusion a été parfaite. Les basaltes modernes ont une pâte plus uniforme et plus travaillée que les trachytes et les phonolites dont l'éruption est antérieure. De même parmi les basaltes modernes, les plus anciens, les noirs où le pyroxène domine, sont moins bien fondus que les bleus où domine le péridot.

Il y a au Pont de la Beaume, un endroit où la nature sur ce point est prise sur le fait. Deux coulées d'âges différents y peuvent être saisies d'un coup-d'œil; la coulée noire qui vient du Ray-Pic, est recouverte par la coulée bleue de Neyrac, et les aveugles eux-mêmes peuvent y voir combien la lave de la dernière éruption est d'une fusion plus parfaite que les précédentes.

« Cette fluidité graduellement croissante depuis les granits jusqu'aux laves modernes est le résultat d'une plus grande concentration de chaleur dans l'intérieur du laboratoire chimique où s'opèrent à la fois la dissolution et la fusion des matières éruptives, sous l'influence de l'action concomitante de l'eau, du feu, des acides, du fluor, du chlore, etc. En d'autres termes, à mesure que la croûte externe du globe terrestre a augmenté d'épaisseur, elle a opposé un plus grand obstacle à l'émission de la chaleur, des vapeurs, des gaz et des matières incandescentes, et, par suite, la chaleur plus concentrée a pu agir plus énergiquement et donner plus de fluidité aux matières éruptives qui ont soulevé ou traversé cette croûte extérieure. » (1)

(1) *Itinéraire du géologue dans l'Ardèche*, p. 27.

Il avait été admis jusqu'ici que la chaleur à l'intérieur de la terre augmentait d'un degré par 33 mètres de profondeur, mais aujourd'hui ce fait est contesté. M. Reich a trouvé ici un degré de chaleur par 10 à 20 mètres de profondeur, et là par 100 à 120 mètres seulement. Quelquefois même la chaleur diminue à mesure qu'on descend. Comment expliquer ces variations dans l'accroissement de la chaleur intérieure autrement que par les réactions chimiques qui sont variables suivant la nature des roches et suivant la quantité d'eau mise en contact avec elles ?

Un autre fait bien propre à stimuler un esprit aussi investigateur que celui de M. Dalmas, est l'existence, si fréquente dans l'Ardèche, de ces minces filons basaltiques dont plusieurs présentent des prismes réguliers. Il est constant, en géologie comme en chimie, que le retrait en prismes n'a lieu que dans une matière homogène et parfaitement fondue. Comment donc pouvoir supposer le foyer de cette fusion au centre de la terre et la lave arrivant d'une profondeur de 160 kilomètres, toujours à l'état de liquéfaction et sans refroidissement, à travers de petites fentes larges de moins d'un mètre et longues de plusieurs kilomètres ? Cependant cela est ainsi dans l'Ardèche et dans tous les pays volcanisés.

De Montpezat à Burzet, il y a un filon qui a seulement 20 centimètres. D'Aubenas à Privas, on a compté 19 de ces filons de grosseurs différentes. M. Dalmas en a observé un qui part des environs de St-Martin-de-Valamas et va par Arcens, Borée, le Béage, Issarlès et la Chapelle-Grailhouse jusqu'au delà de Pradelles. On ne peut pas supposer un foyer éloigné en présence de filons parfois si minces. Au reste, l'ensemble même des éruptions de tout genre qui, dans le Vivarais cependant, présente un spectacle grandiose, est un résultat beaucoup trop mesquin dans la supposition d'une cause aussi immense que le feu central.

Voilà les principales raisons qui conduisirent notre compatriote à remplacer une théorie désormais insuffisante et surannée par l'hypothèse de l'incandescence successive des couches terrestres résultant de l'infiltration de l'eau et de la décomposition qu'elle produit sur les métaux alcalins.

La loi de la pesanteur suffit à M. Dalmas pour expliquer les transformations du globe.

Les éléments mis en contact par leur attraction mutuelle se combinent, et l'action chimique, au moyen de laquelle se fait cette combinaison, dégage la chaleur qui rend inutile l'hypothèse du feu central.

Le refroidissement graduel devient alors explicable, car le rayonnement difficile à concevoir dans l'hypothèse de tant de globes entièrement enflammés, s'accorde mieux avec l'hypothèse d'une chaleur relativement modérée et allant de la circonférence vers le centre.

Ainsi la loi de l'attraction universelle qui révéla à

Newton le secret des mouvements des corps célestes, est aussi le point de départ de la nouvelle théorie cosmogonique.

Du jour où la cause suprême mit les rênes sur le cou de la planète qui devait promener l'humanité dans l'espace, chaque corps obéit à la loi de la pesanteur et à celle de ses affinités chimiques. Les plus lourds se déposèrent au centre et les autres successivement dans l'ordre de leur pesanteur relative. Tels contacts produisirent des décompositions où la chaleur et l'électricité jouèrent naturellement un grand rôle. L'oxygène et l'hydrogène combinés enfantèrent l'eau qui, se combinant à son tour à certains métaux, occasionna d'immenses incendies. Tout le monde connaît l'expérience d'Ampère et Davy : le potassium ou le sodium brûlant dans l'eau comme un feu grégeois. Cette expérience fut peut-être le trait de lumière pour M. Dalmas. Il songea aux immenses quantités d'eau versées au commencement du globe, sur les immenses quantités de métaux alcalins et il put dire dès lors : A quoi bon le feu central ? Et pourquoi placer le feu au début de la formation terrestre quand les faits indiquent qu'il a dû venir après ?

Les premières couches du globe dûrent brûler successivement ou, pour parler comme notre savant, subir l'oxydation, ainsi que cela arrive pour les étages d'une maison où le feu a commencé par les mansardes.

La première couche terrestre brûla, puis se refroidit, puis se fendilla par retrait.

L'eau pénétra alors par les fentes dans la seconde couche, et ainsi de suite jusqu'à la limite où l'eau ne peut plus descendre, limite évaluée de 12 à 15 kilomètres, et c'est à cette profondeur que M. Dalmas place le foyer des volcans à laves basaltiques, tant anciens que modernes, de l'Ardèche.

Telle est, en peu de mots, la théorie du géologue vivarois, et, sans vouloir la donner comme l'expression complète, définitive, et de tous points incontestable de la vérité, il me semble qu'elle constitue tout au moins une hypothèse plus satisfaisante et plus conforme aux progrès de la science — j'ajouterais volontiers aux données du sens commun — que celle de l'incandescence totale du globe.

Tandis que de bonnes gens en rient peut-être dans l'Ardèche et que les plus bienveillants se bornent à voir dans son auteur un original, les savants viennent peu à peu à cette théorie. M. Théophile Lavallée, professeur à l'école de St-Cyr, la mentionne avec honneur dans la dernière édition de sa *Géographie Universelle de Malte-Brun*. Au Congrès pour l'avancement des sciences, tenu à Lyon au mois d'août 1873, on a entendu le célèbre naturaliste genevois, Karl Vogt, se moquer spirituellement du feu central et professer, à propos des volcans, des idées qui ne sont pas autres que celles de notre compatriote Dalmas. Bien d'autres y viendront sans doute et je ne désespère pas de voir quelque jour les journaux annoncer qu'on vient de faire une grande découverte cosmogonique et exposer, comme une chose toute nouvelle, la théorie émise et imprimée, il y a plus de vingt-cinq ans, par M. Dalmas.

IX

LES ANCIENNES ÉRUPTIONS VOLCANIQUES.

Le Pont de la Beaume. — Ventadour et la Chaussée des Géants. — Ejaculations des trachytes et des phonolites. — Éruptions pyroxéniques. — La carcasse basaltique du Coiron. — Les volcans laboureurs. — Les cinq volcans retardataires. — Ils saluent de leur artillerie la naissance de la Grèce. — Matières vomies par les volcans. — Prismes et laves.

Au Pont de la Beaume, deux grandes ruines se contemplent à travers la rivière : la Chaussée des Géants et Ventadour ; mais, quoique les débris du vieux château féodal dominent orgueilleusement les débris des immenses coulées basaltiques qui remplirent jadis ces vallées, il ne faut pas longtemps les comparer pour oublier devant le monument de la nature, l'œuvre passagère et fragile de la main des hommes.

Nous montons au château pour mieux saisir de là le spectacle de la vallée et de ses phénomènes volcaniques.

Le petit village du Pont de la Beaume se prélasse coquettement au bord de la rivière dans la verdure des prés avec ses maisons blanches que font encore ressortir les colonnades brunes de la Chaussée des Géants. Celle-ci soutient une magnifique terrasse plantée de châtaigniers, qui se prolonge jusqu'à Jaujac. Rien de plus pittoresque que ce mur de trois kilomètres où les arbustes et les fleurs jaillissent des basaltes et où nichent tous les oiseaux de la contrée depuis les hirondelles jusqu'aux tiercelets.

Le Pont de la Beaume (*Pons Balmæ*) est ainsi appelé d'une grotte ou *beaume* dans le langage du pays, dont Soulavie explique ainsi la formation :

« Une masse quelconque dut servir de fondement à la coulée de laves qui se moula sur ce corps saillant. La cristallisation en prismes de tout le voisinage, qui éprouva des obstacles à cause de ce dérangement, ne put participer à l'acte général de la cristallisation de toute la coulée ; le basalte décrépita dans les environs de cette masse fondamentale quelconque, cette portion de la coulée devenue plus faible par la grande division de toutes ses parties, a perdu dans la suite plus facilement la cohésion de ses basaltes, et lorsque les eaux de l'Ardèche ont excavé à la longue le lit basaltique, elles ont excavé aussi cette partie que l'homme a pu façonner en forme de voûte. » (1)

(1) **Histoire naturelle de la France méridionale**, t. 2, p. 344.

Sur la route on aperçoit une autre grotte peu profonde qui a évidemment la même origine, et dans laquelle Faujas de St-Fond voyait un soupirail du volcan et une sorte d'évent de l'enfer. Il n'y a qu'à monter au mont Toulon pour trouver l'ébauche de grottes de ce genre au point de jonction de la lave et de la roche sur laquelle la lave s'est superposée.

Le Pont de la Beaume fut le confluent général des laves de tous les volcans des environs, et il n'y a peut-être pas dans le monde entier de point aussi curieux que celui-là au point de vue de l'étude des phénomènes volcaniques. Toutes les coulées y ont apporté leur contingent et y ont laissé des traces qui serviront un jour à déterminer la puissance exacte, la durée et peut-être la date historique de chacune d'elles.

***

Les premiers auteurs qui ont écrit sur la géologie vivaroise, Faujas de St-Fond, Soulavie et les autres, ne voyaient partout que des volcans à la façon moderne, c'est-à-dire avec un cratère et des éruptions comme celles du Vésuve et de l'Etna. Quelle belle ligne de batteries, dit Soulavie, devait former la chaîne du Coiron quand tous ses volcans étaient en éruption et lançaient leurs projectiles brûlants dans la mer qui baignait les pieds de la montagne !

Un examen plus attentif des pays volcaniques

montre que les choses se sont passées autrement. Les volcans proprement dits n'ont tiré que les derniers coups de canon de la grande bataille des éléments dont l'enjeu était la configuration extérieure du globe.

Après les éruptions des porphyres et des granits qui ont cessé à l'époque secondaire, après le soulèvement des roches vertes qui a diminué et cessé à son tour, sont venues à l'époque tertiaire les éruptions des trachytes, des phonolites et des premiers basaltes.

En même temps que s'élevaient les grandes chaînes alpestres de la Savoie et du Dauphiné, le Mézenc, le Gerbier de Jonc et les autres pics cévenols sortaient de terre. Dieu avait dit : Encaissez la vallée du Rhône, et ses ouvriers souterrains, l'eau et le feu, travaillaient en conscience.

Les trachytes et les phonolites de l'Ardèche, contemporains de ceux de l'Auvergne et du Cantal, et produits d'une même expansion volcanique, surgissaient par les mêmes fractures qui avaient déjà livré passage aux précédentes roches éruptives, c'est-à-dire aux porphyres et aux granits porphyroïdes.

Le passage d'une de ces roches à l'autre est presqu'insensible et semble ne différer que par une fusion plus parfaite. Les trachytes ne sont que des porphyres modifiés. Le phonolite que Faujas de St-Fond appelait du *basalte en table*, est qualifié par Amédée

Burat de *trachyte feuilleté*. M. Dalmas constate que tel dôme des hautes Cévennes, trachytique sur une face, est phonolitique sur l'autre. De même, en descendant de la Champ-Raphaël à Mézilhac, on peut constater, dans une carrière sur le bord de la route, le passage du phonolite au basalte prismatique.

La texture et la configuration des trachytes et des phonolites montrent que ces roches sont sorties à l'état pâteux, comme de puissants jets de boue qui se répandaient sur la croupe des montagnes et se solidifiaient en couches concentriques. Les pics et dômes, qui dominent de 300 à 500 mètres leur base granitique, marquent la place des jets les plus puissants.

Toutes ces éruptions se firent probablement avec moins de bruit que les éruptions des grands volcans modernes, mais non pas sans d'horribles commotions produites par les fractures du sol.

Des masses d'eaux fournies par la mer ou les lacs s'engouffrèrent par ces fractures et allèrent porter un nouvel aliment au feu intérieur et reculer plus profondément la décomposition du sous-sol.

De là, les éruptions pyroxéniques, caractérisées par les dikes et les filons qui forment un véritable réseau basaltique dans l'Ardèche.

De là aussi l'éruption de quelques vieux volcans à cratère.

Ces éruptions correspondent à la formation du terrain subapennin ou pliocène et au soulèvement des Alpes principales (Valais et St-Gothard.) Elles ne paraissent avoir eu pour témoins ou victimes que les animaux, mais elles se continuèrent jusqu'à la période quaternaire, et l'homme de cette époque lointaine put y assister.

Dans les éruptions pyroxéniques, la lave coula par une multitude de fentes et probablement sans explosion.

C'était comme un vase trop plein qui éclatait de toutes parts par les fractures mal soudées.

Dans l'Ardèche, tous les filons, résultant de la grande éruption pyroxénique, paraissent aboutir à un dike principal qui part de Rochemaure, en suivant le Coiron, Gourdon, Mézilhac, la Champ-Raphaël, et va aboutir à la ville de la Roche située sur la rive gauche de la Loire.

Ce dike, qui présente une épaisseur de 20 mètres au col de l'Escrinet où il est coupé par la route, peut être comparé à la colonne vertébrale d'un animal souterrain dont les côtes rayonnent à droite et à gauche et dont la carcasse complète était destinée à préserver la montagne du Coiron.

« Tandis que l'action érosive des eaux torrentielles et des agents atmosphériques creusait profondément les terrains jurassiques et néocomiens des environs, ceux du grand plateau du Coiron échappaient à ces causes de destruction sous la protection d'un immense manteau de basaltes et de brèches. De nombreux ravins transversaux découpent les bords de ce manteau et forment autant de caps élevés à sommets aplatis dominant tous les plateaux du voisinage. Ils se détachent de l'axe longitudinal comme les feuilles latérales se détachent du tronc d'une feuille de fougère (1). »

Considérez les terrains volcaniques sur la carte géologique de M. Dalmas : le Coiron y ressemble à une énorme écrevisse rouge, dont la tête est à la roche Gourdon et la queue à Rochemaure.

Les filons de basalte pyroxénique ont souvent une longueur considérable. Faujas de St-Fond signalait comme une merveille celui qui va de Montredon à la Chamarelle, en passant à Villeneuve, ce qui fait environ deux lieues. M. Dalmas en décrit un bien plus long, qui va des abords de St-Martin-de-Valamas jusqu'à la rivière d'Allier.

La lave ascendante des dikes et filons se solidifia dans les failles dont les parois lui avaient servi de moule. Soulavie avait déjà entrevu ce résultat quand il dit :

« Le globe, d'abord roche vive, présenta des scissures sous l'action des forces souterraines. Les scissures furent remplies de laves. Des volcans parurent. Puis les eaux détruisirent les volcans, et les filons

(1) Dalmas. Itinéraire du géologue dans l'Ardèche, p. 176.

basaltiques incrustés dans la roche volcanique restèrent seuls pour témoigner de l'existence des anciens volcans. »

.

A mesure que la conflagration souterraine s'éloigna de la surface et que les fractures du sol se soudèrent au moyen des dikes solidifiés, les éruptions furent plus clairsemées, mais elles se produisirent avec plus de force et présentèrent un caractère différent.

Nous voici à l'époque des vrais volcans, c'est-à-dire des volcans à cratère de l'époque quaternaire ou post-diluvienne.

De même qu'une pièce de canon lance un boulet avec d'autant plus de bruit et de force que ses parois sont plus épaisses et que la puissance projective est plus grande, de même les nouvelles éruptions, se produisant par des conduits plus longs, plus épais, et sous l'action d'une chaleur plus profonde et plus concentrée, purent donner lieu à des phénomènes inconnus des époques antérieures.

Les tremblements de terre durent être alors plus violents, par suite de la résistance que présentait la croûte terrestre à l'expansion des gaz et des matières en fusion.

Les principaux cônes et cratères de cette époque sont ceux du Chambon, de la Vestide du Pal, du Suc de Bauzon, de Cherchemus, d'Issarlès, de Loubaresse, de Sauvageon, du Chapelas de Plagnal, de Peyrabeille, Chabassol, Tartas, etc., etc. Le cratère de la Vestide du Pal est le plus remarquable de tous. Nous y reviendrons plus loin.

La lave des volcans à cratère est mieux fondue que celle des éruptions pyroxéniques, et la cristallisation jaune du péridot y domine la cristallisation noire du pyroxène.

Ces volcans continuèrent l'œuvre des éruptions précédentes. Ils façonnèrent le sol, lui donnèrent le dernier relief nécessaire au jeu futur des climats, des eaux et de la végétation, et ne s'endormirent que fort tard, comme des ouvriers qui ont bien travaillé, en laissant derrière eux de nouvelles montagnes et de nouvelles vallées avec un trésor immense de matériaux de tout genre extraits par eux du sein de la terre au profit de l'homme qui n'a jamais songé à leur en savoir gré. Sans parler des autres avantages des détritus volcaniques, chacun sait que, sous l'action du temps, ils forment les terres les plus fécondes et les plus chaudes. Ce sont des amendements naturels que les rivières vont porter dans les plaines éloignées pour leur rendre la fertilité.

Toutes ces anciennes convulsions du sol vivarois ont été le fait de forces brutales si l'on veut, mais agissant sous une direction intelligente. Sans elles, la terre n'eût été habitable ni pour l'homme ni pour les animaux.

Il fallait que les montagnes fussent soulevées pour attirer les nuages et, par les sources et les rivières éternellement renaissantes, faire circuler la vie et la fécondité des sommets à la plaine. Il fallait créer des routes aux eaux et aux vents, confectionner des terrains propres à la végétation, préparer des abris aux plantes et aux animaux. Les volcans ont labouré la terre, les influences atmosphériques ont passé la herse, et nous profitons de ce gigantesque travail. — Et il n'y a pas longtemps que nous commençons à comprendre les raisons de ce grand remue-ménage d'autrefois — à y voir la main du bon Dieu et non la fourche du diable.

***

A mesure que les eaux s'éloignèrent des Cévennes, les volcans du sommet de la chaîne s'éteignirent successivement comme des lampes où l'huile est épuisée.

La dernière manifestation des feux souterrains eut lieu par les cinq cônes ou cratères de la Gravenne de Montpezat, de Thueyts, de Soulhol (Neyrac), d'Ayzac (Antraigues) et de Jaujac.

Ces cinq volcans qu'on dirait éteints d'hier, sont remarquables par l'abondance de leurs cendres et scories et par leur basalte bleu cristallin. Trois d'entre eux, la Gravenne, Ayzac et Jaujac, ont des cratères parfaitement conservés.

Le dernier soulèvement, dit du Ténare, est contemporain des derniers volcans du Vivarais. L'Etna se dressa alors au milieu de la Sicile en même temps que l'île de Stromboli s'élevait du sein de la mer. La Grèce avec son cap de Ténare surgit également, et l'on ne peut que complimenter nos volcans d'avoir gardé leurs dernières salves pour célébrer la naissance de la terre qui devait être le berceau de la civilisation ancienne.

.*.

Je me souviens d'avoir assisté, il y a quelques années, à une conférence du professeur Lecoq sur les volcans d'Auvergne. Ce savant avait l'élocution facile, et, ce qui est plus rare, le talent d'exposer clairement ses idées. Il fut très-applaudi. Il raconta l'ancienne lutte de l'eau et du feu, en Auvergne ; ce qui, naturellement, me faisait penser à la même lutte en Vivarais. Il nous apprit qu'on avait calculé approximativement le poids des déjections volcaniques. Un volcan, près de Clermont, a vomi 150 milliards de kilogrammes. Un autre, le mont Cineire, derrière le mont Dore, en a vomi 450 milliards. La grande pyramide d'Egypte, qui a une base de 4 hectares, ne pèse que 6 milliards de kilogrammes. Le volcan de Cineire a donc vomi le poids de 72 pyramides d'Egypte. Est-il étonnant que la bedaine du sol auvergnat se soit un peu aplatie? M. Lecoq dit que l'Auvergne est plus aplatie que les pôles, et que le pendule le prouve.

Soulavie a calculé que les sept volcans d'Ayzac, Craux, Jaujac, Soulhol, Neyrac, Thueyts et Montpezat, avaient vomi 2 milliards 187 millions de pieds cubes de matière basaltique (1).

Le géologue Cordier a visité, en 1809, le volcan de Cherchemus, et a calculé que le total de ses déjections atteignait environ un kilomètre cube.

**

Comment se fait-il que les produits volcaniques aient tantôt la forme de prismes et tantôt celle de laves irrégulières et de scories ?

Cette différence provient uniquement de la rapidité du refroidissement, laquelle dépend à son tour de l'inclinaison du terrain.

Quand cette inclinaison ne dépasse pas 4 degrés, les coulées, ayant le temps de se refroidir régulièrement, forment des prismes ; au-delà de 5 degrés, on n'a plus que des laves irrégulières.

Les coulées de la Gravenne, du Ray-Pic, de Soulhol, de Jaujac, d'Ayzac, remplissant les bas-fonds de vallées étroites où les barrages abondent, devaient naturellement donner naissance à de belles colonnades basaltiques.

Les plus beaux prismes dans l'Ardèche sont ceux de la rivière de Jaujac ; ils atteignent jusqu'à 20 mètres de hauteur. La coulée de Soulhol, ayant barré

(1) *Histoire naturelle de la France méridionale*, tome II, p. 361.

la vallée, la lave du volcan de Jaujac se trouva arrêtée et forma une sorte de lac de pierre fondue où les prismes eurent tout le loisir de se découper avec les belles proportions que nous leur voyons. De même, les coulées des deux Gravennes (de Montpezat et de Thueyts) donnèrent naissance, dans la vallée de l'Ardèche et dans celle de Fontaulière, à de magnifiques colonnades basaltiques, grâce aux barrages résultant des coulées antérieures du Ray-Pic qui obstruaient la vallée de Burzet et s'étaient prolongées jusqu'au Pont-de-la-Beaume.

Les colonnades basaltiques de Bonnevie près de St-Flour sont les seules en France qui l'emportent en hauteur sur celles du Vivarais, mais notre pays n'a pas de rival à un autre point de vue, car il n'existe nulle part, une aussi remarquable variété de basaltes prismatiques réunis dans un aussi petit espace.

Il y a des prismes à 3, 4, 5, 6, 7 et 8 côtés, mais les prismes pentagones et hexagones sont les plus communs parce que, disent les savants, ils n'exigent pour leur formation « que le concours des possibilités ordinaires dans l'ordre des combinaisons géomètriques. » Les prismes peuvent avoir jusqu'à 60 et 70 centimètres de diamètre. Leur grosseur est ordinairement proportionnelle à la hauteur de la coulée. C'est pourquoi les prismes sont minces au pont de Bridon près de Vals et assez gros à Fontaulière.

X

LES VOLCANS MODERNES.

Les mastodontes sous les basaltes du Coiron — Les troglodytes de la pierre polie sous les coulées boueuses de Denise. — Les dernières manifestations volcaniques du Vivarais en 468. — Etablissement des Rogations. — De nouvelles éruptions volcaniques en Vivarais ne sont pas probables, mais n'ont rien d'impossible. — Les noms des volcans vivarois. — Progrès de la végétation sur les terrains volcaniques. — L'extinction complète des volcans du Vivarais est plus récente qu'on ne le croit. — Volcans actifs. — Eruptions boueuses et poissonneuses. — Petits hommes et petits volcans. — Volcans artificiels. — La terre, animal vivant. — Nous retombons à Ventadour.

Il est certain aujourd'hui que l'homme a été le témoin des éruptions volcaniques de la France centrale.

Dès le siècle dernier, comme le constate Soulavie (1), on avait trouvé sous les laves des volcans d'Auvergne « des restes d'ouvrages de l'homme, mais des restes bruts, grossièrement façonnés, comme tous les premiers essais de l'homme réuni à l'homme en société. »

Dès cette époque-là aussi, on avait trouvé sous les coulées du Coiron (Darbres et Mirabel) des ossements de mastodontes et d'autres prouvant que de grands animaux, dont l'espèce est aujourd'hui disparue, vivaient dans nos montagnes à l'époque plus ancienne des éruptions pyroxéniques.

(1) Histoire naturelle de la France méridionale, t. 5, p. 83.

En 1844, on découvrit les ossements de plusieurs individus de l'espèce humaine dans une coulée boueuse du volcan de Denise près du Puy, qui est de la même époque que nos derniers volcans vivarois. Ces ossements qu'on peut voir au musée du Puy, paraissent se rapporter à l'âge de la pierre polie immédiatement après le diluvium qui a ouvert l'époque quaternaire.

Aucune découverte de ce genre n'a encore été signalée dans l'Ardèche, mais uniquement peut-être parce qu'on a moins bien cherché qu'en Auvergne. En effet, puisque ce dernier pays avait alors des habitants, il est évident que notre ancien sol, placé dans des conditions climatériques meilleures, avait aussi les siens, ce qui est, d'ailleurs, prouvé par les découvertes récentes faites dans la grotte de Soyons et dans celles des environs de Vallon. Nos ancêtres les troglodytes habitaient surtout les innombrables cavernes du terrain jurassique sur les bords de la basse Ardèche, du Chassezac et de leurs affluents. Les mêmes localités furent occupées plus tard par le peuple à dolmens dont l'origine asiatique est constatée par la ligne non interrompue de dolmens qui, partant du Caucase, vient, par la Pologne et les bords de la mer Baltique, aboutir à la Bretagne et rayonner dans les parties montagneuses du centre de la France. Or, si l'on observe que, dans nos contrées, les dolmens sont partout à distance respectueuse des terrains volcaniques, on est en droit de conclure que, de leur temps, les derniers volcans étaient en activité.

Mais ne l'étaient-ils pas encore à une époque beaucoup moins éloignée, et l'histoire ne mentionne-t-elle pas l'écho de leurs dernières explosions ? C'est ce que nous allons examiner.

Soulavie a réuni dans son *Histoire naturelle de la France méridionale* (1), des extraits de saint Grégoire de Tours, de saint Sidoine Apollinaire et d'autres écrivains relatant des faits dans lesquels il nous paraît impossible de ne pas voir un indice des dernières manifestations volcaniques de l'Auvergne et du Vivarais.

Il résulte des lettres et homélies de saint Avit, évêque de Vienne, que les Rogations furent établies par saint Mamert à l'occasion de nombreux prodiges qui, en 468, effrayèrent la ville de Vienne et la détruisirent en partie : ...*dum urbs illa multis terreretur prodigiis. Nam terræ motu frequenter quatiebatur : sed et cervorum atque luporum feritas portas ingressa per totam urbem nihil metuens, oberrabat. Cumque hæc per anni circulum gererentur.....*

Saint Sidoine Apollinaire, évêque de Clermont, écrivant à saint Mamert, au sujet des Rogations qu'il a également établies en Auvergne, parle ainsi de ces mêmes phénomènes : *Nam modo scenæ mœnium publicorum crebris terræ motibus concutiebantur. Nunc*

(1) Tome III, p. 119 à 126.

ignes sœpe flammati caducas culminum cristas, superjecto favillarum monte tumulabant : nunc stupenda foro cubilia collocabat audacium pavenda mansuetudo cervorum....

L'historien de l'église de Vienne, Charvet, qui écrivait avant même qu'on soupçonnât l'existence de nos volcans éteints, résume, sur la foi de ces antiques témoignages, les terribles phénomènes qui épouvantèrent la ville de Vienne et probablement le bassin du Rhône tout entier :

« Des tremblements de terre continuels jetèrent la terreur dans la ville de Vienne. Des spectres affreux qui semblaient sortir des enfers se présentèrent sous mille figures effrayantes. On entendit des cris, des hurlements que la nuit rendait plus épouvantables et des voix lugubres répandues dans l'air. Des volcans s'ouvrirent de tous côtés ; les sommets des montagnes, emportés par la violence des matières enflammées, tombèrent les uns sur les autres et changèrent la face de la nature. On vit en plein jour des loups, des ours, des cerfs courir les rues et se jeter au milieu de la foule sur les places publiques. La nuit de Pâques, tout le monde étant assemblé dans l'église de Vienne, effrayé de tous ces phénomènes, sortit avec précipitation, les uns pour éteindre le feu, les autres pour veiller à leur maison. Saint Mamert demeura seul, et, plein de confiance en Dieu, prosterné aux pieds de l'autel, par ses prières en arrêta le progrès.

Ce prélat résolut alors d'instituer les Rogations. Cinq ans après, en 474, saint Mamert assembla les évêques de la province en concile à Vienne, où ils approuvèrent l'établissement des Rogations. »

Voici encore un témoignage de Grégoire de Tours :

Regnantibus Guntrando, Childeberto II et Clotario II. hoc anno tantus terris, nocturno tempore, splendor illuxit, ut medium putares diem : sed et globi similiter ignei per noctis tempora sæpius per cœlum curcurisse mundumque illuminasse visi sunt... terræ motus factus est magnus XVIII Kal. mensis quinti, die IV primo mane, pluviæ magnæ, tonitrua in autumno gravia, aquæ autem nimium invaluerunt : Albam vivariensem seu Helviorum, Arvenicamque urbem graviter lues inguinaria devastavit.

Nous ne citerons pas les auteurs modernes, qui tous nécessairement ont dû puiser aux mêmes sources. Mais ces témoignages nous semblent suffisants pour démontrer qu'en l'année 468, les volcans de l'Auvergne et du Vivarais donnèrent encore quelques signes d'activité, car cela seul peut expliquer l'ensemble des faits signalés dans les extraits que nous venons de citer.

Il ne faut pas oublier que les volcans restent quelquefois éteints pendant des siècles pour se réveiller ensuite. Avant l'année 63 de l'ère chrétienne, les écrivains latins parlaient du Vésuve comme nous pourrions le faire de la coupe d'Ayzac ou de la Gravenne de Montpezat. Le cratère du volcan était planté de châtaigniers comme ceux de Jaujac et d'Antraigues, et les villas romaines s'étalaient insoucieuses sur ses flancs. On aurait ri de celui qui aurait annoncé son réveil, absolument comme on rirait de nous si nous disions qu'il n'y aurait rien d'impossible à ce que la Gravenne ou la coupe d'Ayzac se missent à vomir de nouveau des flammes et des scories. Et cependant le Vésuve se réveilla et ensevelit les villes imprudentes qui avaient trop compté sur son éternel sommeil. Je me hâte de faire observer que, fort heureusement pour nous, la mer ne baigne plus les pieds de nos montagnes, et que si, depuis 125 ans, on a noté 139 grandes éruptions, 98 provenaient de volcans situés dans des îles marines, et seulement 41 de volcans situés dans des continents, mais toujours assez rapprochés de la mer. Il est certain qu'il faudrait de bien terribles dislocations pour provoquer de nouvelles conflagrations souterraines dans un sol aussi profondément oxydé que le sol vivarois; cependant cela n'est pas impossible, et la science, loin de rassurer les sceptiques contre la fin du monde, est obligée d'avouer que rien ne prouve une diminution d'intensité des actions souterraines qui ont produit les cataclysmes géologiques. D'où il suit que « l'idée d'une fin du monde ou d'un renouvellement des choses d'ici-bas, idée religieuse et tout aussi répandue que celle d'une grande inondation passée, pourrait également trouver un appui dans les lois mêmes qui semblent régir le monde. » (1)

En thèse générale, tant qu'un pays est sujet aux tremblements de terre, il peut s'y produire aussi des phénomènes volcaniques, car les tremblements de terre sont le premier symptôme des feux souterrains dont les volcans sont la manifestation palpable. Or, nous avons quelquefois des tremblements de terre, et le dernier (en 1873) a laissé sur quelques localités des bords du Rhône des souvenirs qui ne sont pas encore effacés.

Le fameux tremblement de terre de Lisbonne en 1755 eut un contre-coup en Vivarais. Les eaux de la Fontaine du Malheur, près du volcan de Coupe (Antraigues), sortirent rouges et épaisses quoi qu'il n'eût pas tombé de pluie. Le lendemain, les paysans annoncèrent des déplacements de terres. On aperçut une fente verticale de la largeur de deux pouces au voisinage de la montagne de Coupe (2).

Soulavie rapporte au même phénomène la perte des eaux du Lignon qui eut lieu à la même époque du côté de Fay-le-Froid. On découvrit qu'il s'était produit une fente granitique dans laquelle les eaux de la rivière disparaissaient. La fente fut bouchée et la rivière continua à couler comme par le passé. Ces pertes d'eaux courantes sont fréquentes en Vivarais

(1) BEUDANT. Manuel de Géologie.
(2) Soulavie. — *Histoire de la France méridionale*, t. 2, p. 195.

et dans nos contrées montagneuses. Le même phénomène s'est produit à Largentière, à Annonay et plus souvent encore sur les Pyrénées.

Un fait plus remarquable est cité par M. de Gensanne comme ayant coïncidé avec le tremblement de terre de Lisbonne. Le ciel s'obscurcit subitement du côté de Meyrueis ; un globe de feu éclata près de la rivière de la Jouante ; un tas de roches sortit de la terre ; les montagnes se fendirent depuis Meyrueis jusqu'à Florac, sur une étendue de près de six lieues. C'est M. de St-Sauveur, commandant à Meyrueis, qui observa ce phénomène (1).

Soulavie fait une observation fort judicieuse sur la question des dernières éruptions de nos contrées : c'est que les plus anciennes montagnes volcaniques de l'Auvergne et du Vivarais ont des noms indifférents ou corrompus qui ne rappellent en rien l'action du feu, comme *Rochemaure*, *Roche-Maillas*, *Roche-Jastrié*, *Rochenoire*, *Gourdon*, *Mézilhac*, la *Champ-Raphaël*, *Ray-Pic* et généralement tous les dikes pyroxéniques du Coiron, tandis que les volcans les plus récemment éteints ou les quartiers qui les avoisinent portent ordinairement des noms où l'on retrouve l'empreinte de l'effroi traditionnel qu'ils ont inspiré. Soulavie cite les noms de *Chaud-Coulant* (près de Berzème), de *Montchaud*, *Montbrûl*, *Chaudeyrolle*, *Gueule-d'Enfer*, *Tartar* ou Tartas, *Fourmagne*, les

(1) *Idem*, t. 3, p. 214.

Infernets, *Mont-Usclat* (montagne brûlée), *Combe-Chaude*, *Coste-Chaude*, *Peyrebaille* (Peyrabeille). *Peire-Vole*, *Pas-d'Enfer*, *Mont-du-Diable*, etc. Le cratère d'Agde est environné d'une grande et d'une petite *Cremade*. Les volcans de Provence sont appelés *Caudière* (chaudière), *Pierrefeu*, etc. Ces noms seuls ne suffiraient-ils pas à prouver que l'homme a assisté aux dernières manifestations volcaniques de nos contrées ?

.•.

L'année dernière, nous avons visité quelques terrains volcaniques que nous n'avions pas revus, depuis une trentaine d'années, notamment Craux et les deux Gravennes, et nous avons été frappé de la rapidité avec laquelle la végétation les envahit.

Il y a trente ans, le cratère de la Gravenne de Montpezat était absolument nu. A peine quelques digitales au milieu des cendres qui cédaient sous les pieds, ce qui en rendait la sortie pénible et difficile. Aujourd'hui, il y a des châtaigniers et des pins.

La Gravenne de Thueyts est entièrement couverte par les vignes ou les arbres fruitiers.

Pour la montagne de Craux, le spectacle est frappant quand on se place sur la montagne qui lui fait face, de l'autre côté du ruisseau de Bize. Les amas de blocs de laves, appelés dans le pays *graveyras*, montrent ce qu'était autrefois le flanc tout entier de la montagne. Peu à peu, la nature, en décomposant les sables volcaniques et aidée probablement par l'homme, a jeté dans certaines cavités de la terre où il a poussé de l'herbe, puis des arbustes, puis des arbres. Ces îles de verdure se sont étendues graduellement et aujourd'hui ce sont les graveyras qui sont réduits à l'état d'îles ; les châtaigniers, les genêts et l'herbe ont recouvert la plus grande partie de la montagne, et les progrès de la végétation depuis trente ans font présager qu'avec un peu d'aide des propriétaires, les *graveyras* auront entièrement disparu dans un demi-siècle.

Or, en présence de cette extension rapide de la végétation sur nos anciens volcans, il nous semble que si leur extinction complète remontait aussi loin qu'on le croit, ils seraient aujourd'hui entièrement recouverts par la terre végétale, d'où nous concluons que leur extinction complète est peut-être encore plus récente que ne l'a supposé Soulavie d'après les témoignages historiques cités plus haut. Il ne faut pas oublier, d'ailleurs, que le volcan de Neyrac est encore à l'état de solfatare et que des émanations de gaz acide carbonique ont aussi été signalées sur certains points de la montagne d'Ayzac.

On pourrait peut-être trouver un indice de l'époque des dernières manifestations volcaniques de nos contrées, dans une étude attentive des plus anciennes voies de communication, romaines ou autres, qui avoisinent les cratères les plus récents. Si, par exemple, il était démontré, comme quelques personnes l'assurent, que la voie romaine du pont de la Beaume à Montpezat, au lieu de prendre la direction la plus courte et la plus naturelle, s'est détournée aux approches des deux Gravennes pour aller passer au Cros de Laval, on serait en droit de supposer que les feux de ce côté n'étaient pas encore entièrement éteints.

.˙.

Les volcans sont restés comme des soupapes de sûreté partout où l'oxydation du sol continue.

Il y en a encore plusieurs centaines en activité sur la surface du globe, — sans compter ceux, bien plus nombreux probablement, qu'on ne connaît pas.

Il y a une quarantaine d'années, on en connaissait 303, dont 24 en Europe, 11 en Afrique, 46 en Asie, 114 en Amérique et 108 en Océanie. Sur ce total de 303, il y en avait 109 sur les continents et 194 dans les îles.

On doit en connaître aujourd'hui plus du double.

L'Europe n'en compte que trois grands : le Vésuve, en Italie ; l'Etna, en Sicile ; et l'Hécla, en Islande.

Ce dernier vient d'avoir, en 1875, une éruption qui a couvert un espace de 800 kilomètres carrés d'une pluie de cendres de 5 à 6 centimètres de hauteur (soit un total de 4,000 tonnes de cendres).

L'Océanie et les îles d'Asie sont semées de volcans actifs. L'île de Java à elle seule en compte une quarantaine. La terrible éruption du Gallung Kung en 1822, fit périr 4,000 personnes.

Les volcans d'Océanie et des îles d'Asie ont souvent donné lieu à d'épouvantables catastrophes où les victimes se comptent par dix et vingt mille âmes, et même davantage.

En 1793, après un tremblement de terre effroyable, le mont Illigigama, dans l'île de Kiou-Siou, au Japon, vomit d'abord une énorme quantité de rochers dans la mer, puis un torrent d'eau qui fit périr environ 53,000 personnes.

Il y a deux ans, un lac bouillant a été découvert au sommet d'une montagne de l'île Dominique, dans les Petites-Antilles. Ce lac a environ 200 mètres de long sur 100 de large. Il a l'apparence d'un gigantesque chaudron recouvert de vapeur à travers laquelle, quand la brise de la mer écarte ce voile par moments, on aperçoit une masse confuse de vagues qui s'entrechoquent, courant furieusement dans tous les sens, un vrai chaos d'eaux bouillantes. Ce lac est situé à 2,400 pieds d'altitude (à peu près la hauteur du plateau du Coiron).

C'est dans l'Amérique méridionale que les manifestations volcaniques sont le plus grandioses.

Le Pérou et le Chili, qui sont les pays de l'or, sont encore plus les pays du feu.

Dans la chaîne des Andes où la cime des volcans dépasse presque toujours la région des neiges, les vastes glacières qui se forment sur leurs revers ou même sur leur sommet dans les intervalles de repos, se fondent lorsque les volcans commencent à agir et produisent de fréquentes et désastreuses inondations.

Toute la partie élevée de Quito, ainsi que les montagnes avoisinantes, semblent reposer, selon M. de Humbold, sur un énorme souterrain volcanique qui s'étend du sud au nord et qui occupe un espace de 600 milles carrés.

Les principales bouches enflammées de cette chaîne sont le Sangay et le Tunguragua qui ont plus de 5,000 mètres de hauteur, l'Antisana et le Cotopaxi qui ont 6,000 mètres.

Ce dernier, le plus effrayant de tous, ressemble, le soir, à un immense fanal dont l'éclat est d'autant plus vif que la ceinture blanche et glacée de la montagne réfléchit constamment la flamme. Ce cratère atteint presque la hauteur qu'aurait le mont Vésuve si on le supposait en feu sur le Mont-Blanc !... En 1738, la flamme de ce soupirail gigantesque s'éleva à 1,000 mètres au-dessus de la cime la plus haute, et en 1742, époque à laquelle les académiciens français mesuraient un degré du méridien, ils furent témoins d'une éruption qui s'éleva à 500 mètres au moins au-dessus du Cotopaxi.

Cette fois, la neige couvrant la montagne fut fondue généralement et forma un épouvantable torrent, suivant les escarpements de cette montagne et inondant la plaine à plusieurs lieues à la ronde. Le feu et l'eau ravagèrent alors cette contrée. Le savant Alexandre de Humbold affirme qu'en 1803, se trouvant à Guayaquil, ville de la république de l'Equateur, éloignée de 52 lieues de la montagne du Cotopaxi, il entendit les mugissements réunis de l'éruption et de l'inondation.

Un fait curieux — et auquel on ne s'attendait guère, — c'est que les grands volcans d'Amérique vomissent parfois... des poissons. C'est ce qui arriva, dans la nuit du 19 au 20 juin 1799, lorsque la cîme du Carguaraizo, montagne haute de 6,000 mètres au nord du Chimborazo, s'écroula : toutes les campagnes environnantes, dans un rayon de deux lieues carrées, furent couvertes de boue et de poissons.

Le Cotopaxi, et d'autres volcans des Andes, vomissent également des poissons qui proviennent évidemment des lacs souterrains placés dans les diverses parties de la montagne.

La rareté des éruptions de ces grands volcans sert à expliquer ce phénomène.

Quand le cratère d'un volcan a été transformé en lac et que l'eau y a séjourné pendant un siècle ou un demi-siècle, il n'y a rien d'étonnant qu'il lance des poissons à son premier réveil.

Si le volcan qui occupait autrefois la place du lac

d'Issarlès se réveillait demain, — ce qu'à Dieu ne plaise, — il lancerait des poissons, tout aussi bien que le Carguaraizo et le Cotopaxi.

Plus les volcans sont grands et élevés, plus leurs éruptions paraissent rares. Le Cotopaxi, le Tanguragua, le Sangay offrent à peine une éruption dans l'espace d'un siècle.

Le pic de Ténériffe, qui a une hauteur de 4,000 mètres, n'a pas bougé depuis 1798.

Les éruptions de l'Hécla et de l'Etna sont moins fréquentes que celles du Vésuve.

Par contre, le Stromboli, dans les îles Eoliennes, qui est le plus petit des volcans, est continuellement en éruption. Son cratère est toujours rempli d'une lave en fusion qui se tuméfie, s'élève jusqu'aux bords en forme de cloche, fait une explosion bruyante et lance dans les airs une partie de la matière fondue, de la fumée et des cendres ; peu à peu, la lave s'affaisse et redescend, pour remonter comme auparavant, après un quart d'heure ou une demi-heure d'intervalle.

Les petits volcans, comme les petits hommes, sont perpétuellement endiablés. Les grands ne se mettent pas souvent en colère, mais quand cela arrive, c'est pour de bon.

⁎

Un chimiste français nommé Lémery, voulant prouver que le feu central n'était pas nécessaire pour expliquer les éruptions volcaniques, composa, avec du soufre et de la limaille de fer, une pâte qu'il enferma dans un récipient et qu'il déposa sous le sol à plusieurs pieds de profondeur. Quelques jours après, la terre se souleva et notre chimiste eut la satisfaction de voir jaillir la flamme d'un petit volcan en miniature.

Des savants sont partis de là pour considérer les volcans comme de véritables piles de Volta, ou de vastes conduits qui renferment les matériaux chimiques les plus riches, qui aspirent l'eau par leur base et l'air par leur sommet et qui sont toujours en travail sous la double action de l'électricité négative de la terre et de l'électricité positive de l'atmosphère.

*
* *

Des savants encore plus hardis ont assimilé le globe à un animal ayant sa vie propre et ses développements particuliers. Ils en donnent pour preuve qu'il a progressé, qu'il s'est modelé, embelli suivant les lois d'une physiologie spéciale et en vertu d'une activité qui lui est propre. Ils comparent l'émersion et la soudure des continents, ce qu'ils appellent l'ossification du corps terrestre, au travail qui se développe pendant l'évolution embryonnaire des animaux. Pour eux, l'eau et la terre ne sont pas des choses mortes soumises exclusivement aux lois de la physique; ils considèrent le globe terrestre comme un véritable organisme et l'eau comme un fluide vivant analogue au sang et aux autres fluides qui circulent dans le corps des animaux. Les matières sédimentaires sont, à leurs yeux, de véritables sécrétions semblables à celles au moyen desquelles quelques animaux se donnent des coquilles et des carapaces. L'électricité dont le globe est plein, et dans laquelle ils voient le fluide vital par excellence, leur apparaît comme la preuve irréfutable de la vie de notre planète. La terre, comme l'homme, comme les animaux, comme les plantes (selon la démonstration récente de M. Dalmas), est une pile en activité incessante. On sent déjà tout le parti que les partisans de cette hypothèse tirent du magnétisme terrestre, des aurores boréales, etc., etc.

Mais peut-être tout cela est-il plus ingénieux que vrai, et s'il ne me paraît pas inutile d'avoir ouvert à mes lecteurs la fenêtre qui s'ouvre sur cette gigantesque hypothèse, je crois qu'il est sage de ne pas y rester longtemps pour ne pas prendre le vertige. A dire vrai, je soupçonne les auteurs de ce système, bien qu'ils se réclament de Platon comme chef de file, d'être encore plus poètes que savants et de s'adresser plus à l'imagination qu'à la froide raison.

De toutes façons, je reconnais qu'il est dangereux de trop parler des volcans. Les nôtres, quoique éteints, nous ont lancés plus haut et plus loin que toutes les scories que roule l'Ardèche. Tâchons de retomber sur nos pieds sur les ruines de Ventadour où l'éruption nous a saisi, et reprenons bien vite notre course vers la montagne.

XI

LA FONTAINE DU VERNET.

Le banc de gneiss schisteux de la Levade. — Les grands parents du salicylate de soude. — Les chiens médecins. — Le bassin houiller de Prades. — La source du *Vernet*. — La *Lyonnaise*. — Quelques réflexions sur les eaux minérales en général. — Variété du dosage alcalin dans les eaux minérales de l'Ardèche. — Pourquoi l'usage des eaux minérales, inutile autrefois, est devenu aujourd'hui une nécessité. — Comment se fait la tisane de granit. — La source unique de nos eaux minérales et la cause de leurs différences.

Mon compagnon de voyage me fit revenir du pont de la Beaume à la Levade pour examiner, dans le lit de l'Ardèche, en face de ce village, un curieux phénomène géologique. C'est un banc de gneiss passant au micaschiste, avec veines de quartz et veines de granit à petits grains bien cristallisés. Ce banc est redressé et forme comme un barrage naturel, emporté par la rivière à l'endroit où elle a creusé son lit, et raviné, ébréché aux endroits où passent seulement les grandes crues. A ses veines contournées on dirait du bois de noyer. Les grés houillers sont à côté.

En dix pas, on peut mesurer trois grandes époques qui correspondent à un nombre incalculable d'années.

Allez, par une belle matinée d'été, vous asseoir sur ce banc, jeunes gens qui cherchez des impressions : vous entendrez d'un côté le murmure de la rivière, et de l'autre le gazouillement des oiseaux dans les arbres voisins ; vous prêterez l'oreille au bruissement des insectes et à la rumeur éloignée des voix humaines, en songeant à l'infinie petitesse où le grand spectacle de la nature réduit les hommes comme les insectes. De là, concentrant votre pensée sur le gneiss schisteux où vous êtes assis, vous obligerez cette pierre à vous raconter ses aventures, et pourrez ainsi laisser monter votre esprit à des hauteurs où les découvertes intéressantes ne lui manqueront pas et où, dans tous les cas, il trouvera des raisons de prendre en pitié nos petites préoccupations du jour.

Nous revenons sur la grand' route en traversant des prés où la spirée ulmaire, mieux nommée la Reine des Prés, avec ses belles panicules blanches, se joue au pied des saules. Qui se doutait, avant ces derniers temps, que ces deux végétaux fussent de grands médecins et qu'un jour la chimie tirerait de leurs entrailles un puissant spécifique contre la goutte, le rhumatisme et la gravelle ? Car, je suis bien aise de le dire en passant à ceux de mes lecteurs qui pourraient l'ignorer, le *salicylate de soude* est réellement un remède des plus sérieux contre les maladies que je viens de nommer. Or, le principe actif de cette substance qu'on prépare aujourd'hui avec l'acide phénique, avait été extrait d'abord du saule et de la Reine des prés. Qui sait si, bien longtemps avant les chimistes, l'expérience populaire n'avait pas découvert la vertu cachée dans ces deux enfants des terrains humides ?

Beaucoup de mes confrères se moquent des recettes de bonnes femmes, et ils n'ont certainement pas toujours tort. J'en fais autant, mais avec plus de réserve, et en cherchant toujours si ce que nous prenons pour une pratique insensée ou même dangereuse n'a pas une origine sérieuse. Il ne faut pas oublier que la médecine a commencé par les remèdes de bonnes femmes, c'est-à-dire par tout ce qu'il y a de plus naïf et de plus superficiel dans l'empirisme populaire. Il ne faut pas oublier non plus que les bêtes — qui n'ont jamais fait leur cours de médecine — en savent sur bien des points encore plus long que nos meilleurs praticiens, et que les chiens malades, mis dans un pré, vont tout droit aux plantes qui peuvent les guérir. Les chiens n'ont guère la goutte ni la gravelle ; sans cela, je suis sûr qu'ils nous auraient enseigné depuis longtemps les vertus du saule et de la spirée ulmaire.

Les châtaigniers de la Levade sont les plus beaux de la contrée. Ils sont grands et droits comme des peupliers. Peut-être ne produisent-ils pas plus de fruits que les autres, mais certainement, ils n'ont pas leurs pareils, aux yeux des charpentiers.

Le petit bassin houiller de Prades repose sur le gneiss et se trouve entouré de tous les côtés par des montagnes granitiques. Il s'étend sous le sol des communes de Prades, Nieigles, St-Cirgues de Prades, Jaujac et va même jusqu'à la Souche. Sur plusieurs points, on voit la houille affleurer le sol.

Soulavie, qui n'avait pas sur la formation de la houille des idées aussi exactes qu'on les a aujourd'hui, dit dans son 2ᵉ volume de l'*Histoire naturelle de la France Méridionale*, que le dépôt houiller de Prades a été *vomi*, sous forme liquide, par le volcan de Jaujac. Il est vrai que dans le 8ᵉ volume, publié trois ou quatre ans après, il est déjà revenu à une opinion plus raisonnable, puisqu'il dit en propres termes : « C'est à nos antiques forêts que nous devons les amas de matières combustibles que recèle la terre. »

Le terrain du bassin de Prades est un de ceux que les soulèvements ont le plus bouleversé, ce qui n'est pas de nature, comme on le pense, à faciliter l'exploitation des mines et l'appréciation exacte de ce qu'elles renferment. On évalue à 28 millions de tonnes la quantité de combustible qu'elles peuvent fournir, et c'est ce chiffre, dont il faut désirer la confirmation, qui vaudra à ce pays la prolongation de l'embranchement ferré d'Aubenas.

*
* *

Voici ce qu'écrivait en 1762 le prieur de Prades en réponse aux demandes de renseignements qui lui avaient été adressées par les auteurs de l'Histoire du Languedoc :

Prades (de *Prata*) appartient au prieuré royal de Charaïx que possède aujourd'hui l'évêque de Laon. L'église est accolée à la maison du curé d'un côté, et de l'autre à celle de M. le prieur où habitait anciennement une communauté de religieux de St-Augustin, dépendant de Charaïx.

A cent toises, se trouve un beau calvaire bâti depuis environ cent ans, par M. l'abbé de la Tourette prieur pour lors de Charaïx et résidant à Prades. Ce calvaire est célèbre par le nombre prodigieux de guérisons qui s'y opèrent le 14 septembre. Il y a des tableaux d'une belle peinture qui représentent les prophètes et les apôtres. La sculpture y est également belle.

Cette paroisse est des terres de M. le comte d'Antraigues, dépendant pour la justice de la baronie de Jaujac. On y trouve le château de Montreveux dans lequel réside l'ancienne famille de ce nom.

On y voit quelque petite mine de charbon de terre presque épuisée du côté le long du ruisseau et du grand chemin qui est la route du Gévaudan.

Le consul est ordinairement un paysan de l'endroit,

illettré, que la communauté élit, quand il en est besoin, pour une délibération.

Le taux des impositions vient de la généralité de Montpellier et la distribution s'en fait sans injustice par le greffier : quant à la taille, sur tous les contribuables à proportion du fonds que chacun possède. Quant à la capitation, elle se règle sur les familles disponibles dans un bureau assemblé et payé pour cela, car la justice distributive n'est pas toujours la mieux observée et la protection y trouve quelquefois accès.

*
* *

Le Vernet est un joli vallon vert à un kilomètre du village de Prades, non loin du volcan de Jaujac.

Des traces d'eau minérale s'aperçoivent sur divers points du gneiss plus ou moins décomposé par l'action successive des feux souterrains et de l'eau. Autrefois les paysans appelaient cela l'*aïgo omaro* (l'eau amère). On en buvait par curiosité. Il y a une dizaine d'années seulement, M. Tarandon, propriétaire des terrains de l'*aïgo omaro*, fit des fouilles et mit à jour la magnifique source du Vernet, l'une des plus remarquables du Vivarais, dans tous les cas la plus gazeuse, la plus agréable à boire et celle dont le rapide succès dans toute la région environnante dit assez haut le mérite.

La captation de la source une fois faite, l'eau

devint plus gazeuse. Cela eut lieu en 1868. L'exploitation commença dès 1869. On vendit alors 21,000 bouteilles, la deuxième année 40,000. Aujourd'hui l'eau du Vernet se vend à raison de 80 à 100,000 bouteilles par an, ce qui est d'autant plus remarquable qu'on n'a fait pour elle aucun frais de publicité. Il est vrai que ses propriétaires, prenant le contrepied de beaucoup d'autres marchands d'eau, n'ont pas cru nuire au prestige de leur marchandise en la cédant à un prix raisonnable et à la portée des petites bourses du pays (20 centimes la bouteille). A Aubenas, Joyeuse, Largentière et jusqu'à St-Ambroix et Alais, c'est l'eau du Vernet (1) qui tient incontestablement le haut bout dans la consommation locale.

(1) Analyse, faite par M. Joseph de Montgolfier, d'un litre d'eau du Vernet :

Gaz acide carbonique libre.	2.5800
Bicarbonate de soude	0.3993
— potasse	0.1085
— lithine	0.0040
— chaux	0.3184
— magnésie	0.1573
Protoxyde de fer	0.0089
— manganèse	traces
Sulfate de soude (hydraté)	0.0155
Chlorure de sodium	0.0097
Arséniate de soude (hydraté)	0.0016
Borate de soude	traces
Silice	0.0555
Alumine	traces
TOTAL de la richesse de la source	4.2566

De plus, les sédiments renfermant des traces d'Arsenic, on peut conclure à la présence, en outre de l'Arséniate de soude, d'une très-faible trace d'Arséniate de fer.

La source du Vernet sort, à une centaine de mètres de la maison de son propriétaire M. Tarandon, d'un gneiss pourri et passant à l'état d'argile rougeâtre. Elle débite 5 litres à la minute. Sa température est de 12 degrés. Rien de plus agréable, de plus frais, de plus pétillant que cette eau prise à la source. C'est un vrai champagne, et, pour ma part, je le préfère à tous les Cliquot du monde.

On a remarqué que, lorsque souffle le vent du Midi, l'eau du Vernet est moins gazeuse et a une saveur moins piquante; aussi se garde-t-on de la mettre en bouteille à ces moments là. Il paraît que la même observation a été faite pour la plupart des sources minérales.

A 200 ou 300 mètres de là est une autre source appelée la *Lyonnaise*, dont l'eau a une grande analogie avec celle du Vernet (1).

(1) Voici l'Analyse d'un litre d'eau :

Acide carbonique libre.	2	500
Bicarbonate de soude.	1	140
— de magnésie	0	225
— de chaux	0	150
— de fer.	0	020
— de manganèse.	0	002
Chlorure de sodium	0	115
— de potassium	0	097
Sulfate de soude	0	040
Alumine		
Lithine		traces
Arséniate sodique		
Matière organique		
TOTAL	4	089

Ces sources ne sont qu'à un kilomètre de la route de Jaujac et à 3 kilomètres de la Levade, où doit aboutir prochainement l'embranchement du chemin de fer. Quand cette section sera ouverte, le Vernet et la Lyonnaise seront dans des conditions d'exploitation beaucoup plus avantageuses et l'on peut s'attendre à voir doubler ou tripler très-rapidement le débit de leurs eaux.

La distance de Vals à Prades n'est que de cinq kilomètres.

*

On me permettra de placer ici quelques réflexions sur les eaux minérales en général.

Je ne trouve rien de si sot — qu'on me pardonne l'expression — que les jugements absolus et d'emblée qu'on entend à chaque instant porter à propos des eaux minérales.

Il en est de ces eaux comme des formes de gouvernement. Aucune n'est absolument bonne ni absolument mauvaise. Ou, si l'on veut, toutes sont bonnes, appliquées à propos, et beaucoup sont mauvaises appliquées sans raison et de travers.

Permis aux propriétaires de sources de battre la grosse caisse dans leurs prospectus et d'assurer que leurs eaux — pas celles du voisin par exemple — guérissent toutes les maladies. C'est une faiblesse humaine bien naturelle, et je craindrais, si j'étais à leur place, d'en faire autant.

Or, par-dessus les prospectus des marchands ou propriétaires de sources minérales ; par-dessus même les conseils des médecins qui, souvent à leur insu, se laissent guider dans le choix des eaux par des considérations plus ou moins intéressées, il y a la science et le bon sens qui déclarent :

1° Que l'emploi des eaux minérales mérite la plus grande attention et qu'il doit être soigneusement approprié aux tempéraments et à d'autres circonstances ;

2° Que même avec ces conditions remplies, les meilleures eaux peuvent être impuissantes ou nuisibles si le malade ne veut pas y mettre du sien pour assurer leur effet ;

3° Qu'il doit suivre conséquemment un régime déterminé, dont la tempérance en toutes choses, l'exercice du corps et le repos de l'esprit, sont ordinairement les éléments principaux ;

4° Que dans une infinité de cas, les eaux portent la faute des écarts du malade :

5° Que, par contre, on leur fait bien souvent l'honneur de cures qui ne sont que l'effet de la distraction, du changement d'air, du séjour dans un pays nouveau, du repos, de l'oubli des occupations habituelles, d'un genre de vie tout nouveau, etc.

Avant de crier contre les eaux ou contre le médecin, les malades doivent faire leur examen de conscience. Combien en voit-on chaque année qui, tout en souffrant de l'estomac, de la vessie ou de la poitrine, semblent être venus aux eaux encore plus pour s'amuser que pour se soigner ! Ils s'imaginent que, pourvu qu'ils boivent les verres d'eau et prennent les bains règlementaires, le bon Dieu est obligé de faire le reste. Les bons restaurateurs qui, malheureusement affluent à toutes les stations d'eau, ajoutent encore aux difficultés de la cure. On dirait que le diable les a mis là tout exprès pour empêcher l'effet des eaux. Ma conviction est que les bons dîners abrègent la vie autant que les privations, et fournissent beaucoup plus de clients aux médecins.

Toujours le même phénomène qu'en politique : les eaux jouent ici le rôle d'orviétan, universel et infaillible, que certaines formes de gouvernement jouent pour une autre catégorie de badauds.

De tout ceci, je conclus qu'il en est de la République — pardon, — des eaux minérales, comme d'un bon instrument de chirurgie qui, entre les mains, par exemple, de notre ancien condisciple, le docteur Ollier, peut faire des prodiges, mais qui n'est plus qu'une arme dangereuse si on le manie au rebours de l'expérience et du bon sens.

*
* *

Les eaux du Vernet appartiennent, comme on l'a vu par l'analyse, à la catégorie des bicarbonatées sodiques qui comprend la *St-Jean*, la *Marie*, la *Vi-*

varaise n° 1, et généralement toutes les eaux qu'une faible dose de bicarbonate de soude accompagnée d'une forte dose de gaz permet de ranger parmi les eaux de table — ce qui n'exclut pas, d'ailleurs, leurs vertus médicinales sur lesquelles l'expérience seule peut prononcer.

J'ignore les vertus spécifiques de l'eau du Vernet, mais je suis convaincu qu'elle n'est inférieure à aucune des sources de la même classe, et je désire qu'elle soit promptement sous ce rapport l'objet d'observations sérieuses et suivies. D'après des témoignages nombreux, on peut dire dores et déjà qu'elle est essentiellement digestive. J'ajoute qu'elle passe pour avoir opéré des merveilles contre la goutte, la gravelle, l'anémie et quelques-unes des indispositions particulières au sexe faible.

L'emploi des eaux minérales étant une médecine essentiellement homœopatique au moins au point de vue de la division infinitésimale des substances qui les composent, les eaux les plus faiblement dosées ne sont pas les moins précieuses, parce qu'elles peuvent être utilisées dans un beaucoup plus grand nombre de cas. Les eaux du *Vernet* ou de la *St-Jean* sont, par exemple, à la *Rigolette* ou à la *Madeleine* ce que les sous sont à une pièce de cinquante centimes. Or, tout le monde sait que, si l'on peut être parfois embarrassé avec une pièce de cinquante centimes, on ne l'est jamais quand on a cette même somme en sous, car on peut ainsi en graduer l'emploi à volonté. C'est cette graduation des doses dans les eaux de l'Ardèche, cette sorte de gamme alcaline, allant d'un demi-gramme à 7 ou 8 grammes par litre qui constitue leur véritable supériorité sur les eaux de Vichy, lesquelles présentent toutes ou presque toutes une dose uniforme de 4 à 5 grammes de bicarbonate de soude par litre. Nos félicitations en passant à la compagnie des *Vivaraises* qui, par son ingénieuse classification, a fait la lumière dans le chaos des noms de sources et a mis à chacune des siennes un numéro qui apprend au médecin ce qu'il est avant tout essentiel de savoir, c'est-à-dire leur dose de bicarbonate de soude.

..

Les vices nouveaux entraînent des maladies nouvelles auxquelles il faut chercher naturellement des remèdes nouveaux.

Autrefois on vivait plus simplement qu'aujourd'hui. Il y avait moins de cuisiniers pour déranger les estomacs, moins de journaux politiques pour faire tourner les têtes. On vivait paisiblement chez soi, se succédant de père en fils dans la culture du patrimoine paternel ou dans l'exercice de la profession adoptée de temps immémorial par la famille. Tout le monde ne voulait pas être maire ou conseiller municipal ; il y avait moins d'avocats et de journalistes, et l'on ne voyait pas les plus minces d'entre eux candidats stéréotypés aux fonctions de député ou de ministre. Il y avait moins d'ambition et moins de mauvaises digestions.

Aujourd'hui tout va de travers dans la santé du corps social comme dans celle des individus.

La première est atteinte de deux terribles fléaux, le scepticisme et la *politicomanie*, dont un seul suffirait à tuer la nation la plus vivace, et la seconde souffre du développement des plus terribles maladies de l'espèce humaine, toutes, malgré la diversité de leurs manifestations, provenant d'une source unique : l'oubli des lois divines et naturelles.

Les eaux minérales, autrefois inutiles, sont devenues une nécessité et il a fallu leur demander, soit les alcalins, soit le fer destinés à aider au rétablissement de l'équilibre entre les éléments naturels du sang ; mais si les eaux minérales sont, en certains cas, un précieux adjuvant, les malades ne doivent pas oublier qu'un retour durable à la santé ne peut être que la conséquence d'un changement de régime ou de conduite, c'est-à-dire de la suppression des causes qui ont déterminé la maladie.

* *

J'ai déjà constaté plus haut que la roche d'où sort l'eau minérale du Vernet est un gneiss en pleine décomposition, un gneiss qui semble avoir été cuit par les volcans et préparé à point pour fournir à l'eau qui le traverse ses principes minéralisateurs.

Les sources de Jaujac, du Pestrin, de Marcols, des Escourgeades (près d'Antraigues) et beaucoup d'autres sont dans les mêmes conditions d'émergence. A Vals, les eaux sortent d'un granit feldspathique, dit *leptinite*, avec veines de schiste et de quartz, qui forme une bande non interrompue de Meyras à Vals et jusqu'à St-Andéol-de-Bourlenc. Au contraire, quand les eaux sortent d'un granit très-dur, comme au Régal (près d'Antraigues), elles sont ordinairement moins gazeuses.

On risquerait fort de se tromper cependant si on jugeait des eaux minérales uniquement par les roches qui constituent leur point d'émergence. Les sources de ce genre ne sont pas dans les conditions des sources ordinaires. Celles-ci peuvent être comparées à un filtre-entonnoir dont la grande ouverture est représentée par toute la surface des terrains qui reçoivent ou absorbent l'eau des pluies, et la petite ouverture, par la source où toute cette eau vient aboutir par une foule de petits affluents souterrains. Dans ce cas, le nombre et l'abondance des sources est naturellement en raison directe de la surface récipiente et de la quantité d'eaux qu'elle reçoit.

Il est à présumer que les eaux minérales viennent de plus loin. Dans tous les cas, la parfaite dissolution des substances qui les composent ne permet pas de douter de la profondeur du laboratoire où elles sont fabriquées. Ce sont des tisanes de granit, chauffées au grand foyer souterrain, c'est-à-dire à une chaleur incommensurable. Elles nous arrivent tantôt encore chaudes comme à St-Laurent, malgré l'énorme distance du point d'origine, tantôt tièdes comme à Neyrac et à St-Georges, tantôt enfin froides comme au Vernet et à Vals.

Il est à remarquer que ces sources abondent précisément dans les contrées où se sont produites les grandes fractures du globe et les anciennes éruptions. On conçoit parfaitement, en effet, que les eaux pluviales, ramassées dans le sous-sol, trouvent plus aisément dans ces régions non seulement plus d'éléments de minéralisation, mais encore une voie vers les parties profondes de la terre où la chaleur opère, en quelques instants, des combinaisons qui autrement demanderaient des siècles pour s'effectuer.

Nous pensons que, comme à Vichy, toutes les sources minérales qui sourdent de l'intérieur ou des environs de la grande fracture observée par M. Dalmas de Lavoulte jusqu'à Neyrac par Celles, Flaviac, l'Escrinet, St-Andéol et Vals (1), proviennent d'une nappe souterraine unique perpétuellement alimentée par les eaux pluviales tombées au sommet des crêtes cévénoles, descendant à de grandes profondeurs, grâce aux failles et conduits naturels résultant des ancien-

(1) Itinéraire du géologue et du naturaliste dans l'Ardèche, p. 201.

nes fractures du sol, et allant sortir dans les basses vallées granitiques ou schisteuses par une foule d'issues différentes, en empruntant aux terrains qu'elles traversent de nouveaux éléments de minéralisation. La variété de composition de nos sources, plus grande, qu'à Vichy, provient précisément de ce que leurs conduits naturels, ceux qui mettent en communication le grand bassin souterrain avec les divers points d'émergence, sont plus espacés et plus longs qu'à Vichy, où toutes les sources paraissent mélangées à quelques centaines de mètres de profondeur et ne présentent, par suite, que des différences insignifiantes.

XII

LE PESTRIN ET SES ENVIRONS.

La voie romaine d'Albe à Nieigles et à Montpezat. — Notre-Dame de Nieigles. — Les sources du Pestrin. — L'instinct populaire précurseur des découvertes de la chimie. — La chapelle de Ste-Marguerite. — Les empoisonneurs de rivières. — Le pont de Veyrières. — L'orphelinat de la fabrique Plantevin. — La vraie et la fausse démocratie.

Le village de Nieigles, dont le nom latin *Nidi Aquilini* indique beaucoup mieux l'étymologie que l'orthographe française, est perché à mi-côte sur la rive gauche de l'Ardèche, dominant la rivière et la grand'route. Là passait l'ancienne voie romaine qui, partant d'Alba-Augusta et gagnant Aubenas par Lussas et l'Echelette, remontait ensuite la vallée de l'Ardèche, et, arrivée à Montpezat, se divisait en deux embranchements dont l'un se dirigeait vers le Pal, le Béage et le Monestier, et l'autre vers le Roux et Pradelles.

Cette voie traversait le hameau de Romegière *(Romæ iter)* et c'est pour elle qu'avait été construit le vieux pont dont on voit encore les culées près de la fabrique Marconnet.

*
* *

Dom Malosse, prieur de Notre-Dame de Nieigles, écrivait en 1762 :

Des écrits qui ne peuvent mériter créance poussent l'antiquité de N.-D. de Nieigles jusqu'avant la première érection de l'évêché de Viviers. Il y a cependant tout lieu de croire que cette église est des plus anciennes du diocèse ; elle est de l'archiprêtré d'Aubenas. La présentation ou nomination du prieuré-cure de Nieigles appartient à l'évêque du Puy à la manse duquel il fut réuni du temps de Louis de Poitiers, évêque de Viviers en 1308. Cependant il est fait mention, dans l'acte d'union, qu'avant ce temps-là l'évêque du Puy jouissait de ce droit. Cette union fut confirmée par la bulle de Clément VI la 3e année de son pontificat, ce qui porte à l'année 1345.

La paroisse relève immédiatement de la justice seigneuriale de Meyras dont M. le comte d'Antraigues est seigneur.

Les fiefs de la paroisse sont ceux :
Du prieuré de Nieigles ;
De M⁻ l'abbesse de Mercoire ;
De M. de Calonne ;
De M. le chevalier de Gordon ;
De M. de Galimard ;
De M. Gras (ces quatre Messieurs habitent Aubenas) ;
De M. de Villery, seigneur de Montpezat ;
De M. de Montreveux, habitant à Prades ;
De M. de Fabrias, habitant à Craux, paroisse de Genestelle ;
De M. Roux, habitant à Montpezat ;
Plus le fief du Serre de Buisson.

Il y a à Nieigles un pèlerinage très-fréquenté par les femmes enceintes qui sont presque toujours exaucées. On leur met là sainte ceinture de la Vierge autour des reins en disant une courte prière. On leur en bénit une que l'on fait toucher à cette ceinture respectable et elles la portent pendant leur grossesse. On a aussi guéri des goîtres fort communs dans le pays en mettant autour du col un petit ruban béni qui a touché la sainte ceinture. Les hommes se font ceindre aussi pour les maux de reins et les fièvres d'accès.

La morsure des serpents du pays n'est pas dangereuse.

Il n'y a dans la paroisse qu'un consul qui fait tenir les délibérations et communiquer les ordres qu'on donne à la communauté qui n'a point d'autre officier. Il n'est en exercice que pendant un an, à moins qu'il ne soit continué et, s'il ne l'est point, il prépare pour lui succéder, un sujet que la communauté élit avec lui, s'il n'y a point d'obstacle.

Les sources minérales du Pestrin sont situées derrière le château de Ventadour, dans le quartier du Pradel, à 3 kilomètres du Pont de la Baume, sur la route de Montpezat.

Ces sources étaient connues depuis un temps immémorial. Les paysans des villages environnants les appelaient *los bouonos fouons* (les bonnes fontaines) et venaient leur demander la guérison de leurs dérangements intestinaux ou de leurs embarras d'estomac. Un savant médecin d'Aubenas, le docteur Embry, qui vivait au commencement de ce siècle, disait que les eaux du Pestrin étaient les meilleures de la contrée. Elles appartiennent à une famille patriarcale, celle des Tailhand, de Meyras.

En 1855, M. Paul Tailhand, fils aîné du propriétaire, tenta un premier essai d'exploitation, mais l'autorisation lui fut refusée en 1858 sous prétexte que les sources n'étaient pas suffisamment captées.

Quelques années plus tard (en 1866), les sources du Pestrin furent affermées pour huit ans à MM. Brun (d'Aubenas) et Peyron (de Nîmes) qui devaient exécuter des travaux de captation et d'aménagement, faire analyser les eaux, les exploiter en payant aux propriétaires la moitié des bénéfices nets.

Les fermiers abaissèrent de 4 à 5 mètres le sol d'où sourdait la source, en trouvèrent de nouvelles, firent procéder aux analyses et enfin obtinrent en 1868 l'autorisation d'exploiter les quatre sources : *Pauline*, *Julie*, *Ventadour* et *Fortifiante*.

La vente des eaux du Pestrin s'éleva assez rapidement. On en vendit jusqu'à 15,000 bouteilles dans un an. Mais les fermiers étant entrés dans une nouvelle entreprise, celle des *Délicieuses* de Vals, il en résulta des difficultés avec les propriétaires du Pestrin qui trouvèrent que leurs intérêts étaient sacrifiés à ceux de la nouvelle exploitation. L'affaire vint devant les tribunaux et MM. Tailhand, ayant gagné leur procès à Largentière puis à Nîmes, rentrèrent en possession de leurs eaux qu'ils exploitent vaillamment eux-mêmes depuis 1875. La première année, ils ont vendu près de 10,000 bouteilles, la seconde année 30,000 et ils espèrent bien cette année atteindre 50,000. Les eaux du Pestrin sont chaque jour plus demandées. On en expédie jusqu'à Bruxelles, Genève et Alexandrie (Egypte.)

La *Ventadour* et la *Pauline* coulent sous une modeste cabane élevée au bord de la grand'route. Elles sortent de la même bande de granit (leptinite) que les eaux de Vals. La première m'a paru très-ferrugineuse. La seconde est plus gazeuse et ferait une excellente eau de table. Toutes deux ont une grande analogie avec l'eau du Péchier (Jaujac) et celle des Escourgeades (Antraigues).

A une centaine de mètres de ces deux sources, on voit une grotte taillée dans la *sisa* (nom patois du gneiss) dont l'entrée, d'un aspect très-pittoresque, est ombragée de vernes et tapissée de capillaires. Là coulent la *Julie*, la *Fortifiante* et une troisième qui n'a pas encore été baptisée (1).

Les eaux du Pestrin, quoique fort jeunes dans la

---

(1) L'analyse des trois principales sources du Pestrin a donné les résultats suivants :

	VENTADOUR	JULIE	PAULINE
Acide carbonique............gr.	1 675	2 250	1 957
Bicarbonate de soude.........	1 085	0 030	0 895
— de magnésie.......	0 090	0 066	0 055
— de chaux	0 612	0 078	0 125
— de potasse.........	0 009		0 004
Chlorure de chaux	0 087	traces	0 047
Sulfate de soude	0 225		0 012
Sesquioxyde de fer...........	0 050	0 018	0 025
Arséniate de soude...........	0 005		0 005
Iode, Brome, Manganèse.....	traces	traces	traces.
Silice et Alumine	0 054		0 012
TOTAL	3 890	2 440	5 115

carrière médicale, ont été, de la part de très-honorables médecins, l'objet de témoignages fort remarquables et qui confirment pleinement les vertus que leur avaient déjà reconnues les habitants de la contrée. Elles ont opéré des guérisons incontestables et méritent, au plus haut point, d'appeler l'attention des médecins. La *Pauline* et la *Julie* peuvent être employées comme eaux de table ; mais les deux autres paraissent avoir des qualités plus énergiques. D'après l'ensemble des témoignages qu'il m'a été donné de recueillir, les eaux du Pestrin conviennent surtout aux maladies résultant d'un appauvrissement du sang.

Au témoignage des médecins en faveur des eaux du Pestrin on peut joindre celui des paysans des environs qui a bien son prix. Ceux-ci disent : *O co voou pas lou vi mais voou maï qué lo trempo !* (Ça ne vaut pas le vin, mais ça vaut mieux que la piquette.)

Il est à remarquer qu'en parlant ainsi l'expérience ou, si l'ont veut, l'instinct des populations environnant le Pestrin avait de beaucoup devancé les découvertes de la science. La chimie ne sait, en effet, que depuis peu de temps, que le vin renferme une quantité de fer, d'ailleurs variable selon les terroirs. On évalue à 63 milligrammes le fer contenu dans un litre de bon vin de Bordeaux, et il résulte des analyses de M. Périer que le tiers d'un litre de Médoc contient autant de fer qu'un litre de la plupart des eaux minérales ferrugineuses de la France et de l'étranger. Tous les vins français ne sont pas naturellement aussi riches en fer que les vins de Bordeaux, mais il est bien probable que, sous ce rapport, nos vins de la côte du Rhône et du Bas-Vivarais ne leur doivent rien.

*.

Sur la montagne de Ste-Marguerite qui domine le Pestrin, il y a une chapelle où l'on dit la messe une fois par semaine et qui est l'objet d'un pèlerinage assez fréquenté. On va surtout implorer la sainte pour les maux de dents, et les personnes guéries apportent à la chapelle un chapeau ou un bonnet de coton plein de blé.

*.

Entre les fontaines du Pestrin et le pont de la Beaume se trouvent les sources du Pradel, qui appartiennent à la société des *Délicieuses* de Vals. L'une est, dit-on, sulfureuse. Nous regrettâmes de ne pouvoir les visiter, attendu que les cabanes où elles se trouvent étaient fermées.

*.

Le lit de Fontaulière est pavé de basaltes qui proviennent de la coulée du Ray-Pic. En beaucoup d'endroits, les prismes ont été détruits par les eaux ou par les énormes blocs de granit que roulent les grandes crues ; il en résulte tantôt de belles murailles prismatiques sur les côtés et tantôt de pittoresques cascades où les eaux bondissantes semblent un fleuve de lait que fait encore ressortir le basalte noir.

Il y a précisément en face du Pestrin une de ces cascades dont les eaux limpides donneraient envie de se baigner même en hiver. Les écroulements du basalte dans le bassin inférieur y ont ménagé aux truites des retraites profondes. Les anciens du pays racontent que ces poissons étaient autrefois si abondants et arrivaient à une telle grosseur qu'on pouvait les tuer à coups de fusil quand ils s'élançaient pour remonter la cascade.

Nos rivières sont aujourd'hui de plus en plus dépeuplées par l'odieuse pratique de l'empoisonnement. Au mois de juillet 1877, on a empoisonné toute l'Ardèche depuis la papeterie de M. Villard jusqu'au pont de la Bégude, au moyen de quelques quintaux de chlorure soustraits aux ateliers de M. Verny. Ce jour-là, les truites furent vendues à Vals 70 centimes la livre (au lieu de 2 fr. 50 c.)

Le renouvellement trop fréquent de pareilles sauvageries est surtout, à mon avis, la faute..... des juges. S'ils étaient, dans ces occasions, sévères comme il convient, les empoisonneurs ne seraient pas tentés de recommencer. C'est ici qu'il faudrait appliquer à haute dose les peines pécuniaires, sans préjudice de la prison. Si j'étais législateur, je demanderais le rétablissement du pilori pour les empoisonneurs de rivières.

.

Un peu plus haut que le Pestrin, se trouve le pont de Veyrière à côté de la fabrique Plantevin. Ce pont, qui est bâti sur les basaltes noirs du Ray-Pic, a été détruit en partie par l'inondation de 1856, mais les anciennes culées sont remarquables par leurs pierres taillées en diamants, comme celles des cinq tours du pays d'Argentière (tours de Brison, de Montréal, de Tauriers, de Chassiers et de Vinezac), c'est-à-dire que le côté extérieur de la pierre est bosselé au milieu, tandis que les rebords sont lisses, ce qui donne aux murailles ainsi construites, vues d'une certaine distance, l'aspect d'une râpe.

M. Plantevin, dont la fabrique est à l'extrémité du pont de Veyrière, a pris une initiative dont nous voulons ici le féliciter hautement. Depuis deux ans, il occupe cinquante orphelines, demandées à l'hospice de Marseille, et placées sous la surveillance de trois religieuses qui les entretiennent dans des sentiments religieux, leur apprennent à lire et à écrire, les nourrissent et les habillent. Tous les six mois l'inspecteur des enfants assistés de Marseille vient régler les comptes et l'excédant du salaire de ces pauvres filles est placé à la caisse d'épargne.

Je ne refuse certes pas mon admiration à ceux de Messieurs les industriels de notre pays qui, au lieu de mieux surveiller leurs propres affaires, ont cru nécessaire de s'occuper avant tout de celles de la France et de s'atteler à la grande œuvre de la régénération sociale, mais j'avoue que je trouve infiniment plus sages et plus dignes d'éloge ceux de leurs collègues qui réalisent une amélioration précise, palpable, comme celle de donner du travail à de pauvres orphelines tout en les environnant de garanties qui font beaucoup trop défaut dans la grande majorité de nos fabriques et filatures.

On vit de bonne soupe et non de beau langage,

dit un personnage de Molière.

On peut ajouter que la société se maintient et vit par les améliorations pratiques et non par les phrases creuses qui constituent le fond de tous nos débats politiques.

Que ce soit la République ou la Monarchie qui triomphe définitivement en France, il est probable que nous ne nous en porterons ni mieux ni plus mal dans l'Ardèche, attendu que la République ne peut vraiment s'installer qu'à la condition de nous donner le calme et la sécurité dont on n'a guère joui jusqu'ici que sous la Monarchi... Tout cela est l'affaire des politiciens, c'est-à-dire des ambitieux, plutôt que de la masse du département. Mais il n'en est pas de même dès qu'il s'agit d'une question comme celle qui a été le point de départ de cette digression. Le travail industriel est par la force des choses, surtout quand les travailleurs des deux sexes sont mêlés, une école de mauvaises mœurs. C'est une des plaies du pays, et une des plaies dont souffrent uniquement les classes pauvres. En y remédiant, on accomplit un de ces actes qui rencontrent l'approbation unanime. On a bien mérité de son pays, ce qui vaut beaucoup mieux que de saisir au vol des suffrages plus mobiles que le sable ou le vent.

Plusieurs mouliniers avaient, du reste, devancé M. Plantevin dans cette bonne voie. Il y a des religieuses installées dans les fabriques de M. Chabert, à Chomérac, et aussi dans la fabrique de foulards, du Cheylard. Un essai de ce genre a été fait par M. Bertoye, à Villeneuve-de-Berg. Beaucoup d'usines dans l'Isère sont surveillées par des religieuses. Mais c'est à M. Henri Lacroix, de Monboucher, près de Montélimar, que revient le plus grand honneur de cette réforme dans nos contrées puisque c'est lui qui a donné l'exemple et que ses établissements sont restés le plus parfait modèle dans ce genre.

Mgr Bonnet, évêque de Viviers, a visité l'orphelinat de la fabrique Plantevin le 17 juin 1877, en revenant de Burzet à Jaujac.

XIII

Neyrac.

Une école pour les fabricants de ciments. — Neyrac, il y a trente ans. — Etymologie de Neyrac — Neyrac du temps des Romains. — Le rocher des Lépreux. — Faujas de St-Fond à Neyrac. — La source thermale découverte en 1780 par Mazon, jurisconsulte à Antraigues. — Guérison de M. Rattier. — Les diverses sources de Neyrac. — Les dissidences des chimistes au sujet de l'analyse de la *source Jaune*. — Le nouveau Tartare. — Les bains d'acide carbonique. — Ce qui empêche la prospérité de Neyrac. — Sur le pic de Soulhol. — Les eaux de Neyrac sont antérieures aux éruptions des derniers volcans vivarois. — Un hospice militaire à Neyrac et à St-Laurent-les-Bains.

Du Pont de la Beaume, on remonte la vallée de l'Ardèche par une pente douce jusqu'à une auberge, située sur la gauche, dont l'enseigne avertit le passant qu'il faut quitter en cet endroit la grand'route pour aller à Neyrac.

Nous traversons l'Ardèche sur un pont dont les culées portent sur le fameux travertin de Neyrac.

Ce travertin est formé par les dépôts calcaires des eaux minérales. Les fabricants de ciments n'ont qu'à venir en cet endroit ; ils verront que la nature est plus forte qu'eux. Les eaux de Neyrac ont pris les cailloux de granit et de basalte et les ont si bien soudés que la nouvelle pierre, formée par ces aggrégations hétérogènes, se brise plus facilement dans ses parties granitiques ou basaltiques que dans la soudure calcaire qui les réunit.

L'œuvre incrustante dont il s'agit se poursuit même dans l'eau à la façon des ciments hydrauliques.

Nous sommes étonné que personne n'ait encore songé à employer la vertu de ces eaux dans un but industriel, comme le pratique si bien le propriétaire de la fontaine de St-Allyre en Auvergne.

On monte à Neyrac par un chemin assez raide, mais on est bien récompensé, quand on a passé les quelques maisons qui forment le hameau, par le spectacle charmant que donne le petit bassin des eaux.

Il ne faut pas chercher à Neyrac les habitations fastueuses. Tout y est simple, frais et champêtre, comme il convient à une station naissante. On n'y trouve peut-être pas tout ce qu'on pourrait désirer en fait de confort, mais on y est passablement, on n'y est environné que de bonnes figures et les prix sont raisonnables. Et, comme dit la chanson,

Combien de villes dans le monde
Ne pourraient pas en dire autant !

Je me souviens des premiers temps où l'on allait prendre les eaux à Neyrac. Comme il n'y avait ni hôtel ni établissement de bains, on se procurait une baignoire chez le paysan où l'on était logé, puis on envoyait chercher de l'eau minérale et on la faisait chauffer à pleins chaudrons. C'était primitif, mais l'on n'en obtenait pas moins des cures miraculeuses.

Les baigneurs généralement peu fortunés faisaient eux-mêmes leur popotte. Aujourd'hui encore cette pratique, si fort prisée des petites bourses, est en usage à l'auberge Roussier, à l'hôtel Dumas et ailleurs.

A cette époque il y avait une fosse méphitique ouverte dans chaque propriété du bassin de Neyrac, non par curiosité, mais par mesure d'hygiène agricole. Les paysans avaient remarqué, en effet, que les fosses donnaient une issue au gaz carbonique dont tout le sous-sol du bassin des eaux paraît imprégné, et que la terre, jusque là inféconde, pouvait alors nourrir les vignes et les mûriers.

Il y a aujourd'hui à Neyrac deux hôtels pour les voyageurs aisés : l'hôtel des Bains, affermé par M. Reymondon à Lacoste, d'Aubenas, et l'hôtel Fournier.

L'hôtel des Bains a imprudemment lié sa fortune à celle d'un énorme châtaignier dont le tronc est incrusté dans un de ses murs. Si le vent renversait le châtaigner, l'hôtel serait anéanti.

Neyrac, y compris bien entendu les maisons de paysans, peut loger à la fois jusqu'à 200 personnes. On évalue à 6 ou 700 la moyenne annuelle de ses visiteurs.

.*.

Quelle est l'étymologie de *Neyrac* ? Les uns la

trouvent dans le mot *ac*, eau, *acqua*, et *Nereia*, Nérée, Dieu des eaux. Les autres pensent qu'elle vient de *aqua* et de *Neyre*, noir, trouble (eau trouble).

L'auteur d'un très-intéressant article sur le culte de Mithra, publié dans *l'Annuaire de l'an XI*, et qui n'est autre probablement que M. de Laboissière, croit que *Nérac* signifie *rocher des Bains* de deux mots celtes : *car* ou *carn* pierre dont par inversion on a fait *roc* et de *Naë* eau. Le mot de Cornevi, qui désigne un endroit de la rivière de Charalon près Privas où existait, à ce qu'on croit, une ancienne piscine gauloise, se rattacherait à la même étymologie.

D'après la tradition, il existait autrefois à Neyrac une église bâtie en l'honneur de St-Lager ou Léger, évêque d'Autun, martyrisé à Neyrac ou ailleurs, mais ceci paraît de la légende plutôt que de l'histoire, et il se pourrait fort bien, comme le pense M. Dalmas, que le nom de St-Lager ne fut qu'une corruption de St-Lazare, le mendiant lépreux de l'Evangile.

⁎
⁎ ⁎

Neyrac a été une station thermale romaine. Cela résulte des restes de constructions romaines aussi bien que des médailles d'empereurs et des fragments de poterie qu'on y a retrouvés.

En 1852, feu M. Reymondon, architecte du département et propriétaire de Neyrac, en faisant faire des fouilles sur les indications d'un vieux paysan qui lui avait dit qu'en cet endroit existait l'ancienne chapelle de St-Lager, trouva :

1° Une maçonnerie moyen-âge en gros cailloux dégrossis ;

2° Des vestiges d'incendie ;

3° Au-dessous de la maçonnerie moyen-âge, un mur souterrain de 7 mètres de longueur, en petites pierres de granit *(opus recticulatum)* de l'époque romaine.

Ces mêmes fouilles firent découvrir des médailles de l'empereur Antonin le Pieux, d'Adrien, de Gordien III, deux fragments de pots étrusques avec figures, etc.

Il y a là le sujet de recherches intéressantes pour un archéologue. Pour moi qui ne suis qu'un touriste observateur, je me borne à constater que la piscine romaine était au-dessus de la piscine du moyen âge.

Dans le village on peut voir encore l'ancienne maison, aux fenêtres byzantines, qui paraît avoir servi de maladrerie, et tout à côté, contre un rocher, le *banc des ladres* où les lépreux, sortant du bain, allaient se sécher au soleil.

Il est donc bien certain que les vertus des eaux de Neyrac ont été appréciées sous les Romains et au moyen âge ; mais, bien que le docteur Morin (1) parle d'un acte notarié, en date de 1340, où il serait question des bains et des eaux de Neyrac, il est certain

(1) Notice sur les eaux de Neyrac. Valence 1870.

aussi que cette station avait été complètement oubliée, puisque vers la fin du siècle dernier, lorsque Faujas de St-Fond se rendit à Neyrac, pour visiter, non pas les eaux dont il n'était plus question, mais les fosses méphitiques dont il avait entendu parler à Aubenas par des paysans, c'est par hasard qu'il aperçut la piscine moyen-âge. Son attention fut attirée par les bulles de gaz qui s'en dégageaient, et il but de son eau malgré les paysans qui voulaient l'en empêcher en lui disant qu'elle était *dangereuse*.

Quelques années après, Soulavie, alors vicaire à Antraigues, visita également Neyrac.

Je relève dans son ouvrage le passage suivant d'une lettre écrite par l'abbé Bartre, curé d'Antraigues, en date du 1ᵉʳ décembre 1780 :

« M. Mazon ayant été par occasion à Neyrac voulut s'assurer si effectivement il y a une source d'eau minérale thermale, comme vous l'avez écrit, malgré qu'on vous l'ait contesté, et pour cet effet il plongea son bras tout le long de la rigole qui arrose la prairie située au-dessous des fameuses fosses méphitiques où vous avez tant fait d'expériences : et à environ une portée de fusil de ces fosses il trouva, dans un endroit de la rigole, une eau, si chaude au fond, que malgré le mélange des eaux froides, il fut obligé de retirer promptement le bras. Il fit appeler le propriétaire du terrain auquel il fit part de sa découverte. Sur son avis, le propriétaire a donné de l'écoulement aux eaux voisines et par là il a mis à découvert, dans ce même endroit, une source abondante d'eau aussi chaude que celle de St-Laurent. Plus de cinquante personnes ont bu de cette eau l'été passé pour remède et s'en sont bien trouvées. » (1)

Ces lignes indiquent avec précision l'auteur et la date de la découverte de la grande source des bains. On sait que la température de cette source est aujourd'hui de 27° centigrades, ce qui est à peu près celle des eaux du puits artésien de Grenelle. Elle a donc baissé depuis lors, à moins que la différence ne résulte — ce qui est possible — du mélange des eaux froides.

Quelques médecins du pays se sont toujours depuis lors occupés de Neyrac.

Le docteur Embry, d'Aubenas, dans *l'Annuaire de l'an XI* (1802), constate qu'il y guérit un lépreux et prédit que ces eaux deviendraient célèbres par la guérison des maladies cutanées.

Neyrac, en effet, continua d'opérer de temps en temps des miracles sur les personnes assez courageuses pour venir les prendre.

L'un des faits les plus remarquables et qui fit grand bruit à l'époque, bien que tous les prospectus aient oublié de le mentionner, fut la guérison d'un ancien négociant de Paris, M. Rattier, le beau-père de M. Couchies qui acheta une partie des domaines de la Chavade.

(1) *Histoire naturelle de la France Méridionale*, t. 6 p. 283.

C'était en 1844. M. Rattier, qui depuis deux ans, ne pouvait plus marcher par suite de rhumatismes invétérés, fut arrêté, par je ne sais quel incident, près du pont de la Beaume. On lui parla des eaux de Neyrac. Il y alla, prit un bain et, étonné de l'amélioration survenue dans son état, voulut en prendre un second le lendemain. A la suite de ce second bain, il put marcher, sans l'appui de son domestique, et au bout de huit jours, il grimpait sur les montagnes comme un jeune homme.

Les eaux de Neyrac furent achetées en 1850 par M. Reymondon. Le premier établissement de bains date de 1851.

.*.

Les sources connues du bassin de Neyrac sont au nombre de huit, savoir :

1° La source Jaune (grande source des Bains ou source Dupasquier),

2° La source des Lépreux (piscine des Croisés ou source Lazare),

3° La source Ossian Henry,

4° La source Mazade,

5° La source Célestine,

6° La source Mofetta (découverte en 1875),

7° et 8° Les deux sources Arzalier.

.*.

La grande source des bains sort d'un granit porphyroïde rose et son débit est de 257 litres à la minute. Si on ne donne point de bains, elle arrive à la surface du sol. Quand on en donne de 200 à 250 par jour, elle faiblit dans le récipient de 2 m. à 2 m. 50, la profondeur jusqu'au rocher étant de 4 m. 20. Les sources qui l'avoisinent conservent alors leur niveau habituel, ce qui prouve qu'elle ne leur emprunte rien. Son eau est ferrugineuse, acidulée et gazeuse. Elle est trouble, légèrement teintée de jaune, ce qui lui a valu le nom de *source jaune*. Aux équinoxes elle paraît claire, mais elle donne alors exactement le même précipité que lorsqu'elle est trouble. Elle laisse un dépôt ocracé qu'on prépare en pommade et qui est excellent, dit-on, pour calmer les douleurs et cicatriser les plaies. On l'emploie en boisson, en douches et surtout en bains. Elle a été analysée par M. Ossian Henry en 1852 et par M. Mazade en 1853. L'analyse de ces deux chimistes, mais surtout celle de M. Mazade, produisit dans le monde médical une certaine sensation à cause des principes nouveaux, signalés dans les eaux de Neyrac, et qui n'avaient été encore signalés dans aucune eau minérale. (1)

Les corps découverts pour la première fois dans

---

(1) Analyse de mille grammes d'eau de Neyrac par Ossian Henry :

Résidu fixe 1 gramme 56 pour 1,000 grammes.
Acide carbonique libre 1/9 ou 1/8 du volume.
Azote avec un peu d'oxygène, indéterminé.
  Le résidu se compose ainsi :

les eaux de Neyrac, par M. Mazade, étaient le Molyb-

Bi-carbonate de chaux	gram.	0.847
— de magnésie		0.285
— de soude anhydre		0.466
— de potasse anhydre		0.150
— de fer		0.014
— de manganèse		Sensible.
Sulfate de soude et de chaux anhydres		0.150
Chlorure alcalin		0.059
Iodure alcalin		Indices peu sensibles.
Silicate d'alumine	⎫	
— de soude et de potasse	⎬	0.058
— de zircone	⎭	
Oxyde de titane sans doute uni à du fer	⎫	
Nickel et cobalt sans doute carbonatés	⎪	
Arsenic uni à du fer	⎬	0.110
Phosphate terreux	⎪	
Matière bitumineuse et perte	⎭	
Total		2.099

Voici l'analyse de M. Mazade :
Acide carbonique, 0.656. Azote et oxygène, titre inapprécié.
Carbonate de glucyne : Sensible. — Matière bitumineuse : Variable.

Bi-carbonate de potasse	gram.	0.045
— de soude		0.519
— de lithine		Sensible.
— de chaux		0.840
— de strontiane		Sensible.
— de magnésie		0.145
Carbonate de fer		0.010
— de manganèse		0.003
Chlorure de sodium		0.017
Sulfate de chaux		0.030
Oxyde stannique probablement uni à de la soude		0.001/3
Acide molybdique		0.001/2
Acide tungstique et tantalique		0.002
Arsénite de nickel et de cobalt		0.001/2
Silice et alumine		0.125
Total des principes fixes pour 1,000 grammes d'eau de la source des bains de Neyrac		1.737

dène, le Tungstène, le Tantale, le Titane, la Zircone, le Nickel, le Cobalt, le Cérium, l'Yttria, la Glúcyne et l'acide Mellitique.

La commission d'hydrologie médicale de Paris nomma, en 1856, une commission composée de MM. Chevalier, Ossian Henry père, Gobley, Réveil et Lefort. C'est ce dernier qui fut chargé du rapport, et ce rapport publié en 1857, paraît anéantir les conclusions de M. Mazade.

A la suite de ce travail, M. Lefort a fait aussi l'analyse de la source des bains. (1)

(1) Voici l'analyse de M. Lefort :

TABLEAU synoptique des diverses combinaisons salines anhydres attribuées hypothétiquement à 1 litre d'eau de Neyrac, source des bains.

Acide carbonique libre. . . . . gram.	1.815
Bi-carbonate de soude.	0.645
— de potasse.	0.129
— de chaux.	0.781
— de magnésie	0.375
— de protoxyde de fer.	0.080
— de manganèse.	Traces.
Sulfate de soude.	0.015
Chlorure de sodium.	0.012
Phosphate de soude.	0.007
Arsenite de soude.	Traces.
Silice.	0.132
Alumine.	Traces.
Matière organique.	Indices.
Poids des combinaisons salines anhydres, les sels étant à l'état de bi-carbonates.	4.000
Poids des combinaisons salines anhydres, les sels étant à l'état de carbonates neutres	1.626
L'expérience nous a donné.	1.707

Après avoir constaté les merveilleux effets des eaux de Neyrac dans les maladies de la peau malgré l'absence de tout composé sulfuré, M. Lefort ajoute :

« Lorsque nous comparons les effets thérapeutiques de l'eau de Neyrac avec ceux des eaux boueuses et sulfureuses de St-Amand, nous ne pouvons nous empêcher de nous demander si c'est bien par les principes minéralisateurs dissous dans l'eau qui fait le sujet de ce travail ou par ceux tenus en suspension qu'elle agit. Il y a là évidemment pour la médecine toute une série d'expériences sur lesquelles nous appelons d'une manière particulière son attention. »

Dans une lettre adressée à M. Reymondon, le 5 mars 1858, M. Ossian Henry fait ses réserves sur le travail de M. Lefort, constate que les eaux de Neyrac sont riches en éléments minéralisateurs connus, *bicarbonates*, *alcalins terreux et ferrugineux*, *manganésiens*, en *acide carbonique*, en principes *arsénieux*, etc. ; qu'elles doivent ces vertus à ces divers principes et que l'existence du *titane*, du *tantale*, etc., annoncée par M. Mazade, et qu'il croit lui-même réelle, ne saurait être considérée jusqu'à présent que comme un point purement chimique, digne d'intéresser les sciences naturelles, mais qui ne paraît pas se rattacher sérieusement à l'action thérapeutique de ces eaux.

Adhuc sub judice lis est.

.*.

La source Lazare (autrement dite source des Lépreux ou des Croisés) est encore ou à peu près ce qu'elle était au moyen-âge avec ses gros blocs granitiques à peine dégrossis, et ses bancs de chêne faisant corps avec la maçonnerie. Son débit est de 12 litres à la minute. Son eau est froide (18°), acidule, alcaline, très-gazeuse et limpide avec un arrière-goût métallique. On la croit fortement arsénicale. Elle est très-employée en lotions par les gens des environs qui en font des provisions pendant l'hiver.

.*.

La source *Mofetta* sort à vingt pas de la précédente, sous une des anciennes fosses méphitiques à laquelle on peut accéder aujourd'hui par une galerie latérale, en s'immergeant dans le gaz à la hauteur que l'on veut.

Le bassin où coule la source *Mofetta* et ses abords sont toujours recouverts, au moins en été, d'une véritable croûte de cadavres d'insectes, mouches, guêpes ou abeilles, qui sont venus imprudemment se placer sous l'action asphyxiante du gaz acide carbonique. L'eau de cette source est réputée dangereuse, et l'on croit qu'il suffirait d'en boire deux ou trois verres pour tuer un homme bien portant. Cette eau développe, dès qu'elle est tant soit peu chauffée, une énorme quantité d'acide carbonique.

***

La source Ossian Henry et la source Mazade coulent à côté de la grande source des Bains sans se confondre avec elle et paraissent avoir les mêmes propriétés. Elles sont froides et ne diffèrent entre elles que par la couleur de leurs dépôts.

***

La source Célestine, du nom de feue Madame Reymondon, est froide (14°), gazeuse, limpide et abondante (12 litres à la minute). Elle paraît n'être qu'un écoulement d'eau ordinaire traversé par un courant d'acide carbonique. Elle sert à quatre maisons du hameau de Neyrac et n'est distante de la source des Bains que de 7 à 8 mètres.

Toutes les sources dont il vient d'être question appartiennent à M. Reymondon.

***

Depuis cinq à six ans, un autre établissement de bains s'est élevé à côté de celui de M. Reymondon. Il est dû à l'initiative du propriétaire voisin, M. Arzalier. Celui-ci dispose de vingt cabinets et donne jusqu'à 80 bains par jour. L'établissement de M. Reymondon en donne jusqu'à 250.

Les deux sources de M. Arzalier ont été analysées en 1874 par M. de Montgolfier (1).

**

Il y a encore deux sources à proximité de Neyrac, l'une dans le lit de l'Ardèche, en amont du pont de Neyrac, et l'autre sur la grand'route. Celle-ci s'appelle

(1) Voici le résultat :

	Source n° 1.	Source n° 2.
Température	50°	27°
Débit à la minute	160 lit.	64 lit.
Bicarbonate de Soude	1, 1250	1, 2541
— Potasse	0, 1251	0, 1470
— Lithine	0, 0120	0, 0128
— Chaux	1, 1526	1, 1922
— Magnésie	0, 4127	0, 4764
— Fer et traces de bi-carbonate de manganèse	0, 0247	0, 0518
Sulfate de Soude	0, 0665	0, 1901
Chlorure de Sodium	0, 0158	0, 0175
Silice	0, 1317	0, 1360
Arsenic	indices	traces
Acide phosphorique	indices	traces
Matières organiques	traces	traces
Total des matières fixes	3, 0659	5, 4585
Acide carbonique libre	1, 0050	1, 0750
	4, 0689	4, 5155

la *Bienfaisante* et appartient à M. Giraud (1). Elle est froide et a un débit de 1 litre et demi à deux litres par minute. Ces deux sources sont alcalines et très-gazeuses. Elles paraissent convenir contre l'anémie et passent pour essentiellement anti-dyspeptiques. On les vante aussi pour leurs bons effets contre les maladies des femmes.

* *

Nous avons déjà dit qu'une des anciennes mofettes, la principale, avait été transformée en une galerie couverte. Les merveilles de la fameuse grotte de Pouzzoles sont ici singulièrement dépassées. Quand' on y entre, le gaz acide carbonique vous chauffe d'abord les jambes, puis le reste du corps ; si on avance encore, on est asphyxié. C'est une chaleur *sui generis*, quelque peu diabolique, qui provoque presque ins-

---

(1) Voici l'analyse de la *Bienfaisante*, d'après M. Glénard (de Lyon :

Bicarbonate de soude,	1 gr. 191
— de potasse,	150
— de lithine,	traces
— de chaux,	738
— de magnésie,	458
— de fer,	008
— de manganèse,	005
Sulfate de soude,	059
Chlorure de sodium,	055
Alumine,	traces
Silice,	070
	2 gr. 713
Acide carbonique libre.	1 gr. 070

tantanément la sueur. On cite un Espagnol qui n'avait pas sué depuis dix ans et qui, ayant pénétré dans ce tartare, fut, au bout d'un quart d'heure, transformé en une fontaine ambulante. Il faut naturellement n'avancer dans la moffette qu'avec précaution, car on serait vite asphyxié. Aussi la galerie est-elle soigneusement tenue fermée à clé pour éviter les accidents.

M. Reymondon attache, non sans raison, une grande importance à cette source inépuisable de gaz acide carbonique dont il est possesseur et se propose de l'employer en bains partiels ou en inhalations, comme cela se pratique dans plusieurs stations allemandes, notamment Marienbad, Neuheim, Carlsbad, Kissingen. Le docteur Contantin James constate dans son *Guide aux Eaux*, les excellents effets produits par ces sortes de bains dans les affections rhumatismales.

* *

Les analyses d'eaux, nous l'avons déjà dit, valent ce qu'elles valent. La chimie a, d'ailleurs, obtenu de notre temps d'assez beaux succès pour qu'on lui pardonne quelques erreurs. Ce n'est donc pas aux analyses, mais à l'expérience, qu'il faut demander un jugement sur les eaux de Neyrac qu'un de nos illustres confrères de Lyon, le docteur Soquet, présente comme un *type à part* et *uniques dans leur genre.*

Or, l'expérience est éminemment favorable à Neyrac et pour ma part je lui ai vu opérer des cures remarquables dans certaines maladies cutanées et rhumatismales. Parmi les faits récents, on peut citer la guérison de quelques Espagnols atteints de la lèpre ou de la pellagre. Aussi peut-on voir à Neyrac toutes les années de nouveaux péninsulaires qui viennent demander à ces eaux bienfaisantes, et jamais en vain, le renouvellement du miracle opéré sur leurs compatriotes.

Nous sommes donc convaincu qu'un bel avenir est réservé à la station de Neyrac. Ce sont des difficultés d'un ordre purement industriel qui en ont jusqu'ici ajourné la réalisation.

Toute maison divisée, dit l'Evangile, doit périr. Or, Neyrac est très-divisé. M. Reymondon possède deux hectares dans le bassin formé par l'ancien cratère. Le reste est réparti entre une foule de petits propriétaires qui tous élèvent des prétentions plus ou moins exhorbitantes et qui empêcheront toujours, si elles se maintiennent, la formation d'une société sérieuse capable de prendre en main la direction de tous les éléments de prospérité dont la nature a si libéralement doté ce petit endroit.

Je constate un fait en passant, c'est que le tremblement de terre qui s'est fait ressentir si violemment en 1873 à Châteauneuf et à Viviers, n'a eu aucun contrecoup sur les eaux de Neyrac, bien que Neyrac, par ses mofettes, soit aujourd'hui l'un des rares points du Vivarais en relation directe avec le foyer ardent des décompositions chimiques du sous-sol.

Je dis « l'un des rares » et non pas « le seul » parce qu'il existe, paraît-il, près du volcan d'Ayzac d'autres fissures par lesquelles le gaz acide carbonique s'échappe, à l'état naturel, des profondeurs de la terre.

Il n'y a pas de cratère au sommet du Soulhol, mais on y jouit du plus admirable des panoramas. On est sur un volcan et l'on aperçoit distinctement tous les derniers volcans vivarois, c'est-à-dire les deux Gravennes, Ayzac et Jaujac. Sous ce rapport, le spectacle est unique au monde, et compense amplement les petites fatigues de l'ascension.

On a pour ainsi dire sous les pieds toute la magnifique vallée de Thueyts, la plus pittoresque certainement qui existe en France, et on domine, à l'Est, les belles ruines de Ventadour. Un peintre lyonnais Ponthus-Cinier a peint Ventadour. Ce même sujet a été traité par Jules Thibon, de Jaujac.

On peut voir dans la rivière d'Ardèche au-dessous de Neyrac que les eaux de Neyrac sont antérieures aux éruptions des derniers volcans vivarois. On sait que ces eaux forment un dépôt qui se solidifie à la longue en formant ce qu'on appelle un *travertin*. Or, un peu après les fabriques Tarandon jusqu'au pont de Neyrac, une couche de travertin de 2 ou 3 mètres d'épaisseur se trouve placée au-dessous d'une coulée volcanique laquelle est ensuite recouverte par une autre couche de travertin.

Il a été souvent question de l'établissement d'un hospice militaire à Neyrac. Il n'est pas probable que ce projet puisse se réaliser avant que la station ait été réorganisée par une société puissante.

Neyrac et St-Laurent-les-Bains sont deux stations qui méritent particulièrement l'attention de l'administration militaire.

Le célèbre chimiste prussien Mistcherlich, le successeur de Berzélius à l'Académie de Berlin, s'étant trouvé à Neyrac en 1857, avec MM. Ossian Henry et Dalmas, leur dit :

« Si nous avions en Allemagne une semblable richesse d'eaux minérales à exploiter dans un site aussi ravissant et un climat aussi doux, l'on y dépenserait des millions. »

XIV

Montpezat.

Meyras. — Le château de la Croisette. — La vallée de Montpezat. — Pourseille et Pourcheyrolles. — Les cardinaux Flandin. — Une découverte à faire. — Le paysage vivarois. — Auguste Bouchet. — Les points habités les plus élevés de l'arrondissement de Largentière. — Un filon de porphyre.

Près du pont de Barrutel, à une demi-heure de Neyrac, on remarque une carrière, de 20 mètres d'épaisseur, de *vaugnérite*, roche éruptive qui semble formée de paillettes d'acier. Le portail de l'église de Meyras, ainsi que celui de la maison Giraud, sont construits avec cette pierre, qui est très-belle.

Il existe un autre filon de vaugnérite près de la chapelle de *Jau*, commune de Rocher, près de Largentière. Les paysans en font des pierres à huile, et quelquefois des auges à porcs.

La pierre vaugnérite qui recouvre le portail de la maison Giraud à Meyras provient évidemment d'un monument funèbre, comme le prouve l'inscription qu'on peut encore y lire : *In te Domine, speravi ; non confundar in œternum. — Angladius mihi formam dedit — Ætati suœ...* Cette pierre a été apportée du château de la Croisette, qui était situé dans Meyras même, et qu'il ne faut pas confondre, conséquemment, avec le château de Ventadour, dont nous avons visité les ruines au Pont-de-la-Beaume.

Le château de la Croisette fut détruit en 1626. Voici comment le fait est raconté dans les *Commentaires du Soldat du Vivarais* :

« Sur le grand chemin du bas Vivarais en Auvergne était opposé le château de la Croisette, maison du sieur baron des Eperviers, rebelle, dans laquelle il avait mis garnison, ce qui donnait de grandes appréhensions à la liberté de ce chemin et aux lieux circonvoisins catholiques, et notamment au lieu de Meyras, proche de deux mousquetades qui se piquetaient continuellement ; ce qui obligea les catholiques d'autour d'y entreprendre, desquels fut chef le sieur des Alras. S'étant ramassés deux ou trois cents, ils investirent cette maison, lorsqu'ils eurent vu sortir une partie des soldats en campagne, et d'abord se rendirent maîtres de la basse-cour, où le combat fut très-bon, bien attaqué, par pétards, échelles et mantels, et bien défendu par douze ou quinze hommes qui étaient dedans, qui, enfin, furent forcés, après la résistance de tout un jour, et cette maison rasée en un instant jusques aux fondements. »

Quant au château de Ventadour, il attend encore son historien, et je n'ai rien trouvé nulle part de précis sur l'époque de sa destruction.

Le marquis de Chambonnas a acheté Ventadour qui a appartenu à sa famille, ainsi que le petit castel d'Hautségure.

* * *

Sur la route de Meyras à Champagne, on est frappé des tons blanchâtres du granit. C'est la leptinite, que les Allemands appellent *weisstein* ou pierre blanche, granit où le feld-spath domine et qui s'étend de Meyras à Vals et à St-Andéol-de-Bourlenc.

On descend de Meyras dans la jolie plaine de Champagne, plantée de châtaigniers, et reposant sur les basaltes. La végétation en cet endroit est admirable.

Les coulées de la Gravenne se sont répandues surtout au nord où elles ont formé le plateau basaltique qui supporte Champagne et Montpezat. Je dis plateau, quoique ces localités soient situées au fond des vallées, parce que, d'autre part, elles dominent les immenses précipices que l'eau a creusés par le ravinement des basaltes.

Montpezat est blotti au fond de la vallée, comme encore effrayé des tempêtes de la Gravenne. Son effarouchement est, du reste, fort gracieusement drapé dans un paysage de prairies, de châtaigniers, de noyers et même de vignes et de mûriers. « Arrêtez-vous ici, semble-t-il dire, je suis le pied des montagnes (*Montis Pes*), et mon nom seul invite à s'arrêter avant de tenter le passage des Cévennes. Jules César passa chez moi, et voyez-vous ces deux pics qui se dressent sur ma tête : c'est entre eux que fila le conquérant romain avec son armée pour aller surprendre Vercingétorix. »

Et puis, comment passer à Montpezat sans y acheter un couteau ou des rasoirs? La coutellerie de Montpezat était autrefois fort renommée, et elle l'est encore dans cette partie de la montagne. L'adoucissement des mœurs paraît avoir beaucoup nui au commerce des couteaux et vraiment il ne faut pas trop s'en plaindre. Autrefois, dans les cabarets de montagne, il n'était pas rare de voir nos *padgels* jouer ou boire ayant chacun son couteau, de bon acier de Montpezat, planté dans la table. Aujourd'hui cela se voit encore, mais par exception.

Comment passer aussi à Montpezat sans aller visiter le château de Pourcheyrolles, l'antique demeure du cardinal Flandin, que nous avons saluée tout à l'heure en traversant le pont suspendu de Fontaulière ?

Ruine sur ruine, celle de l'homme sur celle de la nature, en attendant que toutes deux roulent dans l'abîme : voilà Pourcheyrolles.

Quand la Gravenne eut fait de la vallée de Fontaulière un lac de pierre fondue, et quand le lac fut refroidi, les éléments commencèrent leur tâche.

Deux rivières se précipitèrent sur Montpezat : Fontaulière et Pourseille.

Chacune fit peu à peu sa trouée dans la lave et le majestueux promontoire à angle aigu, formé à la jonction de leurs eaux, fut l'emplacement choisi par le cardinal Flandin pour y construire son château.

Le géologue anglais Poulett-Scrope dit en parlant de la vallée de Montpezat :

« Il est à remarquer que le vaste total de dénudation qui a eu lieu dans cette vallée, depuis qu'elle a été comblée de basalte liquide jusqu'au niveau du château de Pourcheyrolles, non-seulement à travers le basalte, mais encore jusqu'à une profondeur de plus de 50 mètres dans le granit sous-jacent (qui est d'une nature extrêmement compacte), *n'a pu* être effectué que par la force érosive des torrents qui y coulent actuellement ; puisqu'aucune violente éruption d'eau, soit déluge ou débâcle, n'aurait laissé intacts les deux cônes de scories incohérentes (les deux Gravennes). »

***

Il est certain que le château de Pourcheyrolles était une place forte des plus respectables, du temps où le chassepot était encore en germe dans nos vieilles arquebuses, du temps où la couleuvrine n'avait pas fait place au canon Krupp.

Accessible par un point seulement, point que dix hommes déterminés, abrités derrière les murs ou les rochers, pouvaient défendre contre une armée, Pourcheyrolles était une position tentante à ces époques de guerre civile, même pour tout autre qu'un cardinal. Pourcheyrolles n'en a pas moins été victime d'une de ces guerres, et, chose assez singulière, comme pour Ventadour, on ignore la date de sa destruction. On sait seulement qu'il y avait encore une garnison en 1519.

Pourcheyrolles est sans contredit un des points les plus pittoresques de l'Ardèche. Perché comme une aire de vautour, ou comme une sentinelle avancée, au milieu de la vallée de Montpezat, suspendu en quelque sorte au milieu des précipices, ce château est le type de ces vieilles demeures féodales d'où le seigneur pouvait braver et défier toutes les attaques.

Deux fossés naturels d'une profondeur de cent mètres au moins ont été creusés autour de lui par deux rivières que chaque pluie transforme en torrents impétueux : à droite, Fontaulière dont les eaux, en déchaussant de plus en plus son piédestal basaltique, le feront crouler quelque jour tout entier dans l'abîme ; à gauche, Pourseille et sa belle cascade où se jouent les hirondelles devant la grotte verte que l'eau masque à moitié de son rideau d'argent.

Quand la tempête gronde et que les deux torrents mugissent à la fois, comme si tous les éléments étaient ligués contre la vieille ruine, le spectacle est émouvant et Pourcheyrolles semble encore grandir au milieu de cette nature sauvage et déchaînée.

Mais silence ! un bloc de basalte ou un pan de mur vient de rouler avec fracas dans l'abîme. C'est Pourcheyrolles qui envoie son *Quos ego* au torrent, mais en se détruisant lui-même.

La vie humaine est comme le vieux manoir du cardinal Flandin ; toutes ses victoires sont des triomphes à la Pyrrhus ; toutes ses manifestations de vie et de force sont un pas vers la tombe.

Le cardinal Pierre Flandin naquit à Borée, au flanc du Mézenc, en 1312. Il fut créé cardinal en 1371 par le pape Grégoire XI qui l'avait employé dans diverses négociations difficiles et se préparait à lui confier une nonciature quand il mourut en 1378. Son tombeau, qui existait à Viviers, fut détruit par les protestants. Son neveu, Jean Flandin, après avoir été archevêque d'Auch, fut aussi créé cardinal en 1390 par le pape Clément VII. Ce choix de la vallée de Montpezat pour une villégiature de cardinal s'explique, dans une certaine mesure, par le fait de la résidence de la papauté à Avignon. Je gagerais volontiers néanmoins que les deux Flandin n'ont jamais fait de longs séjours au château de Pourcheyrolles.

Le château est, du reste, bâti dans des proportions fort modestes et, comme chez beaucoup d'hommes, son importance lui vient surtout de la position qu'il occupe.

Il n'y a qu'un corps de logis borné par des restants de tour. Toutes les voûtes étant écroulées, les deux ou trois étages qui le composaient se trouvent réduits à un seul avec le ciel pour toiture. Un sureau s'étale devant une cheminée tandis que de belles labiées couvrent le sol. Plus loin, les ronces font un treillage vert à une porte et lancent leurs rameaux épineux par la fenêtre ogivale voisine. Les armoiries des Flandin sont là haut, sculptées dans le mur, au milieu de ce qui était le premier étage, dominant tout ce pandemonium, et l'on aperçoit à côté une tête de pierre qui semble profondément étonnée du désordre pittoresque qui règne chez le cardinal.

La galerie du nord, tapissée de lierre, semée de

genêts et de jasmins, conduit à une terrasse qui forme l'extrémité du promontoire et où l'on rencontre, non sans quelque surprise, un chêne hardiment penché sur l'abîme, et tout un frais bosquet de lilas ; le tout dominé par le volcan de la Gravenne, dont la gueule rouge, enflammée par le soleil couchant, semble toujours menacer la vallée.

Une jeune et romanesque Anglaise, amenée un jour en cet endroit, déclara qu'elle n'avait jamais, ni en Suisse, ni en Italie, rien vu de si poétique et de si beau, et qu'elle passerait volontiers sa vie en cet endroit. Le grave Anglais qui l'accompagnait faillit acheter le domaine.

Quand on veut visiter Pourcheyrolles, il faut demander la clé à la ferme voisine, car, si le vieux château n'a plus ni toits ni fenêtres, il a encore une porte. Pour garder... quoi ? — les pierres de taille que des Vandales viennent enlever.

Une vaste pelouse, plantée de noyers et de mûriers, forme l'unique abord du château de Pourcheyrolles. Sur le rebord du précipice qui domine Fontaulière, tremblent des fougères et se dressent aventureusement des chênes. Les plus avisés parmi les oiseaux de la contrée vont nicher dans ces arbres, où personne n'oserait aller se risquer aux éblouissements de l'abîme.

M. Dalmas a trouvé sous les basaltes de Pourcheyrolles des genêts fossiles : c'est le genêt rabougri, gris et serré, qui sert aux toitures de la montagne. On le désigne dans le pays sous le nom de genêt *redjondji*, par opposition au genêt *balan*, qui sert à la confection des balais. Ce dernier, grand et vert, atteint et dépasse même la hauteur d'un homme.

Un pont en fil de fer a été hardiment jeté sur Fontaulière, un peu plus haut que Pourcheyrolles. Sa hauteur au-dessus du lit de la rivière est de 50 à 60 mètres. C'est, je crois, le plus élevé qui existe en France après le pont de la Caille, situé sur la route d'Annecy à Genève.

Il y a une source minérale, entre Champagne et Montpezat, au bas de la Gravenne, mais nous ne l'avons pas visitée.

**
* **

Avant de quitter Montpezat — car plus haut c'est l'Auvergne, plutôt que le Vivarais, — nous voudrions dire quelques mots de notre pays à un point de vue qui s'éloigne complètement de ceux qui nous ont particulièrement occupé jusqu'ici.

Le Vivarais a été plus ou moins étudié par les géologues, les historiens et les industriels, mais il est à découvrir au point de vue de l'art.

Le paysage vivarois n'a pas encore trouvé son Christophe Colomb, et cependant il y a là tout un monde à conquérir, monde fécond en beautés sauvages, et où pourra surtout se développer le génie de l'artiste qui aura le sentiment des contrastes et celui de la couleur.

La mode, aujourd'hui, est aux paysages verts et réguliers, à demi gazés et panachés de nuages gris, comme ceux de Corot.

Mais la mode, qui est capricieuse parce qu'elle est femme, est prête à s'éprendre des tons puissants, sauvages et tourmentés de la nature vivaroise, le jour où il se trouvera un artiste à la hauteur du sujet.

Montez, par exemple, sur le pic volcanique qui domine Neyrac, vous serez frappé de la grandeur et surtout de l'originalité du tableau qui se déroulera sous vos yeux.

Au premier abord, la scène est un peu confuse. L'œil n'est pas habitué à ces bizarres découpures de terrains, à ce mélange de terres noires, rouges et grises, piquetées de maisons blanches et coupées par les bandes vertes des prairies ou des bois de châtaigniers.

Tout cela danse un peu au regard du touriste ahuri, — mais bientôt chaque chose se remet à sa place. L'œil et l'esprit ont été la dupe d'un faux désordre. L'harmonie, mais une harmonie *sui generis*, — une harmonie de langue étrangère, si l'on veut, — vous saisit l'œil, l'oreille et l'esprit.

Ces cônes rouges, verrues saignantes de la terre, avec leur ceinture de châtaigniers, dont la verdure claire tamise le soleil et dont les troncs semblent être en bronze florentin ; ces longues traînées de scories rouges et violettes qui descendent jusqu'à la rivière ; ces arbres qui pendent, échevelés, aux basaltes bruns, dont les majestueuses colonnades font la haie sur le passage de l'Ardèche ; la rivière, dont les rebondissements argentés font percevoir de loin les bruyantes cascades ; les maisons blanches, qui se détachent comme des figures humaines dans un médaillon vert de vignes et d'arbres fruitiers ; le mouvement des montagnes, qui semblent encore onduler à l'horizon et dont les arêtes noires écrivent leur nom dans le ciel bleu : tout cela vit, parle, sent, et celui qui saura transporter leur langage sur une toile aura ouvert au paysage une voie nouvelle et sera un grand peintre.

Voici ce que dit du paysage vivarois le géologue anglais que j'ai cité plus haut :

« Il serait peut-être difficile de rencontrer dans quelque autre chaîne de montagne des scènes offrant un mélange aussi heureux de beauté et de magnificence que dans quelques-unes des vallées du Bas-Vivarais si peu visitées par les amateurs du pittoresque. La riche verdure des forêts de châtaigniers, rehaussée par une atmosphère à la fois douce et brillante, est bien autrement favorable à la peinture que la couleur froide et transparente des Alpes et des Pyrénées avec leurs forêts de sapins et leurs cascades. Le profil des masses n'est guère inférieur en grandeur à celui de ces grandes chaînes. Le paysage est tout-à-fait celui des Apennins, mais avec un luxe de végétation que ne peuvent offrir les grandes chaînes calcaires. »

Le Vivarais n'est pas tout, du reste, dans les pays volcaniques. Les sujets ne manquent pas davantage dans les terrains calcaires et peut-être serait-il encore plus facile, avec les paysages vigoureux et chauds de ton de la basse Ardèche, de fixer sous le pinceau la poésie qui déborde partout du sol vivarois.

Un jeune peintre, dont il a été plus d'une fois question dans les journaux de l'Ardèche, me paraît dans les conditions pour tenter l'entreprise, parce qu'au talent et à l'activité, il joint un profond amour du pays natal.

J'ai vu, il n'y a pas bien longtemps, dans l'atelier d'Auguste Bouchet, quelques paysages où le caractère puissant, haut de ton et de couleur, de la nature vivaroise, est largement compris et exécuté. Ces paysages, qui ont été pris à Vals ou dans les environs d'Aubenas, réalisent les espérances qu'avait fait concevoir aux amateurs sa belle toile du camp de César, qui figurait au salon de 1869 et qui fut achetée 4,000 francs par l'Empereur pour le musée de Saint-Germain.

Auguste Bouchet a fait depuis plusieurs tableaux remarquables. Je me bornerai à citer la *Paysanne napolitaine*, achetée par M. Broët, *Mahboul ou le fou arabe* et la *Prière dans le camp arabe au lever du soleil*. Ces deux derniers figuraient au salon de 1877, et l'on peut dire qu'ils obtinrent le suffrage unanime des connaisseurs.

M. Bouchet a envoyé au Salon de cette année (1878) une toile, de grande dimension, où le ravissant paysage d'Aubenas et de ses environs, vu du côté de Fontbonne, est merveilleusement encadré dans un effet du matin. On croirait voir monter et s'évanouir, avec la rosée, les vapeurs blanches qui remplissent encore les replis nombreux de la montagne, tandis que le soleil caché derrière le vieux manoir d'Aubenas, effleure les pointes des rochers et des arbres et se mire déjà dans les eaux de l'Ardèche.

— Pourquoi, disions-nous un jour à Bouchet, ne cultivez-vous pas davantage le paysage vivarois ? Connaissez-vous un meilleur chemin pour arriver à la gloire et à la fortune ?

Il nous répondit un peu mélancoliquement :

— Je ne demanderais pas mieux que de m'adonner au paysage vivarois. Je dois même dire que ceux que vous voyez m'ont valu de précieux suffrages, car ce sont ceux de nos grands maîtres, les Baudry, les Fromentin, les Gérôme ; — mais..... ça ne se vend pas. Les artistes sentent qu'il y a quelque chose là-dedans ; ce sont eux — eux presque seuls — qui regardent et apprécient ce genre de peinture. Mais le public ne saisit pas et n'achète rien.

— Il y viendra, répondis-je, comme il est venu aux Decamps et aux Delacroix qu'il n'appréciait pas mieux au début que vos paysages.

**

Reprenons notre promenade vers la montagne.

On a construit, depuis quelques années, une nouvelle route de Montpezat à Rieutort qui est infiniment préférable à l'ancienne. Celle-ci gravissait la montagne presque à pic par le col du Pal. L'autre serpente en s'élevant graduellement dans la vallée de Fontaulière à travers les bois de châtaigniers. Un peu plus haut les hêtres se mêlent aux châtaigniers. Puis les hêtres eux-mêmes disparaissent, et nous voici dans un nouveau monde végétal. Il y a encore çà et là quelques chênes rabougris, des frênes, des noisetiers, des alisiers, mais le *vulgum pecus* de ces hautes régions est formé de bruyères et de genêts. Il y a aussi l'airelle myrtille qu'on ne voit guère au-dessous des altitudes de mille mètres.

Les toitures à genêts commencent. Une humble auberge devant laquelle nous passons en est couverte. Ces toitures durent une vingtaine d'années mais sont sujettes à de fréquentes réparations. Chaque maison de montagne est pourvue dans ce but d'une grande échelle.

En face de l'auberge est un toirier avec ses grappes de baies rouges qu'affectionnent les grives et les merles. Chaque montagnard plante à sa porte un ou plusieurs toiriers afin de pouvoir, de ses fenêtres mêmes, abattre les imprudents oiseaux qui viennent s'y percher.

Dans les prairies qui bordent Fontaulière, nous apercevons là-bas le Roux, tandis qu'au-dessus de nos têtes se dresse le clocher du Pal.

Le Pal est situé à une hauteur de 1,200 mètres. Tous les hivers la neige s'y amoncelle avec une sorte de fureur, et elle recouvre si bien les maisons que parfois on y reste une semaine sans voir le jour. Le Pal, les Usclades et le Cros-de-Géorand sont, dans ces régions, les points habités les plus élevés et ceux par suite où la saison d'hiver se fait sentir le plus rigoureusement.

Sur l'ancienne route, entre la nouvelle et le village du Pal, on trouve un beau filon de porphyre. Un dike pyroxénique, que l'on aperçoit plus loin de l'autre côté de Fontaulière, dans la direction du filon porphyrique, confirme l'hypothèse que les mêmes fractures de la croûte terrestre ont servi au passage des diverses roches éruptives.

XV

LA VESTIDE DU PAL.

Le plus grand cratère vivarois. — La bataille de l'eau et du feu. — La source de Fontaulière. — Le lac Ferrand. — Les inondations. Une éponge gigantesque. — Digues transversales et bassins de retenue. — L'escalier hydraulique de l'Ardèche. — Le reboisement de nos montagnes. — Une tentative vaine auprès du Conseil général. — Le sommet du Tanargue. — Un bon exemple donné au Conseil général de l'Ardèche par..... l'État de New-York. — Faculté asséchante des arbres. — Les grandes crues de nos rivières. Les pluies d'automne sur les Cévennes. — Combien de tonnes d'azote l'Ardèche emporte chaque année vers le Rhône.

Nous voici à l'entrée de la Vestide du Pal, le géant des volcans vivarois, bien que ni Faujas de St-Fond ni Soulavie n'en fassent mention. Beudant le désigne sous le nom de Volcan du Pal. Dans le patois du pays, une *vestide* est un endroit abrité, ce que les Italiens appellent un *retiro*. L'immense cratère du vieux volcan est, en effet, une sorte de petite Provence pour les propriétaires du Pal.

Le fond du cratère, que M. Dalmas a décrit le premier dans son *Itinéraire du Géologue*, est formé de prairies et de terres ensemencées, tandis que les parois, disposées en amphithéâtre, sont couvertes de bois. Ce volcan est remarquable, non seulement par ses énormes proportions, car *le fond du cratère a bien quatre kilomètres de circonférence à l'intérieur*, mais encore par ses déjections alternatives de laves, de boues et de cendres.

Chaque éruption a laissé sur les rebords du cratère, mais surtout au sud, des traces écrites en caractères grandioses. Voici une éruption de sable et de boue affirmée par une couche de deux mètres d'épaisseur. Une éruption de laves et de scories brûlantes est venue s'y superposer. Plus loin, entre deux couches de laves, voici une autre couche de boue, mêlée de gros cailloux de granit, qui a cuit, comme un plat au gratin, entre ses deux brûlantes voisines. Les cailloux de granit ont été roussis et rendus friables comme du calcaire métamorphosé en chaux. Nous en retirons un gros comme la tête et nous le jetons sur le sol où il se brise en mille morceaux.

Voici sous nos pieds ce qu'on appelle une bombe volcanique : c'est une lave en forme de noyau de la grosseur d'un petit melon. Nous la brisons et trouvons l'intérieur rempli de la cristallisation jaune et verte du péridot. Il n'est pas rare de rencontrer de ces bombes volcaniques de la taille d'un gros potiron. Le péridot est une roche vitreuse formée de silice, de magnésie et de fer oxydé. Cette substance formait la base d'un météorite de 380 grammes, tombé le 16 août 1875, près de la Calle, province de Constantine.

L'imagination est saisie à la pensée du spectacle que devait présenter le volcan de la Vestide au temps où il donnait passage aux tempêtes de feu qui agitaient, bouleversaient et façonnaient le sol vivarois.

L'immense cuve, sans cesse en activité, projetait de toutes parts, dans le bassin du Rhône (Pourseille et Fontaulière) comme dans le bassin de la Loire (la Loire et la rivière de Mazan) des flots de cendres et de scories. Quand venait l'hiver avec ses ouragans de neige, des amas d'eau se précipitaient dans la fournaise pour l'éteindre quelquefois momentanément et en ressortir plus tard en fleuves de vapeur et de boue. C'est ainsi que les parois du cratère formèrent de véritables montagnes. Puis les feux souterrains perdirent de leur force. Le cratère se pacifia. Peut-être même eut-il des habitants — peut-être des pâtres celtes y conduisaient-ils leurs troupeaux — quand les anciens phénomènes se manifestèrent encore une fois. Un gros mamelon, au centre duquel a été bâtie une grange, et un cône mignon, d'une centaine de mètres de hauteur, planté de hêtres, furent la dernière carte de visite du feu souterrain.

Quand il fut parti définitivement, l'eau vint s'installer dans le cratère qui n'était pas encore éventré au sud comme il l'est aujourd'hui. Au lieu d'une fournaise, ce fut un lac dont de vieux papiers constatent encore l'existence. Les seigneurs de Montlaur le firent dessécher. Il n'y a pas bien longtemps, l'ingénieur Krantz, le constructeur du palais de l'Exposition, eut, à ce qu'on m'a assuré, l'idée de rétablir ce lac dans le double but d'atténuer les ravages des inondations et d'assurer pendant tout l'été à Fontaulière et à l'Ardèche un débit régulier de nature à prévenir le chômage des usines à soie qui résulte trop souvent de la sécheresse.

A la porte de la Vestide du Pal bouillonne la source de Fontaulière. Elle est si puissante qu'à dix pas de là elle fait tourner un moulin et qu'elle pourrait aussi bien en faire tourner deux ou trois.

Elle sort claire, limpide, fraîche, du milieu même des cendres et des scories volcaniques. Ah! cette fois l'eau est bien maîtresse du feu.

Il y a quelques années, le propriétaire de la source, M. Martin Ferrand, fit un barrage haut de quatre mètres afin d'en élever les eaux. La rivière resta à sec. Il fallut trois semaines pour que la source ayant rempli les cavités de la montagne, se remît à couler comme auparavant. On comprend, du reste, les vides du cratère, à voir les parois énormes qu'il a vomies.

Le lac Ferrand, qui n'a qu'un peu plus d'un hectare, est situé à quelques pas de là, entre la Vestide et la montagne appelée Suc de Bauzon. On suppose qu'il a été formé par un affaissement du sol. Rien n'indique en lui une ancienne bouche volcanique. Il appartient au marquis de Chanaleilles. L'année dernière, quand j'y passai, le fermier y pêchait des tanches.

⁎

Le volcan de la Vestide du Pal et les projets attribués à M. Krantz nous amènent à parler d'une question des plus importantes pour le pays : celle des inondations dont souffre périodiquement (environ tous les dix ans) le bassin de l'Ardèche.

La superficie du bassin de l'Ardèche est de 2,429 kilomètres carrés ; celle du bassin de l'Erieux, de 854, et celle du bassin du Doux, de 637. Nous allons nous occuper seulement du bassin de l'Ardèche, en notant simplement ici que toutes nos observations pourront plus ou moins s'appliquer aux deux autres.

D'où viennent les inondations de l'Ardèche ?

Elles viennent évidemment :

1° Du déboisement des montagnes ;

2° De leur extrême déclivité ;

3° Des pluies diluviennes qui tombent à certaines époques sur les sommets où l'Ardèche et ses affluents prennent leur source.

Pour rendre saisissante l'influence du boisement des montagnes, dont les ingénieurs semblent depuis quelque temps ne pas apprécier suffisamment l'importance, nous allons faire une simple hypothèse.

Supposons qu'il fût possible de recouvrir toute la partie rocheuse de nos montagnes d'une éponge de deux ou trois mètres d'épaisseur : croit-on qu'il n'en résulterait pas une retenue d'eau considérable et que les dangers des inondations ne seraient pas ainsi notablement atténués ?

Or, le reboisement n'a pas d'autre but que de créer

sur les montagnes une couche de terre végétale faisant office d'éponge afin de retenir l'eau ou du moins de ne la laisser s'écouler que graduellement, en réglant ainsi le débit des sources et des rivières de façon à ce que l'eau ne fasse pas de mal aux époques de pluie et ne fasse pas défaut en temps de sécheresse.

Il est donc certain qu'on peut remédier en partie par la création d'une éponge gigantesque sur les montagnes, c'est-à-dire par le reboisement, à la première cause des inondations que nous avons signalée.

Si, d'autre part, il est évident que nous ne pouvons empêcher les pluies diluviennes d'automne qui sont une autre de ces causes, peut-être n'en est-il pas de même en ce qui touche les inconvénients résultant de la déclivité des montagnes. Nous ne changerons pas sans doute la pente des montagnes, mais nous pouvons leur apprendre à mieux garder l'eau qu'elles ne le font.

Jusqu'ici, tous les systèmes de défense contre les crues torrentielles avaient été conçus sur la base de l'égoïsme et de l'imprévoyance.

Chaque localité faisait sa digue, prenait ses précautions particulières, sans se préoccuper de l'influence que cela pouvait avoir chez le voisin.

Au lieu de chercher à retenir le monstre, à le fatiguer, à lui ôter une portion de force et de vitesse, on semblait prendre à tâche d'écarter les obstacles sous ses pas et de favoriser les ravages qu'il allait répandre plus loin.

Tel était certainement le résultat de toutes les digues construites le long des fleuves et des rivières. On se défendait — encore pas toujours — mais en précipitant le courant chez le voisin.

Le système des digues transversales, des barrages et des bassins de retenue, qui tend à prévaloir aujourd'hui, nous semble infiniment plus rationnel et efficace. C'est celui qu'avait déjà exposé, il y a quelques années, un ingénieur, M. Vallée (1), et qu'a si bien développé, en 1875, l'homme distingué à qui l'on doit la première idée du tunnel sous la Manche (2), M. Thomé de Gamond. Ce dernier trace, dans son ouvrage, le vaste plan des travaux à effectuer en France pour régulariser la pente des rivières au moyen de digues transversales qui brisent la force du courant et retiennent une partie des eaux, pour former des biefs successifs comme sur les canaux et transformer le plan incliné en un véritable escalier hydraulique.

C'est bien là aussi, très-probablement, le système que voulait proposer M. Krantz pour l'Ardèche.

Supposez ce système généralement appliqué dans

---

(1) *Du Rhône et du lac de Genève*, par M. Vallée.

(2) *Mémoire sur le régime général des eaux courantes. Plan d'ensemble pour la transformation de l'appareil hydraulique de la France*, par Thomé de Gamond.

l'Ardèche, pour les grandes rivières comme pour les plus petits ruisseaux, — ce qui ne pourrait être évidemment que le résultat de l'application d'un plan d'ensemble où l'Etat, le département, les communes et les propriétaires auraient chacun un rôle à remplir.

Supposez l'Ardèche, Chassezac, Beaume, Ligne, Fontaulière, la rivière de Burzet et l'Alignon formant chacun un escalier hydraulique, au moyen d'une série de bassins destinés à retenir les eaux aux époques d'inondations, sans rien changer à leur cours en temps ordinaire.

A l'application de ce système, ajoutez les bienfaits du reboisement, également appliqué d'après un plan d'ensemble et en y intéressant les communes et les propriétaires.

Et convenez qu'on peut arriver ainsi à atténuer dans une large mesure, sinon à faire disparaître tout à fait, les désastreux effets des inondations, — sans parler des avantages considérables qui résulteraient de ce système pour l'agriculture, l'industrie, et enfin pour le repeuplement de nos rivières.

Nous savons bien que tel n'est pas l'avis d'un de nos anciens ingénieurs, M. de Mardigny, dont nous venons de relire le *Mémoire sur les inondations des rivières de l'Ardèche*, publié en 1860.

M. de Mardigny ne voit dans le déboisement qu'une cause très-secondaire des inondations, et comme il n'est pas possible, d'autre part, de changer les conditions topographiques et météorologiques du pays, il nous engage à supporter philosophiquement ces inondations comme des fléaux envoyés par la Providence et qu'il n'est au pouvoir de personne de prévenir ou d'empêcher, en prévenant, fort judicieusement d'ailleurs, les imprudents riverains des dangers et des dommages auxquels ils s'exposent en bâtissant ou cultivant trop près des rivières torrentielles.

Nous trouvons que M. de Mardigny fait beaucoup trop bon marché de l'influence du reboisement.

S'il n'y a pas d'arbre sans terre, de même il n'y a pas de terre sans arbre. L'un défend l'autre. La terre nourrit l'arbre, l'arbre protége la terre par ses racines et par son ombrage. Et ce faisant, chacun d'eux est toujours prêt à absorber un volume d'eau assez peu variable peut-être pour l'arbre, mais très-susceptible d'augmentation pour la terre.

Les fontaines nous rendent peu à peu le trop plein que la terre a absorbé. Elles ne sont que les extrémités des innombrables et invisibles entonnoirs chargés de recevoir les eaux de pluie. Celles-ci pénètrent plus ou moins rapidement, selon les terrains, jusqu'à ce qu'elles aient trouvé une couche imperméable. Alors les gouttes d'eau, quand elles sont assez abondantes, forment par leur réunion un filet, quelquefois un courant puissant, et la fontaine n'est que leur point d'émergence.

Plus l'entonnoir est vaste, plus il est boisé, et plus la fontaine est puissante et tarit difficilement.

Les fontaines sont une démonstration aussi simple que palpable des services que le reboisement peut rendre contre les inondations.

En créant des terres et des bois, on créera des fontaines et on augmentera le débit de celles qui existent, et toute l'eau qui coulera de plus par les fontaines, toute celle qui servira à entretenir la fraîcheur des nouveaux arbres et des nouvelles terres seront autant d'enlevé à l'influence désastreuse des inondations.

M. de Mardigny qui a traité, mais fort légèrement, comme une question jugée d'avance, les résultats à attendre des barrages, déclare n'avoir trouvé sur le parcours de l'Ardèche que deux emplacements « à peu près convenables » pour y établir de grands barrages : l'un à Ruoms, à 840 mètres en amont du pont suspendu et à 700 mètres en aval du confluent de Ligne, et l'autre au Rocher Pointu, à 23 kilomètres en aval du pont d'Arc. Ces deux barrages emmagasineraient ensemble 55 millions de mètres cubes d'eau.

Or, il est bien clair que ce serait là un résultat tout à fait insuffisant eu égard au volume d'eaux que débite l'Ardèche aux époques d'inondations.

Le débit maximum de l'Ardèche a été, en effet, calculé, lors de la grande crue du 10 septembre 1857, à 3,900 mètres cubes par seconde au pont d'Aubenas et à 7,900 au pont d'Arc. Le débit total au pont d'Arc pendant 22 heures (du 10 septembre à midi jusqu'au 11 à dix heures du matin) aurait été de 354,936,000 mètres cubes.

L'erreur de M. de Mardigny vient, comme on le voit, de ce qu'il n'a eu en vue que les grands barrages. Même à ce point de vue, l'honorable ingénieur s'est évidemment trompé, car, tout en tenant compte des difficultés matérielles et surtout des difficultés d'argent résultant des indemnités de terrains, nous pensons qu'il est possible d'effectuer d'autres grands barrages sur l'Ardèche et ses affluents, notamment à Montpezat, à Thueyts et au-dessus de Mayres, sans oublier le rétablissement du lac de la Vestide du Pal.

Dans tous les cas, il y a une foule de petits barrages à effectuer, et nous pensons qu'avec un peu de bonne volonté, messieurs les ingénieurs trouveraient ainsi sans trop de peine les moyens d'emmagasiner les 150 ou 200 millions de plus de mètres cubes d'eau, laissés libres par les deux grands barrages de M. de Mardigny et dont l'élimination éventuelle est nécessaire pour empêcher de nouveaux sinistres.

Il ne faut pas perdre de vue que la question peut en quelque sorte être calculée mathématiquement. Et c'est ce qui nous déterminait, en 1875 (1), à pro-

(1) *Echo de l'Ardèche* du 18 août 1875.

fiter de la réunion du Conseil général de l'Ardèche pour appeler sur ce point son attention. Après avoir exposé les faits et considérations qui précèdent, nous engagions le conseil à prier M. l'ingénieur en chef de lui présenter le plus tôt possible un rapport sur les questions suivantes :

1° Est-il possible de constituer les rivières de l'Ardèche sous forme d'escalier hydraulique de façon à atténuer les effets des inondations ?

2° A quelle somme pourraient s'élever les travaux nécessaires à la réalisation de ce nouveau système de défense ?

Et nous ajoutions que si le conseil général voulait bien demander en même temps à l'administration le relevé des dommages occasionnés dans l'Ardèche par les inondations, il arriverait probablement à la conviction qu'avec une ou deux inondations prévenues il aurait son escalier hydraulique pour rien et qu'il serait, par conséquent, peu raisonnable d'attendre, pour réaliser ce plan, qu'une ou deux inondations nouvelles fussent venues, au contraire, nous le faire payer le double plus cher.

**

Il n'est pas survenu depuis lors de grosse inondation, et nous en sommes fort heureux, mais nous pensons que le conseil n'en a pas moins perdu au point de vue de cette question urgente, entre toutes, trois années pendant lesquelles l'ingénieur en chef, si on l'en eût requis, aurait déjà pu réunir les éléments d'une solution pratique.

Le sommet du Tanargue que nous avons visité depuis est un des points où l'on peut le mieux prendre sur le fait la possibilité de cette solution pratique.

A certaines époques, le plateau reçoit de véritables torrents d'eau. La terre végétale, d'une épaisseur variable, qui recouvre le granit, en absorbe certainement une bonne partie, mais une quantité encore plus considérable se précipite par tous les ravins et va grossir la Beaume ou l'Alignon pour contribuer ensuite aux ravages que l'Ardèche et fréquemment le Rhône exercent sur leurs rives.

Or, dans les conditions de terrain que présente le plateau du Tanargue, rien ne serait plus facile et relativement moins coûteux que d'y organiser de vastes barrages de façon à retenir toute ou presque toute l'eau qui y tombe aux époques de pluies, et à atténuer ainsi les inondations tout en assurant simultanément aux fontaines, et par suite aux rivières de la contrée, un débit plus régulier.

Combien de fois arrive-t-il que nos usines chôment en été faute d'eau ! Il est vrai que l'emploi de la vapeur, comme force motrice, permet à beaucoup d'usines de marcher malgré la sécheresse, mais qui ne voit le danger dont nous menace l'énorme extension que prend de jour en jour la consommation du charbon de terre? Presque inconnu il y a un siècle, c'est le combustible minéral qui est, aujourd'hui, chargé de nous chauffer, de nous éclairer, de nous faire voyager par terre et par mer, c'est lui qui est l'âme de toutes les industries — on le met à toutes sauces — comment voulez-vous, avec quelque abondance que Dieu l'ait semé dans la terre, qu'il y résiste longtemps? Il est certain que, dans un avenir plus ou moins éloigné, toutes les houillères seront épuisées. Il faudra bien revenir alors aux anciens moteurs. L'Ardèche sera un des pays les plus précieux pour les chutes d'eau, mais à la condition qu'on s'en occupe plus qu'on ne l'a fait jusqu'ici, c'est-à-dire qu'on y redouble d'activité pour le reboisement et qu'on trouve le moyen d'y retenir dans les hautes régions montagneuses l'eau qui y tombe à certains moments.

J'apprends que l'administration des forêts a acquis, l'année dernière, le domaine du grand Tanargue, ce dont je lui fais mes sincères compliments. Espérons qu'elle ne se bornera pas à y planter des arbres, mais qu'elle s'occupera aussi d'y effectuer des travaux de barrage.

***

Un Américain que j'ai rencontré, l'année dernière, à une station d'eaux ardéchoises, m'a communiqué un fait important sur lequel j'appelle l'attention spéciale du Conseil général et de M. l'ingénieur en chef du département.

L'État de New-York est parcouru par l'Hudson qui prend sa source dans les montagnes d'Adirondak. Il tombe beaucoup de neige en hiver sur ces montagnes, et il en résulte des crues énormes au printemps, tandis qu'en été, au contraire, l'Hudson est très-faible.

Or, en 1875, l'État de New-York dit à son ingénieur en chef : Faites-moi le plaisir d'emmagasiner pour l'été cet excédant d'eaux nuisibles.

La Législature de New-York vota aussitôt 37,000 francs pour que l'ingénieur pût prendre les niveaux et dresser les cartes et plans à l'effet de former des réservoirs artificiels, de vrais lacs, au besoin.

Les ingénieurs eurent d'abord pour mission d'examiner :

1° Quel pouvait être le volume d'eau annuellement accumulé dans les bassins qui alimentent l'Hudson et la Raquette ;

2° Dans quelle mesure et à quel prix ce volume d'eau pourrait être retenu dans les réservoirs artificiels pour être ensuite utilisé selon les besoins de l'industrie ;

3° A quel degré il serait possible de compter sur ce volume d'eau ainsi capté, soit pour alimenter les canaux, soit pour élever le niveau de l'Hudson pendant la saison sèche d'été et d'automne.

Pour résoudre ces questions on consulta les registres météorologiques dans les trente stations de l'Etat de New-York pendant une période de quarante ans. Il en résulta la connaissance de la quantité moyenne annuelle tombée dont on retrancha les pertes occasionnées :

Par évaporation ;

Par filtration et absorption ;

Par suintement à travers les obstacles artificiels ;

Par la consommation des habitants de la région.

Ce qui, après ces retranchements divers, présentait un volume net qu'il s'agissait d'emmagasiner, soit dans des lacs, soit dans des rivières, et la dimension de ces récipients colossaux a pu être calculée de façon à pouvoir estimer le coût de leur établissement évalué à deux millions et deux cent mille francs environ.

On ne s'est pas dissimulé que ces constructions, comme toutes les œuvres humaines, pouvaient avoir leur côté fragile. Ainsi on s'est préoccupé de la rupture possible des digues, de l'influence que ces accumulations d'eau pourraient exercer sur la santé des habitants fixés dans leur voisinage, etc. Mais ces inconvénients *possibles* sont largement compensés par les avantages *certains* de ce projet tels qu'ils sont indiqués.

Voilà au moins des républicains pratiques. Si nous le devenions un peu !

**

C'est ici le lieu de signaler un excellent article sur le *Reboisement dans l'Ardèche*, publié par M. Blachère, député et conseiller général, dans la *Revue des Eaux et Forêts*. M. Blachère expose ce qui a été fait et ce qu'on propose encore de faire à cet égard, dans notre département. L'étendue des terrains reboisés ne s'est élevée jusqu'ici qu'à 2,206 hectares, sur 200 mille hectares susceptibles d'être reboisés. M. Blachère montre, par l'exemple d'autres départements, que la création de forêts est une excellente spéculation. Les bois de pins acquièrent une grande valeur ; ils se vendent très-bien pour étais de mines, et ces hauts prix se maintiendront parce que les mines de l'Ardèche, de la Loire et du Gard s'approvisionnent très-difficilement. Quant aux terrains calcaires du Bas-Vivarais, ils ont dans la culture du chêne-truffier un moyen de reboisement encore plus lucratif.

M. Blachère engage avec raison les communes à confier à l'administration des forêts la gestion et la surveillance de leurs bois communaux, comme étant le meilleur moyen de les défendre contre la jouissance abusive de la génération présente et de les conserver pour l'avenir.

L'honorable député touche ainsi à la grosse pierre d'achoppement. Le principal, on pourrait dire l'unique obstacle à la conservation des forêts actuelles comme à la création de forêts futures, est l'imprévoyance ou l'égoïsme des particuliers toujours prêts à sacrifier l'intérêt évident du lendemain à la satisfaction précaire de l'intérêt du moment, n'hésitant pas même quelquefois, comme on l'a vu récemment à Loubaresse, à recourir à la violence, pour empêcher l'accomplissement des mesures dont l'utilité est le plus universellement reconnue.

L'Etat aura beau faire des sacrifices pour le reboisement; s'il n'est pas aidé dans son œuvre par la masse des propriétaires, tous ses efforts resteront stériles. De sages lois et de bons articles de journaux peuvent certainement avoir un résultat utile, mais rien ne vaut l'exemple.

Un propriétaire intelligent et aisé qui se met à la tête du mouvement agricole dans sa commune, répandant les bonnes méthodes, alliant la pratique à la théorie, fait plus de bien à ses concitoyens qu'il n'est donné au gouvernement et à tous les journaux du monde de leur en faire. Malheureusement, la plupart des propriétaires riches aiment mieux aller enrichir les villes qui sont des foyers de perdition et d'infection physique et morale, que de vivre avec leurs concitoyens, à qui ils doivent, cependant, devant Dieu, l'appui matériel et le patronage moral qui résultent de la différence même des positions. Et ils ont encore la naïveté de s'étonner de la perte de considération et d'influence qui résulte pour eux de cette manière de faire ! *L'absentéisme* est à la fois une cause de révolutions et une cause d'inondations.

En enlevant aux campagnes l'influence et les moyens d'action des propriétaires riches, il empêche l'application des grandes mesures de précaution ou de réparation que sont impuissants à entreprendre ou même à comprendre les petits intérêts isolés.

**

A propos des plantations d'arbres, il n'est pas sans intérêt de noter ici qu'on est parvenu, dans ces derniers temps, à mesurer en quelque sorte la faculté asséchante des essences forestières et à déterminer ainsi les arbres les plus aptes à boire promptement les inondations.

M. Burger a calculé, sur des données qu'il serait trop long d'exposer, mais qui paraissent parfaitement raisonnables, que la faculté asséchante du chêne est de 0 m. c. 077 d'eau, tandis que celle du pin est de 0,193.

M. A. Burger, appliquant la même méthode d'observation aux principales des autres essences forestières, a pu indiquer par des chiffres la quantité d'eau que chacune tire du sol, dans l'espace du 15 avril au 15 octobre. Voici la table d'assèchement qu'il a dressée :

Chêne 0.077

Bouleau 0.105
Tilleul , ... 0.112
Cerisier 0.116
Aune. 0.144
Peuplier 0.155
Pin. 0.193

Nous voyons, dit M. A. Burger, qu'une forêt de chênes, d'un volume de 39,100 mètres cubes, répartis sur une surface de 460 hectares, n'y peut vivre qu'à la condition de trouver dans le sol un volume d'eau, chaque jour, de 3,034 mètres cubes. Nous voyons aussi qu'une forêt de pins, d'un volume égal, soit 39,100 mètres cubes, répartis sur la même surface, n'y peut vivre également qu'à la condition de trouver dans le sol, pendant la période végétative et à peu près à la même profondeur, mais plutôt cependant à une profondeur moindre, un volume quotidien *de plus du double*, 7,554 mètres cubes. Par conséquent, si à une forêt de chênes on substitue une forêt de pins, celle-ci absorbera un excédant d'eau qui sera représenté par le chiffre de 4,520 mètres cubes.

*
* *

Les grandes crues de l'Ardèche portent les dates suivantes :

Mi-septembre	1522
3 septembre	1544
9 septembre	1772

28 septembre	1779
16 septembre	1782
3 septembre	1789
?	1794
9, 10 et 11 octobre	1827
20 et 28 septembre	1846
10 septembre	1857
14 et 15 octobre	1859

En 1827, les eaux atteignirent des hauteurs prodigieuses : 16 m. 10 au-dessus de l'étiage au pont suspendu de Vallon et 19 m. 25 au pont d'Arc (1).

Les grandes crues de l'Ardèche ont toujours lieu pendant le mois de septembre ou pendant la première quinzaine d'octobre et elles ne durent qu'un jour ou deux. Les pluies qui les occasionnent sont accompagnées d'un vent violent du sud-est.

Les inondations du Rhône, au contraire, se produisent par les vents du sud-ouest et à la suite de pluies abondantes et de longue durée. Il en résulte que l'Ardèche sera toujours écoulée avant qu'une crue ait eu le temps de se former sur le Rhône dans le cas où, le vent tournant subitement du sud-est au sud-ouest, il tomberait des pluies capables de faire grossir le Rhône. Il est fort heureux vraiment qu'il en soit ainsi, car quelles catastrophes n'aurait-on pas eu à déplorer, par exemple, en 1856, si l'Ardèche, au lieu d'être basse alors, avait fourni une crue sem-

---

(1) Mardigny, p. 9.

blable à celle de 1827 qui, à elle seule, fit monter le Rhône de 5 mètres et demi à Avignon !

Il est à remarquer aussi que, lorsqu'il y a une crue générale des eaux dans l'Ardèche, ce sont les eaux de Chassezac qui arrivent les premières, puis celles de Beaume. Le maximum de la crue de l'Ardèche proprement dite arrive plus tard, par suite de la distance plus grande que les eaux tombées au sommet des Cévennes ont eu à parcourir.

La crue de 1827 est la plus forte connue parce que cette fois exceptionnellement les grandes crues des principaux affluents de l'Ardèche se trouvèrent coïncider.

D'après les observations faites par M. de Montravel à Joyeuse, il tomba le 9 octobre 1827 dans cette partie de l'Ardèche, en vingt-une heures, 0 m. 792 millimètres de hauteur d'eau, ce qui équivaut à la moyenne de toute la pluie qui tombe à Paris en deux ans.

Les sommets de nos montagnes sont un des trois points de la France où il pleut le plus, c'est-à-dire où la tranche annuelle des pluies s'élève à deux mètres environ. Les deux autres points sont les Pyrénées de Gavarnie et la région des Alpes qui s'élève au nord de Gap. La zone où il pleut le moins est celle de Paris, où la moyenne annuelle se réduit à 40 centimètres.

Quelle est la cause de ces raffales d'eau qui se précipitent si souvent à la fin de l'été sur les Cévennes ?

M. de Mardigny et, je crois, M. de Montrond, ont trouvé cette cause dans les masses d'air surchauffées, poussées de la Provence ou même de l'Afrique, qui, s'engouffrant dans les vallées des Cévennes et forcées de s'élever pour franchir le faîte de la chaîne, se condensent subitement, soit au contact des montagnes refroidies dès le mois de septembre, soit par suite de leur haute élévation qui amène une diminution de la pression atmosphérique. D'autre part, ces mêmes masses d'air chaud sont exposées à rencontrer, en septembre et octobre, au sommet des montagnes, des courants d'air plus élevés et plus froids venant du nord, auxquels elles se mêlent ; il s'établit alors des remous dans l'atmosphère ; les nuages s'amoncellent, les orages éclatent.

Il résulte de cette théorie, que les inondations ont d'autant plus de chances de se produire que les masses d'air accumulées dans la vallée du Rhône sont plus échauffées, comme en 1827, 1846, 1857 et 1859, années dont les mois de juillet et août furent exceptionnellement chauds ; et par contre, qu'elles sont moins à redouter lorsque les étés ont été pluvieux.

* *

On se plaint souvent que les engrais manquent et on laisse emporter, à chaque inondation, d'énormes quantités de limon qui, retenues sur nos terres, feraient l'effet du meilleur des guanos.

« Le volume du limon entraîné en une année par la Durance, dit M. Hervé-Mangon, emporte à la mer plus de 40,000 tonnes d'azote à l'état le plus convenable au développement de nos plantes cultivées, alors que l'agriculture achète au dehors, au prix des plus grands sacrifices, d'autres matières azotées, et que l'importation du guano, qui fournit à peine cette quantité d'azote chaque année à l'agriculture française, lui coûte une trentaine de millions. Les mêmes limons contiennent près de 100,000 tonnes de carbone, c'est-à-dire autant que pourrait en fournir par an une forêt de 50,000 hectares.

« Ainsi, la conquête complète de la Durance ne serait pas achetée trop cher au prix d'un milliard ! Cette conquête est commencée : des canaux d'irrigation lui prennent un dixième peut-être de son eau et vont la porter sur la plaine aride de la Crau. Et partout où arrive cette eau bienfaisante, le désert devient un jardin, la mer de cailloux est remplacée par une mer de moissons, la stérilité se change en abondance, l'Arabie-Pétrée est transformée en mine d'or ! »

Combien de tonnes d'azote l'Ardèche emporte-t-elle, de son côté, chaque année au Rhône et à la mer ? — Voilà encore un calcul que nous recommandons à nos ingénieurs et dont le chiffre atténuerait d'autant la dépense qu'occasionnerait la réalisation de l'escalier hydraulique de l'Ardèche.

XVI

LA VALLÉE DE MAYRES.

Le Suc de Bauzon. — Etymologie de Gerbier de Jonc. — L'ancienne forêt de Bauzon. — Les *cheyres*. — Récolte de la framboise. — Retour en arrière. — La Gravenne de Thueyts. — La Gueule d'Enfer. — L'Echelle du Roi. — La fontaine de Luzet. — Thueyts en 1763. — Un futur railway entre le Pont de la Beaume et le chemin de fer de Brioude. — Le curé de Barnas. — Le nid de l'aigle. — St-Martin et le vieux Mayres. — La *Vivaroise* et la *Peyrolade*. — De Mayres à la Chavade. — Il faut des conducteurs prudents aux côtes rapides.

Le Suc de Bauzon, dont nous tournons la base pour entrer dans le bassin de la Loire, a une hauteur de 1,476 mètres. On y jouit d'une vue admirable qui s'étend bien loin vers le sud et qui n'est bornée à l'est que par la ligne des Alpes. Chauve du côté du Vivarais, il est boisé du côté de l'Auvergne. Son sommet est rouge comme Ayzac ou la Gravenne et semble une grenade ouverte vers la Loire. C'est de ce côté qu'a coulé le flot le plus puissant de ses laves.

A la cîme de la montagne est une large table de pierre où, d'après la tradition, venaient s'asseoir chaque année, en rendez-vous de chasse, les seigneurs de Montpezat, du Roux, des Usclades et de St-Cirgues, chacun d'eux se tenant sur son terrain.

Le Suc de Bauzon était aussi le rendez-vous des sorcières pour le Sabbat, et il est évident que la maréchaussée du temps devait avoir de la peine à les y relancer en hiver.

Suc vient évidemment du mot latin *Jugum* qui signifie cîme, sommet. Le montagnard vivarois dit encore : Je l'ai battu sur son *suc*, pour dire : Je l'ai frappé sur la tête. Quand on a assommé quelqu'un, on dit qu'on l'a *essuka*. Le nom du Gerbier de Jonc a la même origine. *Gerbarium Jugum* fut traduit par *Gerbier de Joug* qui, par la parfaite similitude de l'*u* et de l'*n* dans les anciennes écritures, devint *Gerbier de Jonc*. La preuve matérielle de cette transformation se trouve dans l'ouvrage de Papire Masson : *Flumina Galliæ*, à la première page du chapitre consacré au fleuve Loire.

Le bois de Bauzon que nous traversons, n'est qu'une parcelle de l'ancienne forêt de Bauzon qui, ainsi qu'on peut le voir par la carte de l'ancien diocèse de Viviers, comprenait tous les bois compris entre Lanarce, les Usclades, Montpezat, la Souche, Valgorge, Loubaresse, St-Laurent-les-Bains, St-Etienne-de-Lugdarès et le Plagnial. Le bois de Chambonnet où se trouve le Chadelbos, et le bois de Cuze entre Burzet et la Champ-Raphaël, figurent seuls sur cette carte, dans toute cette partie du Vivarais, comme distincts de la forêt de Bauzon.

.*.

Dès qu'on a tourné à moitié le Suc de Bauzon, on se trouve dans le bassin de la Loire.

C'est un changement à vue.

A la pente rapide, rocheuse, décharnée du Vivarais succède une pente douce, émaillée de cultures et de bois.

On entend les oiseaux dans les arbres jetant leur voix de soprano dans le grand concert que donnent la brise et le feuillage. Rien de plus frais, de plus vert et de plus riant. On croit entrer dans un autre monde. En effet, c'est bien un monde nouveau, grâce à la pente océanique, qui, se développant sur une espace quatre ou cinq fois plus étendu que le versant rhodanien, crée un régime des eaux tout-à-fait différent et sauve les montagnes de ces ravinements effroyables qui émiettent peu à peu les montagnes vivaroises.

Toute la montagne de Bauzon jusqu'à la Loire qui lui lèche les pieds est couverte de hêtres et de sapins à l'ombre desquels foisonnent les petits genièvres, les framboisiers et une foule d'arbustes.

Il y a bien çà et là quelques *chiers* ou *cheyres*, c'est-à-dire de ces grands tas de blocs détachés dont les innombrables cavités servent de retraite aux renards, mais le champ de blé, la prairie et le bois couvrent partout la contrée de leur robe verte.

Les *cheyres* elles-mêmes sont plus ou moins masquées par les framboisiers dont les racines plongent à de grandes profondeurs entre les rochers. C'est ce qui les protége contre le bétail.

La récolte de la framboise est pour les montagnards un produit qui n'est pas à dédaigner. La ville de Largentière reçoit, à elle seule, chaque année, du côté de la Souche, environ 3,000 kilogrammes de framboises (de 100 à 500 kilog. chaque lundi pendant neuf ou dix semaines). Joyeuse doit en recevoir autant et Aubenas le double ou le triple. Ce fruit se vend ordinairement de 50 cent. à 75 cent. le kilo.

Les écureuils et les geais abondent dans les bois de cette région et y font une guerre terrible aux nichées de serins et de chardonnerets.

Les grives grises appelées *trides* sont, avec les lièvres et les perdreaux, l'objet de prédilection de la poursuite des chasseurs. Il y a encore une grive presque noire, à collier blanc, mais qui paraît être de passage. Elle est plus petite et plus délicate et ne descend pas comme la *tride* jusqu'à Montpezat. Les grives sont friandes des baies de genièvre et des baies de toirier.

A droite, au milieu de la forêt, nous voyons s'ouvrir la route de St-Cirgues et nous apercevons au loin, adossée à la montagne de la Chavade, la belle forêt de Mazan.

J'ai parcouru depuis cette région que je ne pus alors admirer que de loin, et, comme le récit de ce second voyage vient naturellement compléter l'autre, mes lecteurs me permettront de le placer ici et de les faire rebrousser chemin jusqu'au Pont de la Beaume. Qu'ils se rassurent, la plume va plus vite que les chevaux, et nous ne mettrons guère à remonter la vallée de Mayres et à revenir par Mazan que le temps nécessaire à nos chevaux pour se reposer et se restaurer en broutant l'herbe parfumée du bois de Bauzon.

*
* *

Le vieux pont en pierre du Pont de la Beaume, détruit par l'inondation de 1857 a été remplacé par un pont en fer, système américain, d'un effet fort original. Dès qu'on a passé sur la rive gauche de l'Ardèche, on aperçoit un récent écroulement survenu à la Chaussée des Géants et le noir brillant des décombres fait supposer qu'un filon d'anthracite a été mis à nu.

Nous remarquons aussi, un peu plus haut, de l'autre côté de la rivière, un pont récent superposé au vieux pont romain de Réjus sur l'Alignon, à l'effet d'y faire passer une nouvelle section de route qui relie directement Jaujac à Neyrac.

Le pic de Soulhol, qui domine Neyrac, nous apparaît comme un moine vert coiffé d'un capuchon rouge.

Nous passons sous le château d'Hautségure et arrivons bientôt au hameau du Crouzet où sont les fabriques Tarandon. Je me souviens que visitant ces parages il y a une trentaine d'années, on montrait un léger filet d'eau minérale filtrant à travers les gneiss au-dessous de la route. Le propriétaire du terrain, nommé Giraud, a creusé dans la même direction au-dessus de la route et a trouvé à quatre ou cinq mètres de profondeur la source *Bienfaisante* dont j'ai déjà parlé à propos de Neyrac, et dont il met l'eau en bouteille avec de belles étiquettes aussi consciencieusement que le font les exploitants des sources les plus célèbres. Nous descendîmes dans la cabane située sur la route même et nous bûmes un verre de la *Bienfaisante*. Elle est gazeuse et agréable à boire, sans aucun goût particulier.

La route monte de Lateyre à Thueyts en suivant le pied de la petite Gravenne, nom donné au volcan de Thueyts, situé entre ce village et Meyras, pour le distinguer de la Gravenne, qui est située entre Thueyts et Montpezat.

La petite Gravenne n'a pas de cratère et l'amas de cendres rouges et de scories qui en indique la place est depuis longtemps couvert de vignes.

Ce nom de Gravenne est aussi donné à quelques volcans en Auvergne. On suppose qu'il vient des *graves* ou *graviers* qui sont l'accompagnement de toutes les bouches volcaniques.

A la cime de la montée, on traverse un pont jeté sur le ruisseau de Merdaric dont les eaux, grosses seulement en temps de pluie, forment la cascade de la Gueule d'Enfer. L'immense muraille basaltique qui soutient le petit plateau de Thueyts se présente ici sous la forme d'un plan très-fortement incliné et non moins bosselé, avec des arbres ou des herbes dans les rainures, le tout formant un ensemble des plus sauvagement pittoresques que l'on puisse imaginer surtout quand le torrent vient jeter avec fracas sur les laves noires sa colonne blanche que le rocher fait rebondir en mille nuages argentés.

Plus loin la muraille basaltique devient perpendiculaire et revêt un aspect grandiose. Dans une de ses fentes est l'escalier gigantesque, dont chaque degré est formé par une tête de prisme basaltique, qu'on appelle l'*Echelle du Roi*. Un charmant bois de châtaigniers, appelé la Condamine, couvre les bords du plateau du côté de l'Echelle du Roi et, quoiqu'appartenant à un particulier, M. de Blou, forme la plus jolie des promenades publiques de Thueyts, au moins pendant la belle saison.

Au bas de l'Echelle du Roi se trouve le domaine de la Vernède ainsi nommé probablement de son aspect verdoyant. Il y a là une prairie d'une fraîcheur inouïe grâce aux sources nombreuses qui viennent jaillir sous les basaltes et dont une ou deux sont minérales. Les arbres et les arbustes y sont couverts de plantes grimpantes qui établissent entre eux les arcs de triomphe et les festons les plus fantaisistes. Au printemps c'est une véritable orgie de végétation. Aussi l'auteur de l'*Album du Vivarais* a-t-il comparé cet endroit à Cythère, ce à quoi n'avaient jamais certes pensé les bons habitants de Thueyts. Le même auteur a donné le nom de *Monts de Vénus* à deux cônes charmants, derniers efforts des feux souterrains, qui ont poussé dans le lit de la rivière vers la Gueule d'Enfer. Quant au nom d'Echelle du Roi, en patois *Eschalo dey Rey*, je suis obligé de constater qu'il y a près de la Vernède un autre domaine dit du *Rey* qui, s'il n'avait pas une origine royale, permettrait de penser que la signification donnée jusqu'ici au grand escalier basaltique de la Condamine repose sur une sorte de calembourg et que l'*Echelle du Roi* n'est simplement que l'*Echelle du domaine du Rey*.

Il paraît qu'il existe d'autres sources minérales sur la rive droite de l'Ardèche en face de Thueyts, et l'on m'a même assuré qu'il y avait un endroit, au ravin dit du *Costet*, où l'on entendait comme des bruits de fuites de gaz sortant des fissures du rocher.

La source minérale la plus gazeuse et la plus appréciée de la commune de Thueyts est au hameau de Luzet, situé sur la rive droite de l'Ardèche, un peu avant d'arriver à Chadenac.

*
* *

Dans une très-ancienne maison du hameau de Serrecourt — maison qui paraît être contemporaine de l'abbaye de Mazan, on voit une vieille inscription qui, au premier aspect, semble de l'hébreu, mais qui, vue avec attention, laisse lire les mots suivants, taillés en relief dans une sorte de cœur ornementé formant l'écusson d'une cheminée :

R E G U	C E Q U E
A R D A Q U E	P O T R E
F A R A S	V E N I R
S O N G U A	R E G A R
E N T O U	D A L A
C A S	F I N

Cette inscription, outre qu'elle est un des monuments assez rares de la langue romane, dans nos pays, prouve chez nos pères des habitudes de prudence et de sagesse auxquelles nous aurions grand besoin de revenir.

Le curé de Thueyts écrivait en 1762 :

« Le village a 360 feux.

« L'abbé du Monastier présente pour la cure. Il est seigneur justicier de Thueyts et du village de Bruc.

« M. de Blou est seigneur justicier de Chadenac et Serrecourt dont les autres villages et hameaux dépendent.

« Chadenac est un vieux château qui appartient à M. de Blou. Il est inhabité.

« M. de Fabrias, seigneur de Craux, a des domaines et des fiefs dans le territoire.

« On commence à travailler à une grande route.

« On trouve encore dans la paroisse des seigneuries directes appartenant à M. Delière, avocat à Villeneuve-de-Berc, à M. de Pourcheyrolles, au prieur du Gaudet et autres.

« La paroisse de Thueyts est divisée en trois mandements :

« 1° Celui de Thueyts où est l'église paroissiale qui renferme le village de Bruc possédant l'église de St-Chartre ; 2° celui de Chadenac ; 3° celui de Serrecourt qui comprend le Bouchet.

« Il y a encore le village de Barnas du mandement de Chadenac qui est de la paroisse de Mayres pour le spirituel.

« Deux consuls sont nommés dans le mandement de Thueyts et deux dans les mandements unis de Chadenac et Serrecourt. Ils sont élus pour un an mais ils durent pendant plusieurs années. »

.*.

La grand'route, dont il est question ici, est celle que les Etats du Languedoc firent construire pour établir entre Aubenas et le Puy par la Chavade des communications plus faciles que précédemment.

Quand il s'est agi de l'exécution du chemin de fer de Brioude, nous avons lutté dans les feuilles locales pour faire passer cette ligne par la haute vallée de l'Ardèche et par Aubenas d'où elle serait allée rejoindre Alais par Joyeuse et St-Ambroix. L'Etat, peut-être avec raison, préféra la ligne plus directe de Villefort, mais nous ne désespérons pas de voir réaliser un jour, à titre d'embranchement, ce que nous demandions alors, c'est-à-dire de voir relier le Pont de la Beaume à la ligne de Brioude par la vallée de Mayres.

En attendant de rouler en locomotive dans cette belle vallée, nous y roulions en voiture de toute la vitesse de nos deux chevaux entre les prairies qui bordent la rivière et les châtaigniers dont les phalanges serrées s'élèvent jusqu'aux deux tiers de la montagne, majestueusement dominées au sud par ce grand peigne granitique qu'on appelle le rocher d'Abraham.

En vue de Barnas, nous apercevons de l'autre côté de l'Ardèche, un débri de tour, habillé de lierre, se dressant au milieu de ruines informes : c'est tout ce qui reste de l'ancien château de Chadenac.

*
* *

A Barnas, nous nous arrêtons pour saluer le vénérable curé Anjolras, le plus célèbre rebouteur de la contrée. Aussi loin que peuvent aller mes souvenirs, le curé de Barnas était déjà le grand chirurgien populaire du Bas-Vivarais. Toutes les fois qu'il se cassait un bras ou une jambe, on parlait, non pas d'aller chercher un médecin, mais de porter le blessé chez le curé de Barnas, et, neuf fois sur dix, c'est ce que l'on faisait.

L'abbé Anjolras, qui est curé à Barnas depuis 1822, est de Coucouron où il est né vers 1790. Il n'est donc pas jeune et on ne s'étonnera pas que nous l'ayons trouvé cloué à son fauteuil par les infirmités. Il put se lever, non sans peine pour nous recevoir, mais il lui est impossible de se tenir debout.

Nous causâmes un instant avec lui.

— Vous avez vu bien des malades, M. le curé, dans votre longue carrière.

— Oui, il en est bien passé peut-être quarante mille entre mes mains. Il est vrai, ajouta-t-il modestement, que beaucoup n'avaient rien ou pas grand chose et ont été guéris sans moi.

Il nous apprit qu'il avait une sœur rebouteuse et c'est là évidemment ce qui avait déterminé sa vocation chirurgicale.

Le curé de Barnas exerçait depuis une dizaine d'années quand on l'obligea d'étudier l'anatomie, mais, ajouta-t-il, cela ne m'a rien servi. J'avoue que ces paroles me choquèrent. Je comprends qu'à force d'expérience on acquière ce que l'abbé Anjolras appelle le *don* de remettre en place les membres luxés ou fracturés, mais il me semble que même pour les mieux doués la connaissance de l'anatomie ne peut être que profitable.

— Vous avez guéri beaucoup de pauvres diables ?

— Tant que j'ai pu ; mais je ne peux pas aujourd'hui me guérir moi-même.

C'est que l'âge est, en effet, la plus irréductible des fractures, puisque la mort seule en guérit.

En somme, le curé de Barnas a été un très-habile empirique qui a dû certainement faire bien des écoles à ses débuts mais qui, grâce à une aptitude particulière et à une pratique incessante, avait acquis une expérience rare. C'est cette pratique qui malheureusement nous manque à nous pauvres médecins de campagne, et — qu'on me permette de le dire ici en passant — il est extrêmement regrettable que nous ne puissions pas de temps à autre aller suivre, pendant un mois ou deux, la clinique des hôpitaux de Paris, de Lyon ou de Montpellier où nous verrions dans cet intervalle plus de cas, très-instructifs pour nous, que nous n'en voyons en vingt ans dans notre pratique provinciale.

Le curé de Barnas a une figure intelligente et bienveillante. A peine est-il besoin d'ajouter qu'il opérait gratuitement. Beaucoup de guéris laissaient seulement une modeste offrande à son église.

On apporte encore quelques blessés à l'abbé Anjolras. Il y avait là, au moment de notre visite, un petit garçon de dix ou douze ans qui avait fait une chûte et l'on supposait qu'il avait une côte fracturée. Le curé lui dit d'approcher pour le palper, mais le petit garçon, soit crainte de la douleur, soit timidité surexcitée par notre présence, se tint obstinément à distance.

— Faites appeler mon adjudant, dit alors le curé.

On alla chercher un voisin que le curé a initié à son art et qui probablement le remplacera un jour. Nous partîmes au moment où le voisin entrait, mais je crois bien, à l'attitude du petit malade et à sa respiration facile, qu'il n'y avait pas beaucoup à faire et l'air du curé me prouva qu'il était du même avis.

**

La vallée de Mayres a le privilége de posséder un nid d'aigle. Notez qu'il s'agit ici du grand aigle noir, et non pas de l'aigle criard assez commun en Vivarais et qui peut jusqu'à un certain point être apprivoisé. J'ai gardé pendant près de deux ans un aigle criard qui revenait tous les soirs se percher sur une treille de mon jardin et parfois me suivait comme un chien tandis que je taillais mes arbres ou que j'arrosais mes légumes.

L'aigle de Mayres vient des Alpes, à ce qu'on assure, pour nicher en Vivarais où il passe la belle saison aux dépens des moutons de l'endroit. On ajoute qu'il s'en retourne en hiver quand les moutons ne sortent plus. C'est un peu comme le troupeau du suffrage universel : plus il est nombreux et moutonnier, et plus il y a d'aigles pour s'engraisser à ses dépens.

L'aire de l'aigle n'est pas au rocher d'Abraham, comme on le croit généralement, mais dans un endroit beaucoup plus rapproché de l'Ardèche, au milieu d'une immense muraille rocheuse, inaccessible d'en bas comme d'en haut, qui forme une des parois d'un ravin entre Mayres et Barnas.

Les chasseurs de l'endroit vont quelquefois se poster dans les environs pour chasser l'aigle, mais je n'ai pas entendu dire qu'ils aient souvent abattu le tyran des airs.

Un paysan est parvenu une fois à s'emparer des petits aiglons par un moyen assez ingénieux. Il confectionna avec de vieux vêtements une sorte de pantin qu'il attacha à une longue corde, puis il monta au sommet du rocher et fit descendre le pantin dans l'aire. Les petits aiglons se jetèrent sur l'intrus, le griffèrent et le mordirent si bien qu'ils y restèrent empêtrés. Le paysan retira le pantin avec les aiglons, mais il est probable que si le couple royal l'avait aperçu, il aurait passé un vilain quart d'heure.

Les déprédations de l'aigle portent spécialement sur les troupeaux des propriétés voisines. Le fermier de Mᵐᵉ Rouchon (de la Souche) se faisait remettre toutes les années le prix de deux ou trois agneaux enlevés par l'aigle.

**

Mayres est dans la vallée de l'Ardèche ce qu'est

Montpezat dans celle de Fontaulière, la dernière station avant de grimper la crête des Cévennes.

Le bourg principal de Mayres s'appelle St-Martin. L'habitant du pays tout au moins réserve le nom de Mayres à l'ancien village de Mayres *(de matribus)* qui, un peu plus haut sous les châtaigniers de la route, semble encore se dissimuler sous la protection du vieux château des Montlaur dont il reste une tour et quelques pans de murs ruinés. Le nom de ce village n'indique-t-il pas quelque culte très-ancien antérieur au christianisme, celui-là même auquel fait allusion le vers du poète : *Diis matribus...* ? Il paraît que les anciennes divinités appelées les *mères*, sans doute par antithèse, ressemblaient fort aux furies. Encore aujourd'hui mère en patois se dit *mayre*.

La seigneurie de Mayres appartenait à la puissante maison de Montlaur qui posséda si longtemps la baronie d'Aubenas. Il résulte d'une pièce assez curieuse que j'ai trouvée dans de vieux registres de notaire d'Aubenas que les habitants jouissaient, bien avant le 15e siècle, des libertés municipales.

Il y a deux sources minérales à Mayres que nous regrettâmes de ne pouvoir visiter, car elles sont à quelque distance de la route et nous ne pouvions nous arrêter que peu de temps.

L'une, appelée la *Vivaraise*, située sur la rive droite du ruisseau dit du vieux Mayres, appartient à un nommé Chabert. Son débit est de 32 litres par heure.

Elle sort d'un granit schistoïde et paraît avoir une certaine vertu laxative attribuée soit au protoxyde de manganèse, soit à la magnésie qu'elle renferme (1).

L'autre source, située au sommet de St-Martin, sur la rive gauche de l'Ardèche, à un kilomètre environ au-dessus de la route, a porté d'abord le nom de la *Peyrolade*. Elle fut achetée 200 ou 300 francs par MM. Dusserre, Pradal et Mariani, d'Aubenas, qui la baptisèrent successivement des noms de *Noé* et *Clémentine*. J'ignore le nom qui lui est resté. Elle avait été affermée 2,500 francs par an, mais le contrat n'a pas tenu.

*
* *

De Mayres à la Chavade il y a onze kilomètres — onze kilomètres qui en valent bien trente ou quarante d'ailleurs, car la montée est des plus raides.

Nous rencontrons une grosse charrette de foin qui descend au grand trot d'un malheureux mulet sti-

---

(1) Voici l'analyse d'après M. Bouis (1868) :

Résidu insoluble.	0.020
Carbonate de soude.	0.872
— chaux.	202
— magnésie.	120
Sulfate de soude.	012
Chlorure de sodium.	032
Oxyde de fer.	012
	1.290

M. Ossian Henri, dans une analyse faite en 1866, y avait trouvé diverses autres substances, notamment du bicarbonate de manganèse protoxydé.

mulé par un jeune gars, à l'air mauvaise tête, malgré les cris et les jurons du père qui tient la mécanique. Celui-ci, finalement mis hors de lui par l'entêtement de son fils, profite d'un passage où le gravier fait l'office de frein, pour quitter son poste et aller prendre le mulet par la bride, non sans avoir appris à l'imprudent conducteur par un vigoureux coup de pied qu'on ne fait pas descendre ainsi aux grosses charrettes des pentes aussi raides.

Notre situation politique actuelle n'est-elle pas tout entière dans ce petit drame ? Voilà quelques années que la France descend sa côte de Mayres, aiguillonnée par des imprudents qui veulent courir là où il faudrait marcher avec précaution, malgré les avertissements des gens calmes et expérimentés occupés à serrer le frein et à donner des conseils qu'on n'entend guère. Gare le coup de pied final !

Les châtaigniers vont jusqu'aux deux tiers de la montée. Ici, comme dans la vallée de Fontaulière, de hautes murailles de rochers surplombent leurs dernières files. Puis viennent les pâturages. Il semble toujours qu'on va arriver au sommet de la montagne et à chaque détour on voit la route s'allonger indéfiniment. Il est six heures du soir, et nous n'avons encore fait que la moitié du chemin. Nos deux chevaux avancent, du reste, avec ardeur, stimulés par les mouches. Je croyais que les mouches ne dépassaient pas la région des châtaigniers, mais il paraît que la douceur de la température les décide à s'aventurer plus haut. Leur essaim bourdonnant voltige au soleil autour de la tête et du cou des chevaux.

Nous arrivons à la Chavade au crépuscule. C'est là que nous avions résolu de passer la nuit. Mais nous apprenons que, par suite de la mort récente du propriétaire, il n'y a plus d'auberge. Nous décidons alors d'aller coucher à Mazan. Fort heureusement notre jeune conducteur avait fait un mois auparavant le trajet de la Chavade à Mazan par la route forestière construite depuis quelques années. Nous pouvions donc espérer que, malgré la nuit qui commençait, il saurait retrouver son chemin et que nous avions quelque chance d'arriver sains et saufs. On nous avait dit, d'ailleurs, qu'il y avait à Mazan une bonne auberge. En route ! Et voilà nos chevaux secouant leurs grelots sur l'étroit sentier qui grimpe la crête dans la direction de Mazan, jetant dans un étonnement profond toutes les bêtes éparses dans les taillis de la montagne, car on n'avait certainement jamais vu une voiture s'engager dans ces parages à une pareille heure.

Nous ne rencontrâmes pas une âme dans tout le voyage.

XVII

MAZAN.

Voyage nocturne à travers la forêt de Mazan. — Une chambre à deux lits. — Les ruines de l'abbaye. — La fondation de Mazan par un prince moine. — Le quartier des Anglais. — Le trésor de Mazan. — L'abbaye au 17ᵉ siècle. — La révolution chez les moines. — Comment eut lieu l'abandon de la basilique. — La fontaine exhilarante de St-Cirgues.

Nous voilà donc en route pour Mazan au milieu des ténèbres d'une nuit sans lune.

Une soirée passée à Gênes, il y a une dizaine d'années, me revient ici en mémoire. J'étais arrivé, à la nuit tombante, dans cette vieille capitale de la Ligurie, où un ami, amateur forcené des beaux-arts, m'attendait à la gare.

Comme nous devions partir le lendemain de grand matin par le steamer de Nice :

— Profitons du jour qui reste, me cria-t-il dès qu'il m'aperçut, pour voir les chefs-d'œuvre de Gênes.

Il me fit courir avec une rapidité vertigineuse à travers un dédale de rues, me poussant dans les églises, dans les galeries, me faisant admirer des édifices, des statues, des tableaux... que je voyais à moitié ou pas du tout. Il avait vu lui-même ces objets cent fois et son imagination les lui montrait réellement, tandis que j'étais obligé de les deviner ou de le croire sur parole. De là, nous montâmes à la belle promenade de l'Acquasola qui domine la ville et le golfe et il me fit admirer un panorama splendide... dans d'autres conditions, mais qui pour le moment se réduisait à un immense crêpe noir que perçaient çà et là les reverbères des rues ou des quais et au loin le miroitement gris de la mer. Le spectacle avait, du reste, un certain cachet, mais il eût été singulièrement plus beau si le soleil avait été de la fête.

Il en a été de même de notre voyage de la Chavade à Mazan.

Nous étions comme des spectateurs aux premières loges d'un théâtre dont tous les lustres se sont subitement éteints. Les montagnes émergeant silencieuses des vallées noires semblaient tantôt se confondre avec les étoiles, et tantôt vouloir s'abîmer sous terre. Des bruits mystérieux montaient d'en bas, tandis qu'à nos côtés le vent agitant les herbes ou les arbustes faisait parfois l'effet de voix humaines. On prêtait l'oreille; on croyait entendre quelqu'un ou apercevoir la lueur d'une maison de paysan; puis on reconnaissait qu'on s'était trompé; la lueur était une étoile ou le feu d'un yssard lointain, et la voix n'était qu'un effet du vent accompagnant de sa basse non interrompue le chant argentin des grelots de nos bêtes.

Quand la voiture fut entrée dans la forêt, la sensation fut plus émouvante. Les ténèbres épaissies, la fraîcheur, le murmure, le bourdonnement ou le silflement du vent dans les arbres formaient comme une enveloppe vivante quoique invisible où nos petites personnes se trouvaient comme annihilées. Le cocher était tout œil et, comme le vent avait plusieurs fois éteint la lanterne de la voiture, nous étions obligés de la tenir nous-mêmes à tour de rôle, comme un Saint-Sacrement, pour lui permettre de se diriger.

M. Grasset a fait sur la forêt de Mazan de jolis vers qui, à ce moment, me bourdonnaient aux oreilles :

> Forêt, qui te créa ? qui planta tes grands arbres
> Sur ton sol volcanique et dur comme les marbres
>   Des autels qu'on dresse au saint lieu ?
> Qui mit dans tes gazons la pervenche et la rose ?
> Qui fit tes éventails où le zéphir se pose ?
>   Tes voix me répondent : C'est Dieu !

On entendait bien les voix dont parle le poète, mais on ne voyait ni les pervenches ni les roses. Les magnifiques haies vertes entre lesquelles nous cheminions étaient changées en murailles noires, et c'est à peine si parfois une traînée de ciel bleu, marquant la ligne des arbres abattus pour le passage de la route, nous rappelait que nous étions dans une forêt et non sous un tunnel.

— Ah ! dit notre jeune conducteur, les bonnes framboises que nous mangerions, s'il faisait clair !

Nous aurions voulu autant que lui qu'il fît clair, quoique pour d'autres motifs, et je me suis bien promis de revoir, tôt ou tard, de jour cette magnifique contrée qu'un mauvais destin m'a obligé de traverser la nuit.

Après une heure et demie d'un trot d'ailleurs fort mesuré, dans les ténèbres de la forêt, nous nous retrouvâmes à l'air libre dans un bas fond.

— Mazan doit être là-bas dans ce trou, dit notre conducteur. Tâchons de ne pas le passer sans le voir !

Le chemin forestier, qui va rejoindre la route de Montpezat à la forêt de Bauzon, laisse, en effet, Mazan à une centaine de mètres plus bas et l'on n'arrive au village que par un sentier très-rapide où une voiture ne peut descendre sans risque d'être précipitée s'il n'y a pas un homme pour retenir les roues.

Le cocher descendit avec la lanterne et chercha ce sentier qu'il finit par découvrir. En même temps il appela et nous eûmes la satisfaction d'entendre une voix d'homme lui répondre. Un grand et fort gaillard, à la face colorée, avec de longues moustaches, ayant d'ailleurs une bonne physionomie, vint aider la descente de la voiture et nous dit qu'il était l'aubergiste.

— Mais, lui dis-je en voyant l'aspect plus que modeste de sa maison, est-ce qu'il n'y a pas une autre auberge à Mazan ?

— Non.

Cette demande me parut à moi-même des plus naïves, le lendemain matin quand j'eus pu constater par mes yeux qu'en dehors des ruines de l'abbaye, de l'église, du presbytère et de la maison des sœurs, le village de Mazan ne comprenait en tout que *deux* maisons de paysan avec l'auberge.

*
* *

Nous entrâmes dans une pièce basse servant à la fois de cuisine et de dortoir, car l'on apercevait dans les coins des alcôves qui servaient de chambre à coucher aux gens de la maison. Une vieille femme, assise auprès du foyer, berçait un enfant dont les cris vigoureux prouvaient au moins qu'il avait bonne poitrine.

J'eus encore la naïveté de demander à l'aubergiste s'il pouvait nous donner une chambre à deux lits et je le priai de nous y conduire, mon compagnon et moi, pour déposer nos effets.

— Venez ! nous répondit-il.

Il nous fit passer dans la pièce voisine qui était la grande salle du cabaret comme le montraient surabondamment les tables et les bancs disposés tout autour.

— Voilà ! ajouta-t-il.

— Quoi ! nous demandons la chambre à deux lits ?

— Vous y êtes !

Et il nous montrait deux niches fermées de rideaux rouges, que nous n'avions pas encore aperçues. Il y avait dans chacune une paillasse de feuilles de hêtre et une couverture.

Nous étions bien un peu ahuris, mais à la guerre comme à la guerre! Quand on vient à Mazan, il ne faut pas avoir la prétention d'y être logé comme à la Croix-d'Or, de Privas.

Nous nous rabattîmes sur le dîner.

— Que nous donnerez-vous pour manger?

— Tout ce que vous voudrez.

— Mais enfin?

— Eh bien! monsieur, nous avons du beurre, des œufs et des pommes de terre.

Je dois dire que ces trois plats furent excellents. Il est vrai que nous avions bon appétit.

Nous dormîmes assez bien, chacun dans notre placard, et — chose rare en montagne — nous ne nous aperçûmes pas qu'ils fussent habités.

Le lendemain, en sortant, je remarquai que la porte de l'auberge n'avait qu'un simple loquet sans serrure. Heureux pays où l'on n'a pas besoin de se fermer à clé!

***

Mazan, comme je l'ai dit, ne se compose que de deux ou trois maisons construites avec les ruines de la vieille abbaye. Le village est environné de prairies de toutes parts. On aperçoit sur les hauteurs quelques bouquets de bois, et, en amont du ruisseau, le premier plan de la forêt.

On nous dit que tous ces prés appartenaient à

MM. Verny, du Pont d'Aubenas, ce qui empêchait le village de s'agrandir.

La matinée était fraîche mais très-belle. Le soleil dorait les sommets des montagnes. Les coqs chantaient de toutes parts et quelques bêlements de moutons ou de chèvres qu'on conduisait aux champs leur répondaient.

Notre première visite fut naturellement pour les ruines de l'abbaye.

Nous entrâmes à tout hasard par une porte basse qui s'ouvrait à quelques pas derrière le presbytère actuel, et nous nous trouvâmes dans la plus belle des églises de l'ancien Vivarais. Hélas ! comme elle est déchue aujourd'hui de l'ancienne splendeur que révèlent encore ses formes et ses proportions ! Les dalles disparues sont remplacées par un véritable bourbier où picorent une légion de poules, où grognent les porcs et dont le plus malheureux de nos paysans ne voudrait pas pour son habitation. Nous y aperçûmes une brouette et des amas de bois et de branchages sur divers points, notamment au fond du chœur, là où était le maître-autel et dans les deux absides latérales.

La vieille basilique de Mazan est aujourd'hui un hangar, moins que cela, une écurie.

Bien que nous y attendant un peu, ce spectacle nous fit une pénible impression.

Le monument a 52 mètres de longueur sur 19 de

largeur. M. Reymondon le décrit ainsi dans l'Annuaire de 1859 :

« Sa forme est celle d'une ancienne basilique, avec collatéraux et transept surmonté d'une coupole remarquable. Comme les églises de cette époque, elle est assez bien orientée. Le style de l'église est parfaitement en harmonie avec les belles dispositions de son plan. Les trois absides, le transept et la coupole, se distinguent du reste de l'édifice par des arcs doubleaux, des colonnes, des pendentifs, des contreforts extérieurs, des croisées et autres ornements romans du style le plus pur. Les croisées de la nef et des collatéraux sont aussi romanes. La grande voûte de la nef, séparée à chaque travée par des arcs doubleaux, est légèrement ogivale ; les voûtes et les arcs doubleaux des collatéraux le sont aussi ; mais ce qui est surtout digne de remarque, c'est que les arcs ogivaux qui composent les collatéraux ne sont pas entiers : ceux contre la nef sont coupés aux deux tiers, disposition ingénieuse qui donne une solidité si grande aux voûtes de l'édifice que, malgré les injures des siècles, malgré le stupide vandalisme et la rapacité des habitants de la commune qui ont eu l'impudence de démolir une à une toutes les pierres de taille des parements extérieurs des murs, toutes les corniches, qui ont arraché toutes les ardoises qui recouvraient cet édifice et qui ont poussé le cynisme jusqu'à voler, en 1845, la couverture de la coupole, ces voûtes de l'église étaient encore parfaitement conservées lors de notre dernière visite sur les lieux. Il n'existait aucune lézarde sensible, soit dans les murs, soit dans les voûtes de l'intérieur de l'édifice. »

Les deux rangs, de quatre piliers chaque, qui séparent la grande nef des nefs latérales ou bas-côtés, sont en pierres volcaniques de Banne (du côté de la Chavade), tandis que les pierres volcaniques des voûtes, poreuses et beaucoup plus légères, ont été apportées du Suc de Bauzon.

La toiture qui recouvrait la voûte ayant été pillée, celle-ci présente à l'extérieur l'aspect d'une prairie ou d'un jardin suspendu. Aussi, quand il pleut, l'eau dégoutte de toutes parts à l'intérieur et le transforme en un véritable cloaque.

L'église de Mazan, quand on songe à la faible population du pays, donne une haute idée de la foi ardente de ses fondateurs, car il est évident qu'elle n'a jamais pu être pleine qu'en de très-rares occasions, lorsque les religieux convoquaient tous les villages environnants à quelqu'une de leurs solennités.

L'abbaye de Mazan doit son origine à un soldat fait moine. Ce personnage s'appelait Amédée, prince d'Hauterive. Il était entré, après avoir déposé l'épée, dans le monastère de Bonnevaux, en Dauphiné. On raconte qu'il partit de là vers 1122 pour aller fonder une colonie à Mazan qui s'appelait déjà *Mansus Adami* ou *Mansus Adœ* d'où l'on fit ensuite *Man-*

siadde. Amédée et ses compagnons travaillèrent vaillamment, remuèrent la terre, coupèrent des arbres, semèrent des grains, bâtirent et aménagèrent les constructions élevées par eux, édifiant tout le monde par leur piété et recevant, des seigneurs comme des paysans de la contrée, des dons et des encouragements. Quand tout fut prêt pour recevoir la colonie, treize moines sortirent de Bonnevaux, dont un avec le titre d'abbé, et vinrent s'installer à Mazan. C'était le douzième monastère fondé par Citeaux, et le premier de cet ordre dans la province de Languedoc. Dom Amédée rentra alors à Bonnevaux.

L'abbaye de Mazan donna naissance, de son côté, à divers monastères, entre autres celui de Senanque à qui l'on doit la fondation de l'abbaye des Chambons.

Les premiers bâtiments du monastère étaient situés à une petite distance de la basilique actuelle au lieu dit *Mazan Vieux*, comme l'atteste la tradition beaucoup mieux que les quelques débris informes qu'on montre aux voyageurs. Ils furent détruits en 1375 par les routiers anglais qui s'étaient emparés de Châteauneuf-Randon. Tous les moines furent massacrés. Le châtiment ne se fit pas attendre. Les habitants du pays, réunis par les seigneurs, allèrent attendre sur la montagne de Sainte-Abeille, à une lieue de Mazan, les routiers qui retournaient à Châteauneuf chargés de butin et les passèrent au fil de l'épée. On voit encore sur un rocher, au-dessus de la chapelle de Sainte-Abeille, une vieille inscription : *Quartier des Anglés*, chargée de rappeler cet évènement.

L'abbaye de Mazan fut encore dévastée pendant les guerres de religion et en 1793.

Les moines de Mazan possédaient d'immenses domaines et des revenus considérables comme on peut le voir par le Cartulaire qui existe aux Archives départementales de l'Ardèche ou par leur Terrier, que possède M. Henri Vaschalde.

M. Vaschalde a aussi l'*Inventaire des titres et documents concernant l'abbaye de Mazan trouvés dans les archives de l'évesché de Viviers au Bourg-St-Andéol le 8 septembre 1790*. Il a indiqué, dans un de ses opuscules, le sujet de quelques-unes de ces pièces. Celle qu'on peut supposer la plus curieuse est intitulée : *Coutûmes des religieux de Mazan*, contre M. l'abbé, de l'année 1597.

Il y a une dizaine d'années, lors de la construction de la route forestière à travers la forêt de Mazan, un ouvrier terrassier, étranger au pays, était occupé à déraciner un sapin, lorsque d'un coup de pioche il mit à découvert un vase renfermant une quantité considérable de pièces d'or. Ces pièces, assez usées, étaient généralement de la grandeur d'une pièce de cent sous, mais beaucoup plus minces. L'ouvrier en remplit ses poches, et même, dit-on, ses caleçons, et disparut. Les ouvriers qui travaillaient avec lui, ayant soupçonné la trouvaille, cherchèrent au même endroit et y trouvèrent encore, dit-on, une quarantaine de ces pièces. On assure que le département en fit racheter quelques-unes. Ces pièces étaient, paraît-il, espagnoles, ce qui s'expliquerait par le fait qu'autrefois les maquignons espagnols venaient s'approvisionner de chevaux au Puy et peut-être à Mazan.

Les anciens de Mazan prétendent qu'à la Révolution, les moines enfermèrent leur trésor dans une cloche qui fut enfouie dans la forêt vis-à-vis et en face de l'œil de bœuf de la basilique. Plusieurs fouilles ont été faites dans cette direction mais sans résultat.

Un paysan de la commune fut plus heureux, il y a 7 à 8 ans. En creusant les fondations de sa maison, il trouva un certain nombre de pièces d'or, de forme octogone, renfermées dans une corne de bœuf à peu près réduite en poussière.

D'après une tradition recueillie à Montpezat et au Béage, les religieux de Mazan avaient au siècle dernier, une réputation beaucoup moins bonne que ceux de Bonnefoy.

Nous avons déjà dit, dans un des premiers chapitres de cet opuscule, l'influence considérable qu'exerça sur l'état politique du Vivarais la cession du territoire de Berg faite par dom Falcon, abbé de Mazan, au roi de France. Cet acte, qui eut pour résultat la fondation de Villeneuve-de-Berg, permit au roi d'introduire la justice royale en Vivarais et de mettre ainsi un frein efficace aux abus de la féodalité.

D'Aguesseau, intendant général du Languedoc, parle ainsi de Mazan à la date de 1662 :

« L'abbaye de Mazan est en montagne ; elle est de l'ordre de Citeaux. Il y a douze religieux qui y font l'office ; les religieux n'y sont pas réformés. Elle est en bon état. L'abbé est le seigneur évêque, non pas en qualité d'évêque. Le revenu qui est de huit à dix mille livres consiste principalement en domaines et rentes. Le seigneur abbé est coseigneur, en pariage avec le roy, de Villeneuve-de-Berg où il a ses officiers. L'abbé de Mazan en était seul seigneur jusques à Philippe le Bel que le seigneur abbé associa en sa justice. »

L'abbé Mollier, dans son intéressant ouvrage sur Villeneuve-de-Berg, donne la liste des abbés de Mazan. Le premier fut Pierre Itier qui mourut en odeur de sainteté. Nous y remarquons trois membres de la famille de Chanaleilles, un Montesquiou d'Artagnan (1724) et le frère du célèbre bailli de Suffren (1764.) Le dernier abbé est dom Pierrevert (1784-1790.)

Le dernier prieur se nommait la Coste. C'était le

frère du général qui commandait à Villeneuve, les Vans, Joyeuse et Largentière. Au moment où commençait à gronder l'orage de la Révolution, l'esprit d'indépendance et d'insubordination s'était glissé dans les murs, jadis si paisibles, du monastère ; plus d'une fois le prieur se vit réduit à recourir à la force armée pour maintenir l'ordre. Le général faisait alors une apparition à la tête de ses dragons et tout rentrait dans le calme. Le révérend P. la Coste vivait à Pradelles, sa patrie, pendant la Révolution. (1)

*
* *

Les biens de l'abbaye de Mazan furent vendus sous la Révolution, à l'exception des forêts qui restèrent à l'Etat. Ils furent achetés par Moulin, du hameau de Chafour (Mazan.) Les bâtiments de l'abbaye, à l'instigation du frère de l'acquéreur qui était curé à Thueyts, furent remis à trois personnes : M™ⁿᵉ de Boco, M™ᵐᵉ d'Antraigues et une troisième dont le nom nous échappe, pour servir à des œuvres pies. Ces trois personnes les transmirent à l'abbé Vernet, supérieur général du séminaire de Viviers. Celui-ci fit ériger la paroisse de Mazan. Il voulait y faire un établissement religieux d'arts et métiers. Rebuté par les difficultés de l'entreprise, il consentit a la vente de quelques dépendances : le moulin, l'enclos, la tour du cloître, etc. Tout cela fut vendu à bas prix.

(1) Recherches historiques sur Villeneuve-de-Berg et le Bas-Vivarais, par l'abbé Mollier, p. 588.

L'abbé Vernet fit agir auprès du gouvernement pour en obtenir la restauration de l'ancienne basilique qui, lors de l'adjudication faite à Joyeuse, avait été réservée pour l'exercice du culte. Mais ses efforts restèrent infructueux. En attendant, le culte se célébrait dans le chœur de la basilique qui avait été séparé de la nef par un mur aujourd'hui disparu.

Cela dura jusqu'en 1843. Alors, le curé et les habitants, fort peu sensibles à des considérations artistiques et incommodés par l'humidité du vieux bâtiment où l'eau filtrait en abondance par suite d'un barrage fait à quelques pas de là en amont du ruisseau, se résolurent à construire la nouvelle église ou plutôt à aménager dans ce but l'ancienne boulangerie des moines. « Si, comme le dit fort justement M. Reymondon, on eût consacré l'argent qu'on a employé là aussi stupidement, à faire recouvrir, fermer et daller l'ancienne basilique, on n'aurait pas dépensé un centime de plus, et elle serait aujourd'hui dans un état parfait de conservation.. »

La principale responsabilité de cet acte qui précipita le pillage des matériaux de l'ancienne basilique appartient au curé d'alors, M. Vidil, mais il faut bien reconnaître que l'administration, avec ses lenteurs et ses refus, en a une part. Si, en effet, elle eût accueilli les demandes de M. Vernet, nous n'aurions pas à déplorer la ruine irréparable du plus bel édifice religieux de l'Ardèche.

Toutes les maisons de Mazan, excepté l'auberge qui est située sur la rive droite du ruisseau, sont d'anciennes dépendances de l'abbaye comme l'indiquent suffisamment certaines portes à colonnettes et leurs fenêtres ogivales.

Le couvent occupait toute la rive gauche du ruisseau. En dehors de la basilique, de la nouvelle église et des maisons habitées, il ne reste qu'une tour, située au bord de l'eau et quelques pans de mur. Toutes les voûtes se sont écroulées. Il y a un champ de pommes de terre là où était autrefois le réfectoire. Les crues du ruisseau ont emmené l'ancien cimetière des moines qui se trouvait derrière l'église. Le cimetière actuel de la commune adossé à la basilique était l'ancien jardin des moines.

Un paysan me regardait curieusement tandis que je considérais la coupole de la basilique à moitié blanche de la blancheur des ruines parce qu'on la découronne à l'envi de ses belles pierres de taille noircies par le temps.

— Comment ! lui dis-je, peut-on ainsi détruire de si beaux édifices ?

— Ah ! me dit-il, il y a longtemps que le maire, l'adjoint et le curé ont défendu de prendre ici des pierres. Mais que voulez-vous ? On vient de la campagne à la messe. On voit que tout ça s'écroule. On aperçoit une belle pierre qui conviendrait parfaitement pour la porte ou la fenêtre de la maison qu'on bâtit... C'est comme cela que, malgré toutes les défenses, il en part de temps en temps quelques-unes pendant la nuit.

M. Reymondon n'avait donc pas tort, et le poëte-touriste a pu justement s'écrier de son côté :

> Le temps seul n'a pas fait cette œuvre de Vandales.
> L'homme a détruit la voûte et descellé les dalles,
>   Son bras ne s'est jamais lassé :
> Stupide, il a frappé voûtes et colonnes,
> Meurtri les chapiteaux, démoli les couronnes,
>   Merveilles d'un âge effacé (1)

La basilique de Mazan a été classée parmi les monuments historiques, il y a deux ou trois ans, en même temps que l'église de Thines. C'est tout bonnement de la moutarde après dîner. Le gros de l'édifice, qui a déjà subi de graves avaries depuis 1859, résistera peut-être encore un certain temps, grâce à la solidité de sa construction, mais il est évident qu'à défaut de réparations qu'on ne fera pas, parce qu'elles représenteraient aujourd'hui une somme trop considérable, son écroulement n'est plus qu'une question d'années. Un beau jour, on entendra dire que la voûte est tombée, puis les piliers, puis les murs. Dans un demi-siècle, on y sèmera des pommes de terre ou des raves et la pioche du paysan y heurtera le cercueil de quelque vieil abbé mitré qui se redressera peut-être en lui criant : Barbare !

(1) L. Grasset. *Bas-Vivarais* du 25 novembre 1876.

Nous mîmes environ une heure et demie pour aller de Mazan rejoindre à Bauzon la grand'route de Montpezat.

On nous montra sur la gauche les montagnes de St-Cirgues.

Il y a dans cette commune deux sources d'eau minérale.

L'une, appelée *Sainte-Silice*, est située dans le lit du ruisseau à 200 mètres environ en amont de St-Cirgues. Elle est très-gazeuse et fait sauter les bouchons des bouteilles. On lui attribue une vertu anti-diarrhéique et l'on ajoute qu'elle est exhilarante et peut même griser comme le vin.

L'autre source, beaucoup moins gazeuse, est située dans le village même.

XVIII

LE BÉAGE.

La Loire. — Ruisseaux purs et fleuves troubles. — Rieutort. — Les Ueclades. — La dentelle et les dentellières. — La Champ Clavel. — La récolte de la violette. — Le Béage. — Les anciens muletiers. — Une relique de Saint Jean-François-Régis. — Les misères, la grandeur et la décadence d'un berger du Béage. — Régis Breysse. — Un bas-relief inédit de lui.

Nous voici revenus au bois de Bauzon, où nous avions tout à l'heure laissé la voiture.

La route est très-belle et nos chevaux filent au grand trot vers Rieutort.

La Loire déroule là-bas son filet limpide qui dans les plaines basses se changera en flots plus ou moins troubles. Pourquoi tous les ruisseaux de montagnes sont-ils clairs tandis que tous les fleuves sont troubles et bourbeux ? C'est parce que plus ils vont, plus ils ramassent d'immondices. De même les hommes allant par ruisseaux, c'est-à-dire vivant hors des villes, à distance raisonnable les uns des autres, sont honnêtes et limpides. Quand ils vont par fleuves, on n'aperçoit plus que des consciences troubles.

Venue de Ste-Eulalie qui est au nord, la Loire, sous nos yeux, tourne brusquement à l'ouest, pour aller passer sous le lac d'Issarlès, ce qui a valu le nom de Rieutort (*rivus tortus*) au village témoin de cette subite volte-face.

Rieutort fait partie de la commune des Usclades dont nous apercevons le clocher sur la montagne qui fait face à Bauzon. Souvent les Usclades sont ensevelies sous la neige, tandis que Rieutort, situé dans un bas-fond, en est débarrassé. C'est pour cela que Rieutort a obtenu de former une paroisse distincte.

Il n'y a guère qu'une industrie à Rieutort, celle des scieries, et elle doit y être bien ancienne, car elle a donné son nom aux plus riches comme aux plus vieilles familles du pays. Le nom de *Ceyte*, en effet, abonde dans la montagne.

Entre le hameau de Rieutort et le pont de la Loire, se trouve une auberge où l'on peut s'arrêter. C'est, en tous cas, la meilleure qui existe entre Montpezat et le Béage. Nous y déjeunâmes fort bien et trouvâmes le vin excellent. On ne saurait croire combien les vins alcooliques du Bas-Vivarais et du Gard se bonifient sous l'influence de l'air vif et frais de ces hautes régions. Les vins de Banne ou de Balbiac, quand ils ont passé un an à Rieutort ou au Béage, sont comparables aux bons crûs du Rhône.

La nourriture dans les auberges de la montagne est plus saine que variée. La soupe aux raves, le salé, les poulets, les pommes de terre, les œufs, le beurre et le fromage en forment le menu à peu près invariable. Mais les pommes de terre sont si bonnes ! On les dirait d'une autre espèce que celles qui viennent dans les basses vallées de l'Ardèche. Il y a bien encore quelques truites, mais elles deviennent de plus en plus rares, et elles sont toutes retenues d'avance pour Vals, Aubenas ou le Puy.

Nous montons à pied la côte des Usclades, autant pour faire un peu d'exercice après déjeûner, chose toujours hygiénique, que pour ne pas trop fatiguer les chevaux obligés de faire un long détour avec la voiture, tandis que nous grimpons par un chemin beaucoup plus court à travers les prairies.

Il ne faut guère plus de vingt minutes pour monter de la Loire aux Usclades. Devant les masures du village, des femmes et des filles sont assises avec une grosse pelotte sur les genoux et des bobines qu'elles déplacent avec une prestesse merveilleuse. Elles font de la dentelle. Je cause avec elles en attendant la voiture. Leurs réponses me laissent croire que l'auteur du *Marquis de Villemer* a exagéré l'exploitation dont elles peuvent être l'objet. J'apprends qu'en temps normal, les bonnes ouvrières gagnent 2 fr. 50 par jour (en 1874). Toutes ces pauvres créatures ne rêvent qu'une chose : aller habiter une ville. Leur ambition, du reste, n'ose pas viser Paris ou Lyon, et il est aisé de voir que, même à défaut de Largentière, elles se contenteraient de Montpezat. J'essaye de leur démontrer que tout n'est pas rose dans les villes, mais je vois trop bien, à leurs physionomies, que mes paroles ne les persuadent guère. C'est comme pour la République : il faut y passer pour comprendre qu'il ne suffit pas de changer de préfet ou d'enseigne gouvernementale pour que les alouettes tombent rôties.

Le travail de la dentelle est descendu jusqu'à Montpezat. C'est une des grandes ressources pour les villages des plateaux cévenols où l'hiver oblige pendant de longs mois les femmes, et souvent les hommes, à ne pas quitter le coin du foyer.

Je me suis un peu raccommodé avec la dentelle depuis que j'ai vu à quelle population intéressante ce travail venait en aide, et j'engage maintenant celles qui le peuvent — mais celles-là seulement — à s'en parer, en donnant toujours la préférence aux dentelles françaises sur celles de l'étranger. Le luxe, en thèse générale, est un mal, mais on peut lui accorder les circonstances atténuantes quand il sert à faire vivre de pauvres gens.

Le commerce de la dentelle va fort mal depuis quelques années. Nos agitations politiques peuvent bien y être pour quelque chose, mais c'est surtout un effet de la force des choses. Au 17e et surtout au 18e siècle, on faisait des folies pour ces tissus délicats dont tout le monde se parait à l'envi. La Flandre et l'Italie se disputent l'honneur d'avoir inventé la dentelle. Son usage date en France du règne de Henri II. Ce monarque qui avait une cicatrice au cou, imagina de porter une collerette de dentelle plissée et tuyautée, à laquelle on donna le nom de *fraise*, à cause de sa ressemblance avec la fraise de veau. On sait que cette collerette prit, sous ses successeurs, des proportions extravagantes. On prétend que la reine Margot, pour ne pas froisser la sienne, était obligée de se servir d'une cuiller de deux pieds de long. La pauvre reine Marie-Antoinette porta un grand coup à la dentelle en mettant à la mode la mousseline de l'Inde. Mais le coup le plus rude, coup mortel probablement, lui fut porté vers 1818 par l'invention du tulle et l'introduction des métiers mécaniques.

°

Des Usclades on va à peu près en plaine jusqu'au Béage en traversant la *Champ Clavel*. Les montagnards appellent une *champ* tout plateau dépourvu d'arbres et d'habitation.

Le Gerbier de Jonc se dresse bientôt en face de nous dans toute sa magnificence, au milieu d'un cercle d'autres pics ou dômes phonolitiques qu'il domine bien moins par sa hauteur que par sa forme tranchée — un cône parfait, très-légèrement incliné, qu'on reconnaît de tous les points de l'horizon. Le *Marquis de Villemer*, qui, du Puy, prétend l'avoir vu derrière le Mézenc, — il a sans doute voulu dire à côté, — le compare au Soracte, une des montagnes d'Italie dont les voyageurs et les poètes ont le plus parlé. Le Soracte a 1,734 mètres de hauteur et le Gerbier 1,562 seulement.

Nous laissons sur notre droite la magnifique vallée de la Loire naissante qui s'étend aux pieds du Gerbier et qui renferme les plus belles prairies du département.

Le plateau où roule notre voiture réalise la supposition de la grande éponge des montagnes que nous faisions dans un précédent chapitre. Il est formé, en effet, comme on peut le voir, dans les tranchées de la route, d'une couche de 1 à 3 mètres de terre végétale, fortement reliée par les racines du gazon, qui recouvre les coulées volcaniques répandues sur la montagne.

Dans les ravins, on aperçoit le gneiss au-dessous des laves.

On commençait à moissonner sur la Champ-Clavel quand nous y passâmes.

Sur quelques points nous vîmes faire de l'escobuage. Quand on a laissé quelque temps un terrain en pâturage, on y sème des céréales, après en avoir retourné les mottes, formées de bruyère ou de gazon qu'on fait sécher pour y mettre ensuite le feu. Les cendres servent d'engrais. Quelquefois aussi on conserve ces mottes de gazon sèches pour se chauffer pendant l'hiver. Nous en vîmes au Béage dans les rues, qu'on faisait sécher au soleil.

Quand l'escobuage se fait avec une terre plantée de genêts, c'est un *yssard*.

Les grandes gentianes jaunes abondent à la Champ-Clavel ; l'époque de leur floraison était passée, mais on les reconnaissait aisément sur les bords de la route à leurs larges feuilles au centre desquelles s'élevait, comme une baguette de fusil, la hampe des fleurs desséchées.

A côté, nous apercevons de pauvres petites violettes, de jolis œillets rouges et des campanules bleues. Toutes ces fleurs ont un air souffreteux ; on voit que, comme les femmes des Usclades, elles préféreraient de beaucoup les chaudes et basses régions à l'air pur et à la fraîche lumière de la montagne.

La violette est récoltée dans tous ces parages pour la pharmacie. La cueillette a lieu en juin. On fait sécher la violette sur des planches, *à l'ombre*, comme toutes les plantes médicinales, car le soleil enlèverait leur principe actif.

Autrefois, le commerce des violettes de nos montagnes aboutissait à la foire de Beaucaire par le canal de deux ou trois épiciers herboristes de Burzet, mais aujourd'hui il se fait directement entre les petits spéculateurs des Cévennes et les droguistes des grandes villes du midi. En 1869, un herboriste de Burzet en expédia à lui seul quinze quintaux à Nimes.

Il y a une vingtaine d'années, la violette séchée se vendait 1 fr. le kilogramme. Aujourd'hui elle vaut de 2 à 3 francs.

Il y a toutes les années, à Ste-Eulalie, une foire spéciale dite *foire des violettes*, où toutes les communes de la montagne apportent leur récolte et où l'on vient surtout du Puy, et un peu d'Aubenas et de Burzet. Le chiffre de 15,000 francs donné par M. de Valgorge comme représentant le bénéfice total de la récolte des violettes dans nos communes de la montagne, est évidemment bien au-dessous de la réalité, même en admettant l'ancien prix de 1 fr. le kilog.

Le matin, au printemps, quand le soleil a levé la rosée, l'air est délicieusement parfumé dans ces régions par les odeurs de violettes, de thym, de romarin et d'une infinité d'autres plantes odoriférantes. N'y aurait-il pas là pour les maladies de poitrine un principe de médication digne d'un examen sérieux ?

Le plateau ne fournit guère que du fourrage et des pommes de terre. Le seigle et les raves viennent dans les bas-fonds. Les paysans du plateau se nourrissent à peu près exclusivement de raves, de pommes de terre, de laitage et de salé. Le pain est pour eux un luxe. Ils ne boivent du vin qu'au cabaret le dimanche.

*
* *

Voici le Béage.

A l'aspect du pays comme à celui des habitants et surtout à leur langage, on sent bien qu'on entre en Auvergne. Le Mézenc qu'on peut apercevoir des hauteurs voisines, était désigné autrefois comme la limite de l'Auvergne *Meta Arvernarum*. De là, le nom d'*Arvermatenia* donné au Béage.

Le Béage porta aussi le nom de *Bisaticum*. Le cartulaire de St-Chaffre mentionne noble Gérenton du Béage (*de Bisatico*) qui prit part à la première croisade, assista au siége d'Archos, où fut tué Pons de Balazuc, et mourut lui-même au siége de Jérusalem en 1099. On voit encore, dit-on, au Béage, les ruines de son château. J'avoue que je ne les ai pas vues.

Les préoccupations modernes au Béage paraissent tout autres que du temps de Gérenton. Les femmes font de la dentelle sur la place publique en se chauffant aux rayons du soleil couchant, et les hommes évaluent le nombre des rouliers qui vont passer pour la foire du Puy. Le Béage est avant tout la grande auberge et le grand relai des muletiers et des charretiers qui vont du Vivarais au Puy. Hélas ! les muletiers ont à peu près disparu. Il y a trente ans, les routes du Bas-Vivarais fourmillaient de ces caravanes de beaux mulets tout pimpants avec leurs ornements rouges et leurs sonnettes étourdissantes, qui portaient, dans des outres, les vins du Gard et de la basse Ardèche. La charge de chaque bête était d'environ quatre quintaux. Le muletier, rude gars, au gilet rouge comme sa figure, semblait aussi fier de ses bêtes que s'il avait conduit toutes les mules du suffrage universel. C'était la joie de la route et des auberges. Les chemins de fer ont tué cette industrie, mais, si nous y avons perdu un détail pittoresque, les vignerons du Vivarais, comme les consommateurs de l'Auvergne, n'y perdent rien, car les premiers n'en vendent pas moins leur vin, — le peu de moins qu'épargne le phylloxera, — et les seconds le font venir plus vite et à meilleur compte.

Le Béage possède depuis 1865 une nouvelle église digne d'une commune aussi importante. J'ai entendu bien des personnes rendre hommage au zèle persévérant dont le curé, M. l'abbé Ceyte, et le maire, M. Cyprien Souteyrand, ont fait preuve pour mener à bonne fin une entreprise que la difficulté des transports, non moins que le manque de bois et de pierres de taille, rendaient particulièrement coûteuse et laborieuse.

On voit dans la sacristie une croix en argent émaillé, d'un travail remarquable, qui vient de l'abbaye de Bonnefoy. On en a offert mille francs au curé, qui a refusé.

Le maître-autel, encadré dans une sorte de retable, est l'œuvre d'un habitant du pays.

L'église possède une relique authentique de saint Jean-François-Régis : c'est un fragment d'un os du pouce, donné avant la Révolution au curé d'alors par M⁻ Souteyran de la Mathone, qui le tenait elle-même du curé de la Louvesc. Le pèlerinage qui a lieu, le 16 juin de chaque année au Béage, en l'honneur de saint François-Régis, remonte à cette époque.

On raconte que M. Chouvet, fuyant la persécution révolutionnaire, emporta avec lui la précieuse relique et qu'un jour, pour éviter d'être pris, il fut obligé de se jeter dans la Loire qu'il traversa à la nage. La relique fut sauvée, mais le sceau qui en établissait l'authenticité fut perdu et ne fut remplacé qu'en 1831 avec les formalités d'usage et l'approbation de l'autorité diocésaine.

On suppose que saint François-Régis a passé plusieurs fois au Béage, mais on n'a rien de certain à cet égard. Il est certain, en revanche, qu'il fit, en

1635, une mission à la Champ-Raphaël à laquelle on vint de toute la contrée environnante, et c'est de là qu'il alla évangéliser Privas.

⁎

Dans un petit hameau en face du Béage, on nous montra la maison, ou plutôt la cabane de Régis Breysse.

Cet artiste qui a eu, dans l'Ardèche du moins, grâce surtout à M. de Valgorge, une certaine célébrité, mais dont la fin n'a pas répondu aux espérances du début, est né là, le 19 juillet 1810, d'une famille très-pauvre. Ses premières années avaient été des plus dures et il en a retracé le souvenir dans un bas-relief d'un effet curieux et saisissant qu'il nous a donné lui-même. Nous ignorons s'il en existe d'autres exemplaires.

Ce bas-relief en plâtre représente toute la famille Breysse dans une étable où un propriétaire hospitalier lui a donné asile pour la nuit. Les pauvres gens ont l'air morne et abattu ; il est trop évident qu'ils n'ont pas dîné. Deux des enfants cherchent à consoler la mère, tandis qu'un troisième, qui n'est autre que l'auteur lui-même, bien reconnaissable à son nez retroussé et à ses traits accentués, aussi bien qu'aux figurines en bois qui sortent à moitié de sa poche, a la tête appuyée contre le sein de sa mère. Le propriétaire, une lampe (un *chal*.) à la main, apparaît sur le seuil de la porte apportant la soupe à ses hôtes. Les bœufs ruminent gravement au ratelier à côté de ce groupe dont chaque personnage révèle par son attitude les souffrances et l'anxiété qui l'accablent. Il est impossible d'oublier cette scène quand on l'a vue une fois et je crois que, transportée sur la toile par un artiste de talent comme Auguste Bouchet, elle aurait un véritable succès.

Quand Breysse eut dix ans, on en fit un pâtre. Il garda les moutons d'un nommé Valette, et c'est dans cette humble position qu'il commença à manifester son goût pour la sculpture en taillant avec son couteau des figurines représentant des chiens, des vaches ou des moutons. On raconte que pour donner de la couleur à ses figures, il se faisait une incision au bras et teignait le bois avec son sang. Ces premiers essais lui valurent l'honneur d'entrer..... chez un coutelier du Béage, puis chez un coutelier du Monastier; enfin chez un coutelier de Montpezat, car, dans le milieu où vivait Breysse, la coutellerie répondait aux sommets les plus élevés de l'art.

De Montpezat, Breysse se rendit au Puy, où sa vocation d'artiste se dessina d'une façon plus nette et où il trouva des protecteurs qui lui donnèrent le moyen d'aller étudier la sculpture à Lyon.

Le Conseil général de l'Ardèche accorda à Breysse, en 1838, une subvention de 800 francs, laquelle fut élevée à 1,000 francs pour chacune des quatre années suivantes.

Grâce au département, Breysse, put donc aller à Paris continuer ses études artistiques. Il fut un des élèves de David (d'Angers) et il fut admis à l'école des Beaux-Arts.

Les œuvres principales de Breysse sont :

Le bas-relief représentant la défense de la redoute Montelegino, qui figure dans l'ancienne salle du Conseil général de l'Ardèche (1841) ;

Le beau Christ de l'église paroissiale d'Aubenas (1843) ;

Et le bas-relief représentant Boissy-d'Anglas à la fameuse séance du 1ᵉʳ prairial, qui se trouve aussi dans l'ancienne salle du Conseil général (1845).

M. de Valgorge cite encore un groupe représentant un gladiateur tenant sous son pied la tête d'un lion qu'il a terrassé et qu'il va frapper de son glaive, et une statue de l'ange Gabriel tenant un lys à la main. Ces deux ouvrages sont de l'année 1844. Le dernier se trouve dans un château des environs d'Autun.

Breysse a fait plusieurs bustes, entre autres celui de Laurent (de l'Ardèche). Il nous montra un jour l'ébauche du Giotto, un berger comme lui, qui, après avoir dessiné deux chèvres sur un rocher, dort au pied de son œuvre. Le dormeur, naturellement ressemblait à Breysse. — Puisque vous dormez comme le Giotto, lui dis-je, tâchez de vous réveiller comme lui !

Nous avons connu Breysse personnellement en 1851 et 1852. Le pauvre artiste était déjà complètement dévoyé. Il avait voulu faire de la politique, il en avait fait à tort et à travers, et il avait perdu à ce jeu le peu de cervelle qu'il avait en même temps que les amitiés puissantes qui avaient jusque-là facilité sa carrière. Il était d'autant plus aigri qu'il avait pris à la lettre les éloges un peu exagérés qu'on lui avait donnés pour l'encourager et qui avaient développé chez lui une vanité immense.

« Je suis l'enfant de la montagne, disait-il souvent. Je suis éclairé par Dieu. Quand la montagne me dira : lève-toi, je roulerai comme l'avalanche... Mon nom sera immortel, » etc., etc.

Et il n'y a pas un de ceux qui ont connu Breysse qui ne lui ait entendu tenir quelque discours de ce genre.

A cette époque, il n'avait qu'une idée en tête : c'était d'être chargé de la statue d'Olivier de Serres, dont l'érection à Villeneuve-de-Berg était déjà projetée, et il nous a bien souvent montré, dans son atelier de la rue du Cherche-Midi, l'ébauche qu'il en avait préparée. Nous demandâmes, dans la petite feuille d'annonces judiciaire de Guiremand, — la seule qui parût alors à Privas, — qu'on le chargeât de ce travail comme lui revenant en quelque sorte de droit, puisque la nouvelle statue aurait ainsi rappelé deux Ardéchois au lieu d'un. Breysse était profondément blessé dans son amour-propre d'artiste et d'Ardéchois, à la seule pensée que cette statue pouvait être confiée à un autre et nous sommes convaincu que cette déception n'a pas peu contribué à préparer la terrible maladie dont il est mort. Déjà il désespérait alors et cherchait dans l'ivresse l'oubli de ses déceptions et de ses misères.

Breysse était un cœur loyal ; il avait un véritable talent artistique..... mais de cervelle point. Sa destinée pouvait être toute différente, s'il avait eu auprès de lui quelqu'un pour le diriger et le préserver des sottises qui devaient fatalement lui faire redescendre tous les échelons qu'il avait si péniblement remontés. Sa conversation pétillait d'un esprit tout particulier, éminemment original et d'une tournure toute gauloise, que semblaient rehausser encore ses incorrections de langage. Il ne fallait pas bien fort gratter l'artiste pour retrouver le pâtre du Béage, mais cela n'en avait que plus de saveur. On se moquait parfois de lui, mais on l'aimait. On disait : pauvre garçon ! mais on ne lui refusait pas son estime:

Breysse n'avait encore montré qu'un côté de son talent. S'il eût vécu — et il aurait vécu s'il avait allié au talent l'esprit de conduite — il aurait sans doute trouvé sa véritable voie qui, selon nous, n'était ni la sculpture religieuse ni la sculpture historique, mais la sculpture de genre. Breysse n'avait qu'à se laisser aller à ses pensées et à retracer ce qu'il connaissait le mieux, pour ouvrir à l'art un horizon nouveau. Puisqu'il tenait à faire de la démocratie, il n'avait qu'à démocratiser la sculpture, cette tragédie de pierre, qui n'a pas encore su se débarrasser des airs solennels et des poses guindées. Il aurait fait connaître aux habitants des villes des situations, des costumes et des misères dont ils n'ont pas l'idée. Le plâtre que nous possédons était un début dans cette voie, la vraie pour Breysse, celle qui lui aurait valu la célébrité, car l'artiste comme l'écrivain ne rend bien que ce qu'il a vu, senti et vécu.

Breysse est mort fou à l'hospice de Bicêtre, après une maladie de trois mois. Il avait la manie des grandeurs, ce qui est, à tous les points de vue, la plus incurable des folies. Il donnait un million à l'un et deux millions à l'autre. Il considérait tous ceux qui l'approchaient comme ses serviteurs. Il conféra un jour le cardinalat à l'un de ses compatriotes, M. l'abbé Soleihac, aujourd'hui vicaire à Ste-Marie des Batignolles, qui lui continua jusqu'au bout ses visites charitables. Une autre fois, il s'écria : « Reculez ! mes plumes poussent ! » Il fut inhumé le même jour que le prince Jérôme, c'est-à-dire le 2 juillet 1860.

N'aurait-il pas mieux valu qu'il restât berger ou coutelier au Béage ?

XIX

LE MÉZENC.

Les Estables. — La prairie du versant occidental du Mézenc. — Un panorama immense. — Les cornes du Mézenc. — Les pics volcaniques d'Auvergne. — Les lauzières. — La Chartreuse de Bonnefoy. — Un monastère vendu en détail. — Prise et reprise de la Chartreuse en 1569. — Le trou des Huguenots. — La seigneurie du Mézenc.

C'était le 3 août 1877.

Nous partîmes du Béage à 4 heures, moi quatrième, tous à cheval, outre le conducteur qui nous suivait à pied, mais d'un pied infatigable, en prenant tous les raccourcis.

Il fallut d'abord descendre par la grand'route dans la vallée de Veyradeire, pour remonter aussitôt après sur le plateau, par des sentiers plus ou moins marqués qui nous conduisirent au hameau des Sauvages, endroit bien nommé, car il est en dehors de toutes les voies de communication et les vents doivent y faire parfois d'effroyables concerts.

Des Sauvages aux Estables, des lauzes d'un mètre ou deux plantées en terre comme des menhirs, marquent la route, précaution fort utile aux époques de neige.

Toute cette partie de la contrée est assez terne. Elle n'est relevée que par le spectacle des grands pics ou dômes phonolitiques qui estompent en quelque sorte le paysage et lui donnent un cachet de majesté robuste.

Les rares fermes ou granges que l'on aperçoit sont entourées de frênes ou de *playes* ; c'est ainsi qu'on nomme ici l'érable blanc des montagnes. Toute la contrée est en pâturages avec quelques champs de seigle ou d'avoine.

Nous arrivâmes aux Estables à 2 h. 30. Ce village est dans une sorte de bassin au pied des deux colosses : le Mézenc qui lui dérobe la vue de l'orient, et l'Alambre qui l'abrite en partie contre les vents du nord. Il n'offre, d'ailleurs, rien de remarquable, et la petite notoriété qu'il peut avoir aujourd'hui lui vient uniquement des lignes que lui a consacrées Georges Sand dans le *Marquis de Villemer*. Les maisons sont basses comme il convient à un endroit où parfois la neige tombe pour ainsi dire par monceaux ; mais elles indiquent une aisance relative qui tient à ce que le village est situé sur la route de Fay-le-Froid au Puy, c'est-à-dire du haut Vivarais au Velay.

Les habitants, comme ceux du Béage, sont généralement grands et forts. On peut y voir l'indice d'une race indigène moins altérée par les croisements que dans les vallées. Georges Sand relève contre eux une réputation de rudesse et d'inhospitalité qui remonte au meurtre d'un géomètre envoyé par Cassini, qui fut pris pour un sorcier. Ils ont beaucoup changé et se montrent plus affables aujourd'hui.

Nous cherchâmes en vain l'auberge, indiquée par le célèbre écrivain, dont l'enseigne représentait « une certaine géante aux jambes nues et au carcan d'or, véritable tardigrade d'une étrangeté repoussante. » Celle où nous entrâmes, tandis que nos chevaux mangeaient un brin d'avoine, se composait d'une cuisine où pendaient des flots de lard ou de salé sentant le rance à plein nez, et d'une pièce pour boire et manger où l'on nous servit le plus mauvais vin que j'aie jamais trouvé en montagne.

Des Estables au Mézenc, on monte par une pente assez douce en suivant quelque temps la route de Fay-le-Froid, puis en traversant de riches pâturages qui ont dû être acquis par l'administration des forêts, car elle y a essayé d'importants travaux de reboisements : nous guidions de notre mieux nos chevaux pour les empêcher d'écraser les jeunes sapins d'un vert tendre, mêlés à l'herbe drue. Si cet essai réussit, — ce qui malheureusement est douteux — toute la riche prairie qui recouvre le revers occidental du Mézenc sera remplacée dans un certain temps par une magnifique forêt. C'est dans cet endroit surtout que l'on trouve les plantes de la région alpine qui attirent chaque année un certain nombre de botanistes. Jamais peut-être nous n'avons regretté aussi vivement de n'avoir sur la science des plantes que des données trop élémentaires, ce qui nous empêchait de saluer par son nom, du haut de notre monture, chacun des trésors végétaux qui se pressaient à nos pieds. Nous remarquâmes de belles anémones jaunes, des bétoines, de véritables tapis de mousse et d'airelle-myrtille, où les pieds de nos chevaux s'enfonçaient comme dans un matelas, des serpolets touffus comme on n'en voit pas dans les basses régions, et enfin des œillets d'un rouge vif à faire mourir de dépit tous les rubans de la Légion d'honneur.

Dans les endroits ravinés par les eaux, nous pûmes constater que ce tapis de verdure reposait sur une épaisse couche de terre de bruyère, noire, grasse et d'une fertilité sans égale. Il paraît que certains jardiniers des grandes villes viennent jusque dans cette haute région pour en chercher.

Partis des Estables à 3 h. 10, nous étions, juste une heure après, au sommet du Mézenc. Jusque-là, nous avions joui seulement de l'immense panorama qui s'étendait à l'ouest, mais, à ce moment, comme un gigantesque rideau qui s'abîme dans la terre, le Mézenc s'abaissant subitement devant nos yeux, nous livrait le spectacle de toute la vallée du Rhône et des Alpes, depuis le mont Blanc jusqu'au mont Ventoux.

Ce spectacle n'est pas de ceux qu'il soit donné à la plume ou au pinceau d'exprimer, et l'imagination même aurait de la peine à le concevoir sans l'aide de la réalité.

Au nord-est, à 80 ou 100 lieues de nous, à vol d'oiseau, le massif du mont Blanc nous renvoyait les reflets du soleil couchant, et ressemblait à un temple colossal de glace où affluaient en procession, comme d'énormes fantômes, les pics sourcilleux des Alpes dauphinoises, à demi-voilées par les vapeurs du soir, mais dont les casques neigeux étincelaient çà et là au soleil.

La sublimité de cet horizon écrasait le reste du tableau. La vallée du Rhône — cette grande route de la guerre et du commerce, de la barbarie et de la civilisation, à toutes les époques historiques — disparaissait en quelque sorte dans une véritable forêt de pointes montagneuses qui ne laissaient soupçonner ni le beau fleuve ni les fertiles plaines qui s'étendent entre lui et les Alpes.

Postés au rebord le plus élevé et le plus escarpé du plateau central, nous avions en plein la vue du grand mur de glace et de granit qui sépare la France de tout le sud-est de l'Europe, mais, bien que le Mézenc surplombe, du côté du Vivarais le plus gigantesque des précipices, nous n'étions pas encore assez haut pour dominer et pouvoir fouiller dans ses grands replis le versant cévenol qui s'étend du Mézenc au Rhône.

Du sommet du Mézenc, on aperçoit distinctement l'origine des divers cours d'eau dont cette montagne est en quelque sorte la clé :

L'Erieux, qui débute à ses pieds et va presque en ligne droite se jeter dans le Rhône ;

Le Doux, qui descend plus au nord, des montagnes de St-Agrève et serpente doucement, comme une vraie rivière centre gauche, jusqu'à Tournon ;

L'Ardèche, dont le bassin commence là-bas au sud-est derrière la magnifique et verte montagne du Suc de Bauzon, qui marque la limite des pentes abruptes du Vivarais avec la pente douce de la Loire.

Celle-ci naît, à quelques kilomètres du Mézenc, au Gerbier de Jonc, et se déroule en un vaste demi-cercle autour du Mézenc avant de prendre résolûment sa direction vers l'Océan.

L'abîme des Cluzels, qui forme avec la paroi orientale du Mézenc un mur presque perpendiculaire de 4 ou 500 mètres de hauteur, paraît être, non pas un ancien cratère, mais un simple affaissement de terrain résultant peut-être du vide formé dans l'intérieur de la terre par les éruptions volcaniques.

Des pics rocheux et des montagnes bizarrement taillées en facettes blanches ou jaunes, où de trop rares bois jettent çà et là leurs taches vertes, caractérisent la région qui s'étend immédiatement au-dessous du Mézenc. Il y a quelques champs de culture dans les bas-fonds, mais les pâturages occupent naturellement la plus grande partie du terrain. Nous apercevons là-bas du côté de St-Martial, un troupeau qui peut bien comprendre 1,500 à 2,000 têtes. Les moutons nous font l'effet de fourmis blanches et le berger paraît gros comme un fétu.

Le Mézenc a la forme d'une selle à cheval. Du milieu, on a toute la vue vers l'orient, mais il faut monter sur les deux éminences pour avoir une vue plus complète au nord et au sud. Je ne sais pas pourquoi M. Elisée Reclus parle de *trois* dents du Mézenc. Le géant des Cévennes n'en a que deux ; encore celle du sud ne mérite-t-elle guère ce nom, car elle a beaucoup plus la forme d'un mamelon que d'une dent. Dans certaines parties de l'Auvergne on donne au Mézenc l'épithète de *Cornu*.

La corne nord du Mézenc est surmontée d'une croix. De là on domine admirablement tout le haut Vivarais, et par un temps bien clair, la vue peut s'étendre jusqu'aux montagnes de la Bourgogne.

Du mamelon sud, le paysage s'étend à perte de vue sur les montagnes du bas Vivarais, de la Lozère et du Gard. Le spectacle est si vaste qu'il en résulte une confusion inévitable. D'ailleurs, il est extrêmement rare que le temps soit parfaitement clair dans toutes les directions.

A l'ouest, les pics volcaniques de l'Auvergne s'étendent aussi à perte de vue. Nous aperçûmes au milieu des monts Dore, le Puy de Sancy, le point le plus élevé de la France centrale, puisqu'il dépasse le Mézenc de 130 mètres, et nous crûmes même apercevoir les trois pointes supérieures du Cantal (1),

(1) Les trois points les plus élevés du groupe du Cantal sont le

mais j'avoue que nous avons bien pu prendre cette fois des vapeurs pour des montagnes, ce qui serait un point de ressemblance de plus entre les touristes et les hommes politiques.

Avec les horizons bornés, on peut avoir des journées parfaitement limpides et des ciels sans nuages. Mais cela devient de plus en plus rare à mesure que l'horizon s'étend. De même qu'une gaze légère repliée trois ou quatre fois sur elle-même acquiert l'opacité de la toile, les vapeurs imperceptibles sur un point donné prennent par leur profondeur l'apparence de brumes ou de véritables nuages. Il ne faut donc guère espérer, quand on monte sur une montagne élevée, de rencontrer des jours parfaitement clairs, et de pouvoir fouiller de l'œil dans tous les détails du panorama qu'on aura devant soi ; mais il y a évidemment le plus ou le moins, et nous étions tombés sur une journée moyenne. En général, et contrairement à l'opinion générale, on voit mieux du côté de l'orient, le soir, et du côté de l'occident le matin. C'est pour cela que les montagnes de l'Auvergne voltigeaient un peu comme des papillons noirs à

Plomb du Cantal, qui a 1858 mètres ; le Puy Mary, qui en a 1787, et le Puy Clavaroche, qui en a 1744.

Dans les monts Dore, le Puy de Sancy a 1884 mètres, le Cézallier 1555 et le mont Dore 1046.

Le Mézenc a 1754 mètres, le Gerbier 1562, l'Alambre 1560, le Grand-Leroux 1518, le Toupernas 1505, le Signoux 1465, Testenoire 1447, le Mégal 1438, le Montfol 1421, Chaulet et la Clède 1420.

l'extrême horizon, se confondant avec les nuages, outre que, grâce au soleil couchant, il était impossible de les fixer sans éblouissement.

Le sommet du Mézenc est beaucoup plus étroit que ne le font supposer les proportions de la montagne. C'est à peine s'il pourrait nourrir un troupeau de mille moutons, tandis que le plateau du Tanargue en nourrit plusieurs milliers.

L'herbe est fort maigre sur ce sommet. Nous y remarquâmes des genévriers nains.

Sur plusieurs points on a fait des essais de *lauzières*, c'est-à-dire des trous pour en tirer les lames phonolitiques qui servent, comme les lames micaschisteuses dans le canton de Valgorge, à couvrir les maisons. Il est évident néanmoins que ces lauzières sont le fait, non des maçons des Estables ou du Béage, mais simplement des bergers qui ont essayé, comme le témoignent certains amas de décombres, de se construire des refuges en cas de mauvais temps. Aucun de ces essais n'ayant réussi, les bergers n'ont pas trouvé de meilleur moyen que de se cacher dans les trous des lauzières ; encore ceci n'est-il que pour les cas graves, quand les nuages lancent de gros grêlons, car, dans les orages ordinaires, le berger reste au milieu de ses brebis qui se pelotonnent et ne veulent plus marcher — à peu près comme les conservateurs d'aujourd'hui. Je remarque qu'après tout, l'orage a dû surprendre fort rarement des bergers sur le sommet du Mézenc, car le plus imprudent a toujours eu le temps de descendre en partie la montagne par le versant ouest. Je constate aussi que, malgré le beau temps, nous n'avons rencontré aucun troupeau sur le Mézenc — circonstance qui, rapprochée des plantations de sapins que nous avions observées en montant, semble indiquer que la dépaissance a été, sinon interdite, au moins rigoureusement limitée sur la montagne.

⁂

Nous descendîmes du Mézenc à pied, mais pour remonter bientôt à cheval en nous dirigeant vers la montagne de Chaulet. Nous côtoyâmes les abîmes qui séparent le rebord occidental de Chaulet de la montagne de Saras que la nature a taillée en forme de pyramide, puis, sans quitter nos montures qui heureusement avaient le pied montagnard, nous dégringolâmes — c'est le mot — sans accident toutefois, dans la vallée où se cachent les ruines de la Chartreuse de Bonnefoy. Cette vallée est des plus pittoresques. Les prairies sont splendides et les sentiers — quand on suit des sentiers — sont bordés d'arbustes ou de plantes alpines parmi lesquelles nous distinguions de magnifiques absinthes, des gentianes et des vérâtres blancs.

Le monastère de Bonnefoy date de 1156 : il doit son origine à la munificence d'un seigneur du Mézenc,

Guillaume de Fay, dit Jourdain, parce qu'il était né en Palestine et avait été baptisé dans l'eau du fleuve biblique ; mais les bâtiments dont on aperçoit les ruines sont de construction relativement récente, puisqu'ils ne furent commencés qu'en 1749 et qu'ils n'étaient pas encore terminés en 1794. Les propriétés du monastère furent alors vendues au prix de 51 mille francs payés en assignats.

La Chartreuse de Bonnefoy était bâtie sur le modèle de la plupart des autres établissements du même ordre. Le bâtiment principal ayant sa façade tournée à l'est, a la forme d'un carré long, avec la chapelle au milieu. Aux extrémités sont deux grandes ailes dont une encore assez bien conservée, le tout formant avec les bâtiments d'exploitation qui reproduisent la même disposition un grand carré de constructions avec une vaste cour au milieu.

La partie de cette cour comprise entre les bâtiments du monastère était plus élevée que la partie comprise entre les bâtiments d'exploitation. On y montait par un perron de cinq marches au bas duquel jaillissaient deux belles fontaines.

Les ruines de Bonnefoy, malgré le vandalisme qui s'est acharné après elles, présentent un aspect imposant. La façade du bâtiment principal est presqu'entière ; le clocher et une tour se dressent avec un reste de fierté au-dessus de la foule des murs écroulés, dont quelques-unes atteignent encore le deuxième étage. Les amateurs feront bien néanmoins, s'ils veulent visiter ces ruines, de se presser, car ici comme à Mazan, malgré la solitude du lieu, on est friand de belles pierres de taille et toutes les années il en part un certain nombre.

Une des ailes, entièrement détruite, a été vendue en détail, et dans toutes les églises des environs on montre des pierres de taille, sculptées ou non, qui ont cette provenance. L'autre aile, quoique assez délabrée, est encore habitable et deux ou trois pièces, formant l'appartement du prieur, servent à recevoir le propriétaire quand il vient visiter son domaine.

Ces pièces se distinguent par quelques boiseries de bon goût. On y voit encore l'alcôve ou plutôt le lit armoire où couchait le prieur. Le réfectoire était aussi dans cette partie du monastère. De l'une des fenêtres j'aperçus dans les fossés extérieurs les restes d'un énorme mortier à plusieurs cavités qui était probablement établi autour d'un axe en fer.

Les anciennes écuries et le reste des bâtiments d'exploitation servent au fermier et à son troupeau.

Les moines de Bonnefoy étaient riches, puisqu'ils possédaient au moment de la Révolution 50,000 livres de revenus en bonnes terres. Mais je pense qu'il y a loin de là à dire, comme M. de Valgorge, que toute la contrée leur appartenait dans *un rayon de huit lieues* autour du couvent. Au reste, leur terrier existe encore et M. Henri Vaschalde, qui en est possesseur, pourra, s'il veut le consulter, se convaincre qu'il a lui-même montré beaucoup de crédulité en reproduisant sans aucune réserve cette assertion de M. de Valgorge.

La chartreuse de Bonnefoy fut plusieurs fois pillée et dévastée, d'abord par les routiers anglais, ensuite par les religionnaires, et enfin par les révolutionnaires.

Un indice de la crainte inspirée par les routiers nous est révélé par un acte de 1442 par lequel un seigneur du Béage renouvelle une autorisation, donnée par ses prédécesseurs aux moines de Bonnefoy, de se réfugier en temps de guerre, avec leurs meubles, dans une tour du château du Béage.

Pendant les guerres de religion, en 1569, la chartreuse de Bonnefoy fut surprise par un parti de trente protestants qui tuèrent le prieur et trois autres religieux. Les autres étaient menacés du même sort; fort heureusement ils furent délivrés à temps par un détachement catholique envoyé du Puy. Les protestants surpris à leur tour furent tous massacrés et leurs corps enterrés dans un champ voisin qui porte encore le nom de *traou dos igonaou*.

Les aggressions contre Bonnefoy se renouvelèrent si fréquemment, soit de la part des religionnaires, soit de la part des malandrins auxquels les guerres civiles fournissent toujours un prétexte, que le général de l'ordre, dom Bruno d'Affringues songea à déserter ces montagnes inhospitalières qui n'offraient plus à ses moines qu'un refuge sans cesse menacé. Il demanda asile en 1626 à l'évêque du Puy qui lui offrit la maladrerie de St-Lazare de Brives. Les chartreux de Bonnefoy, sans abandonner tout-à-fait leur ancienne demeure, s'y établirent vers 1629. Plus tard, ils allèrent s'installer dans le château de Villeneuve, présent magnifique de la famille de Polignac. (1)

***

M. Truchard du Molin, conseiller honoraire à la cour de cassation, mort en octobre dernier, a publié une étude intéressante sur l'ancienne seigneurie du Mézenc.

Les seigneuries de Fay, du Mézenc et des Estables constituèrent à l'origine trois seigneuries séparées et indépendantes. Elles furent plus tard réunies par des alliances de famille. On sait déjà que c'est un seigneur du Mézenc, Guillaume du Fay, qui fonda l'abbaye de Bonnefoy. Après sa mort, les trois seigneuries réunies passèrent dans la maison de Valentinois par le mariage de Philippa, sa fille, avec Aymard de Poitiers. Il paraît, du reste, que la seigneurie du Mézenc se restreignait aux pentes orientale et méridionale, les plus voisines de Bonnefoy. Au 14ᵉ siècle, les seigneuries de Fay et du Mézenc se séparèrent pour ne plus se rejoindre. La première tomba dans

(1) *Bas-Vivarais* du 12 juillet 1875.

la maison de Crussol par le mariage d'un Guillaume de Poitiers avec Luce de Beaudiné dont la fille épousa Jean de Crussol. Le Mézenc et les Estables allèrent, d'un autre côté, dans une autre maison par un acte de 1399, moitié vente et moitié donation, du comte de Valentinois à noble l'Hermite de la Faye.

***

En sortant de Bonnefoy, nous suivîmes de magnifiques prairies où nous aperçûmes l'ancien vivier des moines aujourd'hui complètement à sec.

Quelques restes de vieux murs en avant de ce vivier indiquent le premier emplacement de Bonnefoy, emplacement que les moines abandonnèrent pour en chercher un autre mieux abrité au fond même de la vallée.

Nous traversâmes la rivière pour entrer dans un joli bois fort touffu où nos têtes se heurtaient aux branchages inférieurs des arbres. Puis, après avoir contourné plusieurs montagnes, nous regagnâmes le Béage à la tombée de la nuit. Nous avions mis une heure et demie de la cime du Mézenc à Bonnefoy et autant de Bonnefoy au Béage.

XX

LE LAC D'ISSARLÈS.

Le lac d'Issarlès. — Sa récente mise en adjudication. — Les poissons qu'il contient. — Un troglodyte moderne. — Une courte digression sur l'inégalité des conditions. — Les vrais riches. — Les fourmis ailées.

Le lendemain, à 6 heures et demie du matin, nous partions du Béage sur nos montures de la veille pour aller visiter le lac d'Issarlès.

Le meilleur chemin à suivre pour cette excursion est le sentier qui débouche sur la grand'route à 4 ou 500 mètres au dessus du Béage. On marche directement vers la montagne rouge de Cherchemus qu'on laisse à gauche pour descendre en ligne oblique sur le lac. Le chemin devient alors abrupte et pierreux, mais cet inconvénient est compensé par la vue admirable dont on jouit et qui s'étend fort loin à l'ouest sur les montagnes de Coucouron et les monts et vallées de la Haute-Loire. Plus bas le sentier s'améliore; il est sablonneux et uni comme une allée de jardin et l'on peut s'abandonner, sur sa monture, à toutes sortes de rêveries provoquées par le chant des oiseaux qui vous saluent du milieu des pins et par les miroitements du lac à travers les arbres.

Le lac d'Issarlès a une forme ovale ; il ressemble à une poire ; son diamètre est de 1,007 mètres dans la direction de l'est à l'ouest, et de 1,226 mètres dans celle du nord au sud. Il a 5 kilomètres environ de circonférence et il faut plus d'une heure pour en faire le tour. Le lac a jusqu'à 133 mètres de profondeur. Les gens du pays disent que les eaux sont trop *fortes* et qu'on ne peut pas plonger bien avant. On ne le voit pas augmenter notablement en temps de pluie ni diminuer en temps de sécheresse.

La surface totale du lac est de 90 hectares 38 ares.

Est-ce un ancien cratère ou n'est-ce que le résultat d'une dépression produite par le vide que les déjections de Cherchemus avaient occasionné dans les entrailles de la montagne ? — C'est une question que je ne chercherai pas à résoudre. La première hypothèse est cependant la plus probable, vu l'immense quantité de débris volcaniques qui entourent le lac et qui paraissent sortir d'une bouche très-voisine.

Le lac est séparé de la Loire par un contrefort de la montagne de Cherchemus entièrement formé de cendres et de scories recouvertes par un joli bois de pins. La Loire coule à une centaine de mètres de profondeur au dessous du niveau du lac. Rien ne serait donc plus facile, le jour où on le jugerait utile, que de pratiquer une saignée au lac pour le dessécher ou du moins le diminuer d'étendue.

Du côté de Veyradeire le lac est borné par une falaise aride, formée d'un conglomérat ou tuf volcanique où il est aisé de reconnaître l'action successive de l'eau et du feu.

Cette falaise forme comme le rebord de l'immense bénitier où les eaux du lac sont suspendues au dessus du fleuve et du torrent qui viennent en mugissant confondre leurs eaux à ses pieds.

Si le lac est un ancien cratère, la falaise en question a dû être plus élevée et former autour de lui une ceinture continue. Les eaux ou les laves l'ont ébréchée de deux côtés et lui ont fait comme deux portes, l'une qui s'ouvre sur Veyradeire et l'autre sur la Loire. Le hameau du Lac est à l'extrémité méridionale de la falaise. Comme le bourg principal de la commune d'Issarlès est assez éloigné, on a érigé ce hameau en paroisse et l'on y a bâti une petite église dont le desservant actuel est un ancien missionnaire. On sonnait la messe pendant que nous visitions les environs. Il y avait là trois cloches dont je fais mes compliments au curé. Je ne sais si c'est un effet d'harmonie locale, mais jamais sonnerie ne me parut avoir des sons plus argentins et ne me caressa aussi doucement les oreilles.

Le lac d'Issarlès était comme toute la région environnante, une ancienne propriété de la maison de Montlaur dont la succession échut, au siècle dernier, à la famille de Vogué. Les moines de Mazan et de Bonnefoy y avaient droit de pêche.

Sous la Révolution, on vendit la plus grande partie des terres et bois d'Issarlès, mais on ne vendit pas la propriété du lac qui fut considéré comme cours d'eau. En 1815, on rendit aux Vogué les bois non vendus, et la famille des de Maillé, anciens seigneurs de Vachères, à qui le lac avait été cédé par bail emphythéotique avant la Révolution, rentra simultanément en possession du lac. Or, le bail des Maillé étant expiré dernièrement et la propriété du lac s'étant trouvée appartenir à un Vogué dont la succession avait été répudiée, cette propriété dut être mise en vente. L'adjudication eut lieu, je crois, au tribunal civil de Paris en février 1876. Un propriétaire de la Chapelle-Graillouse offrit 7,000 francs, mais la famille de Vogué poussa à 8,000 et resta d'autant plus aisément adjudicataire qu'on savait qu'elle serait allée beaucoup plus haut pour conserver un vieux bien de famille.

Nous ne nous plaindrons pas que le lac d'Issarlès lui revienne, à la condition toutefois qu'il ne reste pas entre ses mains une propriété morte. M. de Maillé y avait fait dans le temps quelques essais de pisciculture qui ne furent pas sans succès et qui mériteraient d'être poursuivis.

Les eaux du lac nourrissent des truites, des ombre-chevalier, des tanches, des carpes et des vérons. Nous aperçûmes des légions de ces derniers dans les eaux basses du bord où ils venaient sans doute chercher un abri contre la voracité des truites.

Les truites ne se reproduisent pas dans le lac, mais celles qu'y avait mises M. de Maillé acquirent une taille fort raisonnable, puisque M. Dalmas en a vu une de 11 kilogrammes prise dans les filets du garde-pêche. Il serait facile, d'ailleurs, ce me semble, d'établir un courant d'eau communiquant avec le lac, et qui permettrait aux truites de se reproduire. On ne connait jusqu'ici qu'un déversoir naturel du lac ; il est souterrain et l'eau qui en sort fait tourner un moulin.

Je me souviens d'un procès plaidé devant le tribunal de Largentière, il y a quelques années. Il s'agissait d'un propriétaire voisin qui avait une prise d'eau dans le lac pour l'arrosage de ses prairies. Il prouva par de vieux titres les droits qu'on lui contestait, mais il ne manqua pas de se plaindre de la qualité des eaux du lac comme étant trop peu fertilisantes à cause de leur pureté et de leur fraîcheur.

On ne pêche plus depuis quelques années dans le lac d'Issarlès, par suite des incidents judiciaires rapportés plus haut. L'ancien garde de M. de Maillé n'a même plus ni barque ni filets. Il paraît que le lac n'a jamais été une source bien féconde de revenus. Le garde en question, qui est là depuis 13 ou 14 ans, ne pêcha guère que pour 200 francs de poissons la première année, et les années suivantes, beaucoup moins, car on négligea de remplacer par de petites truites les grosses qu'on avait pêchées. Il existe sur un des côtés du lac un réservoir où l'on peut garder vives, pendant plusieurs mois, les grosses pièces que l'on a capturées.

Je note ici en passant que le lac de St-Frond, du côté de Fay-le-Froid, qui n'est pas si grand que le lac d'Issarlès, rapporte environ 3,000 francs par an de poisson. Ce produit est partagé entre le propriétaire, M. de Causans, du Puy, et son garde.

Le lac d'Issarlès est à 997 mètres d'altitude, par conséquent à 214 mètres plus bas que le lac du Bouchet près de Pradelles. Comme il est fort bien abrité à l'est par Cherchemus et même au nord par le large piédestal de montagnes où ont surgi l'Alambre et le Mézenc que l'on aperçoit là haut par la grande fente de la vallée de Veyradeire, la température y est relativement douce. L'eau gèle quelquefois sur les bords, mais cela ne va jamais bien loin. On m'a affirmé cependant qu'en 1870 le lac fut entièrement gelé et qu'une charrette à bœufs aurait pu passer partout. En été, il y a des poules d'eau, et en hiver, des canards sauvages qui viennent y prendre leurs quartiers depuis la Toussaint jusqu'au mois de mars. Les chasseurs du pays en tuent un certain nombre qu'ils envoient à Pradelles.

L'habitation de l'ancien garde du lac est une des curiosités locales. Elle est creusée dans le tuf volcanique de la falaise qui sépare le lac de Veyradeire et dont le terrain appartient à M. de Maillé. Comme personne ne se souvient de l'époque où cette singulière maison a été ouverte, on peut, avec un peu d'imagination, la faire remonter jusqu'au temps des troglodytes.

L'habitation se compose de deux pièces superposées.

Celle d'en bas sert à la fois de cuisine, de salon, de salle à manger, de chambre à coucher et d'étable : il y a une sorte d'armoire à gauche en entrant, puis le foyer dans un enfoncement, ensuite le buffet et un four derrière lequel est l'étable, enfin, en revenant vers la porte, les placards-lits où couche la famille composée de l'homme, de la femme et de deux enfants.

La pièce au dessus, à laquelle on monte par une échelle de bois posée à l'extérieur, sert de grenier et d'atelier de travail. Le garde y tient son foin et son banc de sabotier, car depuis qu'il ne pêche plus, il a repris son ancien métier de fabricant de sabots.

Nous remarquâmes deux ouvertures pratiquées dans l'épaisseur du plafond rocheux qui sépare les deux pièces. Le garde nous dit que ces deux trous étaient destinés à donner issue, l'un à la fumée du foyer, et l'autre à la fumée du four. Les pauvres gens doivent être joliment enfumés en hiver quand le froid oblige de tenir la porte fermée. Au reste, c'est le lot commun en montagne, et il ne faut rien moins que les conditions exceptionnellement hygiéniques résultant du genre de vie des habitants et de la pureté de l'air pour compenser l'état demi-asphyxiant dans lequel les mettent parfois la fumée et la cohabitation avec leurs troupeaux.

Ce brave homme de garde a, me dit-on, un traitement annuel de 200 francs par an outre la jouissance des terrains environnant sa case et qui sont généralement fort arides. Il a trouvé le moyen cependant de faire pousser çà et là quelques légumes et quelques plantes et avec cela et le produit de ses sabots, il vit et fait vivre sa famille, et, dans sa pauvreté, est probablement plus riche qu'une infinité de gens grands possesseurs de terres ou d'écus.

Je causais de cela quelques jours après avec un bon démocrate qui se mit à déclamer contre l'inégalité des conditions.

— Comment vous y prendriez-vous, lui dis-je, pour y remédier ?

Il ouvrit la bouche, mais la referma aussitôt avec stupeur, car il avait vu d'avance la difficulté de se procurer les centaines de mille et de mille francs de rente qu'il se préparait à distribuer libéralement entre tous les déshérités de la fortune.

Il reprit vite, du reste, son aplomb et dit :

— Convenez que, si je pouvais lui indiquer sous sa case une mine d'or ou d'argent qui lui valût douze ou quinze cents francs par an, j'aurais singulièrement facilité son bonheur !

— Je n'en suis pas sûr du tout, car ses besoins pourraient fort bien se développer encore plus vite que ses nouvelles ressources et alors il serait moins avancé qu'auparavant. La richesse n'est bonne que si elle vient d'une façon normale, c'est-à-dire en raison de la peine de corps ou d'esprit qu'on se donne pour la gagner. Obtenue de toute autre façon, elle ne profite guère. Ce qui vient par la flûte s'en va par le tambour. Le lot de cent mille francs, quand il tombe sur un pauvre diable, lui fait habituellement commettre des sottises. Le seul moyen raisonnable d'améliorer le sort d'un homme, c'est de lui trouver une occupation en rapport avec sa position et ses aptitudes et qui soit accompagnée d'une juste rémunération. Si donc j'avais le produit d'une mine à la disposition du garde, je me garderais bien de le lui donner, mais je l'emploierais à lui inculquer le goût de la pisciculture et à lui fournir les moyens de le satisfaire en lui faisant trouver au bout de son travail un salaire équitable.

Ceci a pour but de faire comprendre que la richesse est une chose toute relative, et qu'elle fait le bonheur, si bonheur il y a, bien moins par ses proportions numériques que par la manière dont elle est acquise et employée. En y réfléchissant bien, on trouve, d'ailleurs, qu'elle consiste encore moins dans les choses qu'on possède réellement que dans celles dont on peut se passer.

Un richard de nos pays promenait dans Lyon un brave padgel et lui montrait mille et un objets en lui disant :

— Vois, comme je suis riche, je pourrais acheter ceci et cela et encore cela.

— Je suis plus riche que vous, lui répondit l'autre, car je n'ai envie de rien de tout cela.

La richesse, que j'appellerai de privation, complète la richesse de possession et au besoin la supplée et, outre qu'elle n'est pas sujette aux banqueroutes, elle est d'un ordre infiniment supérieur à l'autre ; c'est pour cela que Dieu l'a mise, comme l'air et l'eau, à la portée de tous par la doctrine sublime de la résignation et du sacrifice, en l'accompagnant, du reste, du secret de la transformation des privations en pures et célestes jouissances.

※

J'ai visité bien des fois le lac du Bourget qu'ont immortalisé les vers de Lamartine et qui est, en effet, quelque chose d'admirable moins par lui-même que par sa position au milieu des plus pittoresques montagnes de la Savoie, mais j'affirme que le lac d'Issarlès lui est supérieur sinon par l'étendue et la majesté des montagnes environnantes, du moins par leur cachet pittoresque et par la couleur générale du paysage. Rien n'est comparable à cette vasque bleue adossée à une montagne rouge qui descend pour ainsi dire à pic dans ses eaux avec les forêts qui lui font une traînée verte. L'illusion est d'autant plus forte qu'on voit se réfléter dans le lac la montagne, les arbres et les nuages comme dans le plus pur des miroirs, et qu'en certains endroits, par une disposition singulière des échos, on croit entendre sortir des profondeurs mêmes du lac les cris et la sonnerie des troupeaux qui paissent l'herbe de ses versants. Le lac du Bourget est, d'ailleurs, un lac beaucoup trop civilisé avec ses bateaux à vapeur, son abbaye d'Hautecombe et le voisinage d'Aix-les-Bains. Il manque complétement de ce charme sauvage, de cette vraie senteur des montagnes, qu'on respire à pleins poumons dans notre lac vivarois où il n'y a pas même une barque, qu'environne une nature vierge et qui reçoit tout au plus une fois par an la visite de quelque audacieux touriste.

*
* *

Nous avions mis une heure et demie pour aller du Béage au lac d'Issarlès. Nous en mîmes un peu plus pour revenir, en faisant le tour du volcan de Cherchemus. Le sentier que nous suivîmes passe à l'entrée du cratère où paissait tranquillement un troupeau de moutons et dont nous pûmes faire le tour à cheval. La terre végétale formée par les cendres volcaniques décomposées tend de plus en plus à recouvrir les gros blocs de basalte, et il est probable qu'avant cinquante ans le blé et les pommes de terre pousseront sur l'emplacement de l'ancienne bouche à feu. Déjà un des versants intérieurs est cultivé et nous y aperçûmes des champs d'avoine et de seigle.

En revenant de Cherchemus au Béage, nous fûmes assaillis sur le plateau par une véritable nuée de fourmis ailées. Les rencontres de ce genre sont assez fréquentes en montagne. Le peintre Auguste Bouchet ayant fait un jour l'ascension du Gerbier de Jonc ne put rester au sommet à cause des fourmis ailées qu'il y trouva et qui, en un clin-d'œil, lui couvrirent la figure, les mains et les vêtements.

XXI

LA MONTAGNE

La Loire et Valavieille. — Une matinée d'été sur la montagne. — Le beurre et le fromage. — Le royaume des Ours. — Le mot d'un paysan de la Champ-Raphaël à l'auberge de Mézilhac. — Les maisons et les mœurs des montagnards. — La médecine en montagne. — Développements de l'instruction primaire en montagne, grâce aux frères et aux religieuses. — Les deux pôles de la France. — Le grand concert du suffrage universel et la partie qu'y font les populations rurales.

Une route carrossable, entièrement ouverte depuis

1875, conduit du Béage à Ste-Eulalie, la Champ-Raphaël, Mézilhac et Aubenas.

Nous franchîmes sur des ponts minuscules deux ruisseaux dont l'un n'était autre que la Loire, mais il nous fut impossible de distinguer le ruisseau mort-né Valavieille de son confrère destiné à devenir cent lieues plus loin un puissant fleuve navigable. Pourquoi les géographes ont-ils été aussi injustes entre ces deux fils limpides de la montagne, en donnant à l'un la gloire, tandis qu'ils condamnaient l'autre à l'obscurité ? On peut donner à cela plusieurs raisons.

La première rappelle l'histoire de cet hidalgo qui frappant à une auberge le soir, répondit au *Qui est là ?* de l'aubergiste :

— C'est noble senor don Perey y Salamanca y Gardony y d'Arcos y Limperani.....

— Grand Seigneur Jésus ! s'écria l'aubergiste en lui fermant la porte au nez, où prendrions-nous des chambres pour donner à tout ce monde là !

Le mot de *Loire* (en latin *Liger*) est plus court et sonne beaucoup mieux que *Valavieille*, et cela suffirait, en effet, pour expliquer la préférence dont il a été l'objet.

Mais il y a une autre raison qui est probablement la vraie parce qu'elle est la plus simple.

De ces deux ruisseaux, c'est celui dont la source était la plus facile à désigner qui devait l'emporter sur l'autre. Valavieille n'a pas de source nette et précise et dont la situation puisse être aperçue de loin. Il vient du côté de Bonnefoy, reçoit des eaux de diverses montagnes et a beaucoup trop de pères. La Loire n'en a qu'un et un père qu'on aperçoit de loin, un père reconnaissable à la fois des montagnes du Cantal et des montagnes du Dauphiné — le pain de sucre le plus parfait des Cévennes, le Gerbier de Jonc.

Le premier géographe qui rasa le Vivarais — car de bien longtemps aucun d'eux n'y pénétra — et qui demanda : « Quel est ce pic ? » dut recevoir pour réponse : « C'est le Gerbier de Jonc ; la Loire y prend sa source, » parce qu'il était impossible de caractériser avec autant de netteté la source de son frère jumeau.

Fort heureusement pour Valavieille, il n'est pas susceptible d'un vilain sentiment qui fait bien des malheureux dans l'espèce humaine : il est certain qu'il n'a pas séché de jalousie, même aux étés les plus chauds, et que ses eaux claires nourrissent d'aussi belles truites que la Loire.

Les deux frères s'élancent gaîment, bruyamment, l'un vers l'autre, sous l'œil du Gerbier de Jonc, vers les magnifiques prairies de Ste-Eulalie, la plus fraîche et la plus fleurie des communes de la montagne. Mais c'est surtout au milieu de juin qu'il faut voir

Ste-Eulalie, alors que les faucheurs n'ont pas encore passé.

Le matin, quand le soleil a levé la rosée, c'est une orgie de parfums qui n'a d'égale que l'orgie des oiseaux chantant sur les arbres ou dans les haies. Le serin, le chardonneret, la mésange, les bergeronnettes, les moineaux, tout cela crie, chante, siffle, piaille avec une ardeur incroyable. Dans une chambre, quelque grande fût-elle, ce serait un concert des plus discordants dont on serait assourdi. Ici tous ces bruits s'harmonisent dans l'espace immense, et l'on écoute avec délices ce bruyant concert ailé, auquel le beuglement des vaches ou le hennissement des étalons vient parfois mêler ses notes retentissantes. L'alouette chante en montant dans les airs à perte de vue : on ne la voit plus, mais on l'entend encore.

Vers midi, la chaleur a chassé tous les oiseaux dans les bois, et ce sont d'invisibles insectes qui continuent la partie. Les sauterelles dans ces parages imitent dans les herbes le bruit de la cigale.

Tandis que la basse Ardèche végète dans la pauvreté depuis la maladie de la vigne et du ver à soie, la montagne est riche. Toutes ses industries agricoles, c'est-à-dire le bétail, le fourrage et le beurre, sont en prospérité.

Une vache rapporte au montagnard environ 300 francs par an.

Le beurre se vend dans la montagne de 1 franc à 1 fr. 25 c. le demi-kilogramme. Les propriétaires n'ont pas à se déranger. Il y a des leveurs de beurre qui viennent prendre la marchandise chez eux.

Je lisais, il n'y a pas bien longtemps, dans une causerie scientifique d'Henri de Parville, des extraits d'un rapport de M. Eugène Tisserand, inspecteur général de l'agriculture, sur l'avantage qu'il y a d'écrémer le beurre en le maintenant à une basse température. M. Tisserand prit du lait qui venait d'être trait, il en maintint une partie à la température de 12°, une autre à 25°, une autre à 5° et une autre à zéro. Voici les résultats obtenus :

La montée de la crème est plus rapide quand la température à laquelle a été exposé le lait se rapproche plus de zéro.

Le volume de crème obtenu est plus grand quand le lait a été soumis à un plus fort refroidissement.

Le rendement en beurre est aussi plus considérable quand le lait a été exposé à une basse température.

Enfin, le lait écrémé, le beurre et le fromage sont de meilleure qualité dans ce dernier cas.

En moyenne, le lait refroidi à 3 ou 4° donne 10 pour 100 de beurre en plus que le lait conservé à 14° et au-dessus.

Le beurre provenant du lait refroidi est plus fin, plus délicat, d'une consistance plus ferme. Il se conserve frais beaucoup plus longtemps que le beurre ordinaire. Le lait est aussi amélioré par le froid et il tourne moins vite et plus difficilement.

Même résultat pour le fromage.

Aussi, tandis que dans la plus grande partie de la France on maintient à 12° le lait destiné à la fabrication du beurre, dans tout le nord de l'Europe on le refroidit à 6° à l'aide de grands bassins remplis d'eau de source et même au moyen de la glace. C'est pour cela que le beurre de Danemark fait prime partout, et l'on prétend qu'il pourrait passer l'Equateur et être expédié jusqu'en Chine. Ce petit royaume qui n'a qu'une superficie de 3 millions et demi d'hectares et 1,800,000 habitants, quatre ou cinq fois plus seulement que l'Ardèche, exporte plus de 100,000 tonnes de 100 kilos représentant une valeur de 38 millions de francs.

Pourquoi le froid améliore-t-il le lait ? Il est assez plausible d'admettre que le froid agit ici comme il le fait sur tous les liquides fermentescibles ; il arrête le développement des germes d'altération et porte ainsi la valeur du lait à son maximum. Les bières les plus fines, les plus délicates sont celles qui sont fabriquées aux basses températures, comme la bière de Vienne.

**

J'ai laissé jusqu'ici la parole à M. de Parville. Je me fais un plaisir de lui apprendre, si jamais il lit ces lignes, que nos montagnards connaissent et pratiquent depuis longtemps la découverte de M. Tisserand et des laitiers du Danemark. Tous les matins, les propriétaires de la montagne font tremper leur lait dans des sources vives dont la température varie généralement de 5° à 7°, afin de le débeurrer. Seulement ce que M. de Parville paraît ignorer, c'est que si le beurre y gagne, le fromage y perd, car la substance grasse et nutritive qui est partie en plus avec le beurre se retrouve naturellement en moins dans le fromage.

Le montagnard vend ses plus mauvaises *tomes* 50 centimes la livre.

Avec le petit lait il fait encore des tomes ou fromages de la qualité la plus inférieure qu'il appelle *rebarbo* et qu'il conserve ordinairement pour sa propre consommation. Cette dernière espèce vaut de 20 à 30 centimes la livre.

Les meilleurs fromages de nos montagnes viennent du côté de Ste-Eulalie où l'on débeurre un peu moins qu'ailleurs et où on les fait avec plus de soin. Aussi les fromages venant de ce côté se vendent-ils ordinairement un tiers de plus que ceux de la Champ-Raphaël et de Mézilhac où l'on force le bleu du fromage avec de la violette ou même avec de la moisissure de pain. Le bon fromage bleuit en restant gras. On le reconnaît aussi à sa croûte fine. Une forte croûte, une croûte cornée, est un mauvais indice pour le fromage.

On fait aussi de bons fromages du côté de Pradelles et de Lespéron. Ces fromages sont portés au marché de Langogne.

Les bons fromages se reconnaissent encore à leur couleur d'ocre..... quand ils ne doivent pas toutefois cette couleur à un bain dans de l'eau d'ocre.

La bonté des fromages tient à trois causes : 1° Propreté dans la fabrication ; 2° Qualité des herbages ; 3° Proportion du beurre qu'on leur laisse.

***

Nous tournons la montagne de l'*Ourseire* qui nous masque la Champ-Raphaël.

Cette montagne, qui fait partie de la commune de Sagnes-et-Goudoulet, a été un volcan puissant dont les laves ont recouvert toute la région environnante.

La cascade du Ray-Pic est à ses pieds et forme le début de la vallée de Burzet.

Nous sommes au beau milieu de l'ancien royaume des Ours. Il ressort, en effet, des dénominations locales que le carré montagneux compris entre Burzet, le Béage, St-Pierreville et Antraigues fut le dernier refuge où se maintint ce redoutable animal.

Nous venons de nommer la montagne de l'*Ourseire*.

Au Béage, il y a un rocher de l'*Ours*.

La vallée de Marcols, où coule le torrent de Gleyre, s'appelait autrefois *Vallis Ursi* et le nom en est resté à *St-Julien d'Ursival.*

Le dernier affluent de Gleyre porte le nom d'*Orsane.*

Qui sait si les Ollières qui sont près de là ne sont pas une décomposition du mot *Oulsière* pour *Oursière ?*

Un quartier de la commune de Genestelle s'appelle *Oursière.*

Près de Lamastre, il y a aussi une *vallée des Ours.*

Enfin il existait encore en 1590 un château de l'*Ourse* entre Viviers et Bourg-St-Andéol, dans un quartier qui a conservé le nom de l'Ourse.

Les chartes des 12e et 13e siècles mentionnent encore la présence d'ours dans nos bois.

⁎
* *

La région phonolitique finit au pic de la Prade.

Nous saluons en passant le dike de la Champ-Raphaël, sorte de miniature du Gerbier de Jonc, et nous remarquons, sur la route même, avant d'arriver à Mézilhac, un phénomène volcanique des plus intéressants : c'est une carrière basaltique où l'on peut saisir le passage insensible du basalte en tables (phonolite) au basalte à prismes.

A Mézilhac, toute la ligne des hautes Cévennes que nous avaient masquée jusques là le Gerbier, l'Ourseire et d'autres montagnes, se déploie à nos yeux dans toute sa sauvage majesté.

Le Mézenc est au milieu, imposant et terrible avec l'Ourseire, le Gerbier, la Clède et Chaulet à sa droite, et le groupe des montagnes de Fay-le-Froid à sa gauche, dominant de toute sa masse et de toute sa hauteur les deux vallées de l'Erieux et du Doux plongées dans la brume à ses pieds. Le ciel, sans être menaçant, est semé çà et là de nuages gris qu'on voit tournoyer autour du géant des Cévennes tandis qu'un vent frais et très-vif souffle dans nos oreilles, ce qui est, du reste, l'habitude à peu près invariable au col de Mézilhac.

Il y a un proverbe dans le pays qui dit :

Quand lou Mézin prén soun chopéou
Lou vouyodjur prén soun montéou.

Nous étions en avance sur le proverbe, car, depuis la Champ-Raphaël, le froid nous avait obligés de prendre nos manteaux.

Mais, comme tout est relatif dans ce monde, nous trouvons, à l'auberge Lafont à Mézilhac, un paysan de la Champ-Raphaël qui, se chauffant au coin du feu, disait :

Goumo sa bouo dé vénir din lou bouon poïs!

Pour l'homme de la Champ-Raphaël, Mézilhac est le *bon pays*, de même que, pour les gens de la Viole ou d'Antraigues, Vallon ou le Bourg sont de petites Provences. Les habitants de Montpezat, en parlant des gens du Béage, les appellent *les gens de la montagne*, ce qui n'empêche pas les habitants de Privas ou d'Aubenas de confondre sous le nom de *padgels* tous ceux de Montpezat, de la Champ-Raphaël et du Béage.

Dans toutes nos hautes communes du bassin de la Loire, on dit : Nous allons chercher du vin *en Vivarais*, comme si on n'appartenait pas au même département.

Mézilhac est l'endroit le plus rapproché des régions civilisées où l'on peut se rendre compte de l'épouvantable malpropreté dans laquelle vivent la plupart de nos concitoyens de la montagne.

Nous engageons les faiseurs de systèmes pour qui toute la politique se résume dans de belles combinaisons gouvernementales, à quitter Vals un matin pour aller voir comment on est logé, habillé et nourri, je ne dirai pas blanchi, à Mézilhac. Ils pourront ainsi se faire une idée des améliorations réelles et pratiques qui sont à effectuer dans le sort matériel et moral des populations, avant d'aborder les réformes de luxe dont se compose la politique.

A Mézilhac et dans toute la montagne, la plupart des maisons consistent en un simple rez-de-chaussée, surmonté d'un galetas. L'homme et les bêtes se partagent le rez-de-chaussée, séparés ordinairement par une simple cloison en planches, respirant le même air et enseveli dans le même demi-jour, car le montagnard, pour éviter l'impôt des portes et fenêtres, se contente d'étroites lucarnes. On couche sur les feuilles de hêtre dans les caisses en forme de placards dont nous avons fait l'apprentissage à l'auberge de Mazan. Ces couches sont, d'ailleurs, meilleures qu'on ne pense. Elles sont douces et chaudes, et il est certain qu'on y dort mieux que sur les matelas de plumes des villes.

En somme, les montagnards se portent mieux que nous. Leur vie active, leur sobriété, le bon air et l'absence d'une foule de petites préoccupations qui nous dévorent, l'absence de politique notamment, compensent et au delà les graves lacunes de leur hygiène.

On parle souvent de l'immoralité des gens de la montagne. On est allé jusqu'à parler de honteuses promiscuités. Ces accusations peuvent s'appliquer à des faits exceptionnels, qui malheureusement, se rencontrent partout, mais elles sont une calomnie si l'on veut en faire une application générale à la montagne. Des personnes qui l'ont habitée longtemps, m'ont affirmé qu'il y avait en somme plus de moralité que dans les régions d'en bas. Ce qui est vrai, c'est que, par suite même de leurs mœurs naïves et patriarcales, toute faute chez les montagnards a des conséquences visibles. Malgré cela, les enfants naturels n'y sont pas plus nombreux qu'ailleurs. On me citait une grosse commune — celle de

Mazan, — où il n'y en a pas plus d'un en moyenne tous les deux ans.

Les montagnards sont forts, bien portants et ne meurent que de vieillesse, d'accidents ou de maladies accidentelles comme la pleurésie ou la fièvre typhoïde qui en est si souvent la conséquence. La phthisie pulmonaire est inconnue parmi eux, ce qui vient peut-être aussi de ce que, les constitutions chétives étant vite emportées sous la vive action du climat, les bonnes plantes seules font souche.

On a cru remarquer que dans les communes forestières, où l'air est par suite imprégné d'odeurs résineuses, la longévité est plus grande. Il est certain qu'à Mazan on vit en moyenne plus longtemps qu'à St-Cirgues.

Les montagnards n'appellent jamais le médecin. Les plus riches ne l'envoient chercher que lorsqu'il n'est plus temps. Aussi n'y a-t-il pas de médecin dans la montagne.

Dans les cas de refroidissement ou de transpiration arrêtée, la plupart emploient le remède de cheval que voici (c'est sans doute celui que le bon Peyraque confectionna aux Estables pour le marquis de Villemer) :

On fait bouillir, dans un demi-litre de vin, du lard, du poivre, du girofle, du gingembre et autres épices, et on avale le tout très-chaud.

Il arrive assez souvent que cette médication énergique provoque des sueurs abondantes et sauve le malade, mais je ne jurerais pas que parfois aussi elle ne hâtât sa fin.

Il faut dire que beaucoup se contentent de chaudes infusions de tilleul ou de sureau pour arriver au même but. On trouve aujourd'hui du sucre dans toutes les maisons aisées de la montagne.

Un remède sauvage, et qui est usité aussi dans les régions inférieures, consiste à égorger un animal vivant (un chat ou un coq) et à appliquer sur la poitrine ou le côté pleurétique, en guise de cataplasme, la partie intérieure de son corps entr'ouvert.

Toutes les bonnes femmes, dans les villages de la montagne ont des recettes contre chaque espèce de maladie — recettes souvent fort extravagantes — et néanmoins — il faut le dire à la grande confusion de la médecine — on ne meurt pas plus vite là-haut que parmi nous.

L'instruction a fait autant de progrès dans la montagne que dans le bas pays, grâce surtout au dévouement des frères et des religieuses. Toute la jeunesse aujourd'hui sait parler français, même dans les villages les plus écartés comme Mazan, les Usclades ou le Cros de Géorand. Les officiers de mobiles de l'Ardèche ont pu constater, pendant la dernière guerre, que les hommes des cantons les plus montagneux : Coucouron et Montpezat, étaient non-seulement les plus familiarisés avec le danger, mais encore étaient aussi instruits que les autres. Les religieuses rendent de grands services au point de vue du développement de l'instruction, et l'on peut dire que ce sont elles surtout qui civilisent et transforment la montagne.

.

*Fenno qué mounte e vacho qué descén
Touto lo vido s'en répén*
(Femme qui monte et vache qui descend
Toute la vie s'en repent.)

Je ne sais pas quel est le désir des vaches, en supposant qu'elles en aient un autre que celui de brouter à l'aise de bonnes herbes, mais je sais bien que les filles de la montagne ne rêvent que d'aller habiter les basses régions où il y a plus de soleil, des fruits plus sucrés, mais aussi plus de déceptions. La tendance, il faut bien le dire, n'est guère moindre chez les hommes. Sur toutes les pentes de ce magnifique plateau central de la France, dont le Vivarais forme à l'Est le rebord le plus escarpé, les êtres humains glissent comme les eaux pour aller arroser les terres et les populations d'en bas. Pour un qui remonte de la plaine sur le plateau il en descend cinquante. Et il le faut bien, car on meurt plus vite en bas qu'en haut et sans l'immigration de la montagne, la plaine, malgré sa richesse, serait vite déserte.

Elisée Reclus compare le plateau central à la charpente osseuse de la France.

« Toute la protubérance de ces roches primitives,

dit-il, est le squelette autour duquel les terrains plus récents se sont formés, comme des tissus autour d'un os dans un corps d'animal : c'est le centre résistant de l'organisme. »

Plus loin, l'éminent géographe assimile les basses régions, celles des vallées et des fleuves, au système circulatoire, mais il se plaît beaucoup trop, selon nous, à mettre les gens de la plaine au-dessus de ceux de la montagne. Sans doute, les arts et les sciences se développent mieux dans les centres populeux que sur les hauts plateaux où les soucis de la vie matérielle absorbent toute l'activité de l'existence ; mais que deviendrait dans tous les pays cette civilisation si vantée si elle n'était pas en quelque sorte rajeunie et revivifiée constamment par les vertus natives, par la foi, la force, la sobriété, le courage que lui apporte l'afflux perpétuel des montagnards ?

C'est la pensée qu'avaient déjà exprimée deux célèbres géologues et nous pensons que nos lecteurs liront avec intérêt le passage dans lequel ils signalent le contraste que présentent le plateau central et le bassin parisien au point de vue social comme au point de vue géologique.

« Les deux parties principales du sol de la France, le dôme de l'Auvergne et le bassin de Paris, quoique circulaires l'une et l'autre, présentent des structures diamétralement contraires. Dans chacune d'elles, les parties sont coordonnées à un centre, mais ce centre joue dans l'une et l'autre un rôle complétement différent.

« Ces deux pôles de notre sol, s'ils ne sont pas situés aux deux extrémités d'un même diamètre, exercent, en revanche, autour d'eux, des influences exactement contraires : l'un étant creux et attractif; l'autre, en relief, et répulsif.

« Le pôle en creux vers lequel tout converge, c'est Paris, centre de population et de civilisation. Le Cantal, placé vers le centre de la partie méridionale, représente assez bien le pôle saillant et répulsif. Tout semble fuir, en divergeant, de ce centre élevé, qui ne reçoit du ciel qui le surmonte, que la neige qui le couvre pendant plusieurs mois de l'année. Il domine tout ce qui l'entoure et ses vallées divergentes versent les eaux dans toutes les directions. Les routes s'en échappent en rayonnant comme les rivières qui y prennent leurs sources. Il repousse jusqu'à ses habitants qui, pendant une partie de l'année, émigrent vers des climats moins sévères.

« L'un de nos deux pôles est devenu la capitale de la France et du monde civilisé, l'autre est resté un pays pauvre et presque désert. Comme Athènes et Sparte dans la Grèce, l'un réunit autour de lui les richesses de la nature, de l'industrie et de la pensée ; l'autre, fier et sauvage, au milieu de son âpre cortége, est resté le centre des vertus simples et antiques et, fécond malgré sa pauvreté, il renouvelle sans cesse la population des plaines par des essaims vigoureux et fortement empreints de notre ancien caractère national (1). »

En considérant le plateau central comme un réservoir de vie et de force au point de vue moral, de même qu'il est au point de vue physique le grand réservoir des eaux qui vont ensuite féconder le reste du sol, MM. Dufrénoy et Elie de Beaumont sont beaucoup plus dans le vrai que M. Elisée Reclus qui semble n'y voir qu'une citadelle d'ignorance et de réaction.

Ce qu'on appelle ici « ignorance et réaction » n'est bien souvent que le suprême bon sens populaire barrant le passage au torrent des appétits surexcités par de faux savants ou de vils ambitieux. A quels excès ne se serait pas cent fois laissé aller notre pays sans le correctif et le frein salutaire que le vote des populations rurales et montagnardes a apportés aux insanités des grandes villes et particulièrement de celle qu'on appelle le cœur de la France ?

Le suffrage universel est comme un orchestre immense où les musiciens sont pour la plupart condamnés à jouer d'un instrument dont ils ne savent pas la première note. La cacophonie est donc chose toute naturelle dans ce système, où les électeurs des villes font la partie aiguë et criarde, qui perce parfois le tumulte, mais que finissent toujours par dominer

(1) *Explication de la Carte géologique de France* par MM. Dufrénoy et Elie de Beaumont. t. 1. Paris 1841.

les basses profondes dont l'ensemble forme l'Instrumentation des populations rurales. En vérité, je vous le dis, les électeurs de la Champ-Raphaël et du Cros-de-Géorand ont un rôle dans le concert « si concert il y a » auquel la France est condamnée depuis 1848 — et ce rôle, grâce à la sagesse divine qui sait faire sortir le bien des plus sottes combinaisons humaines, — est infiniment plus sensé que celui des faubouriens de Belleville et de la Croix-Rousse.

XXII

MARCOLS

La montagne du Champ-de-Mars. — Le passage de Jules César dans l'Helvie. — La vallée de l'Érieux. — Les sources minérales de Marcols. — Vals et Marcols. — Les centenaires dans la vallée des Ours. — Fumées politiques et réveils de volcans.

A Mézilhac nous fûmes indécis sur la route à suivre.

Devions-nous continuer vers Privas par le Champ-de-Mars et l'Escrinet, ou descendre à Vals, ou bien visiter Marcols ?

L'ancienne vallée des Ours commençait à faire parler d'elle par ses exportations d'eaux minérales. Quelques-uns en faisaient déjà une rivale de Vals. C'est pour nous rendre compte par nous-même de ses chances d'avenir — car nous savons combien les livres et les prospectus sont menteurs — que nous nous décidâmes à prendre la route de Marcols.

Il y a dix kilomètres de Mézilhac à Marcols — dix kilomètres d'une descente continuelle et parfois assez raide. La vallée est fort belle quoique très-resserrée. De nombreux bouquets de pins alternent sur le versant nord avec les prairies et les pâturages. Le fond de la vallée est très-frais et très-vert.

On aperçoit là haut à droite la route de Mézilhac à l'Escrinet d'où se détache, à un moment donné, le chemin qui descend à St-Pierreville.

A droite nous laissons le grand massif du Champ-de-Mars qui sépare la vallée d'Antraigues de la vallée de Marcols et où l'on croit avoir trouvé des traces d'un campement romain. On a soutenu que Jules César avait passé par là pour aller surprendre Vercingétorix en Auvergne. D'autres préfèrent l'hypothèse, adoptée par l'abbé Rouchier, qui fait passer le conquérant romain par Montpezat, le Roux, St-Cirgues et Chamblazère. On sait que c'est aussi l'avis adopté par la commission de la carte des Gaules. Mon opinion à moi, c'est que l'armée de Jules César, sinon César lui-même, a passé par plusieurs endroits, car sans cela elle serait beaucoup trop longtemps restée en route : c'est ce qui explique qu'on ait retrouvé les traces de son passage dans plusieurs directions différentes.

Quand on monte du côté de Privas au Champ-de-

Mars, on quitte la route à un endroit appelé *los quatre vios* (les quatre chemins). Du côté de Genestelle on y monte par un sentier connu sous le nom de *mountado dos mouort*.

On aperçoit les ruines d'un vieux château sur la pointe volcanique de Don qui se dresse à notre gauche.

Quelques champs cultivés, des pâturages où les grandes gentianes dressent leurs têtes flétries au-dessus des bruyères et des genêts, quelques bouquets de pins, mais surtout des traînées de laves et des croupes de granit : tel est le paysage à travers lequel se déroule notre chemin, comme un interminable serpent devant lequel se dérobe sans cesse le fond de la vallée. A la fin cependant, on entre dans la région des châtaigniers ; on aperçoit quelques maisons à travers le rideau de feuillage qui couvre la rivière de Gleyre, puis, à un détour de la route, on se trouve tout-à-coup dans Marcols sans l'avoir aperçu d'avance.

L'aspect du village de Marcols est, du reste, fort gracieux, mais, pour en jouir, il faut venir du côté de St-Pierreville et non pas du côté de Mézilhac. Nous pénétrions à Marcols pour ainsi dire par le toit au lieu d'y arriver par la porte d'entrée.

C'est par la Voulte, les Ollières et St-Pierreville qu'on vient ordinairement à Marcols. La distance du Rhône à Marcols est de quarante-neuf kilomètres et, si la route est passablement accidentée et par conséquent fatigante, elle est aussi des plus intéressantes pour le touriste. La vallée de l'Erieux, beaucoup moins pittoresque que celle de l'Ardèche, est par contre, plus fraîche et plus riante. Elle a la poésie du granit qui vaut bien parfois celle du calcaire et des volcans.

Un courrier part tous les matins à neuf heures de la Voulte, à l'arrivée de l'express ; il arrive à St-Pierreville vers deux heures et à Marcols une heure après. Il y a aussi une diligence qui part à midi de la Voulte mais qui ne va qu'à St-Pierreville. Au reste, quand on songe qu'on a vu, il y a peu de temps, un service de voiture entre Aubenas et le Cheylard par Vals et le col de Mézilhac, je ne vois pas pourquoi il ne s'y joindrait pas un service d'omnibus entre Mézilhac et Marcols le jour où celui-ci serait devenu une véritable station d'eaux minérales. Les buveurs de Vals pourraient ainsi facilement aller passer une après-midi à Marcols et revenir coucher le soir à leur hôtel.

Et réciproquement pour les buveurs de Marcols.

Il y a à Marcols une excellente auberge tenue par Sanial où l'on est toujours sûr de trouver du gibier et des truites.

Les sources minérales de Marcols sont dans le lit

même de la Gleyre, à dix minutes en aval du village. Il y en a quatre :

La *St-Julien*,
La *Croix*,
La *Gauloise*,
Et la *Giraud*.

La *St-Julien*, la seule anciennement connue, est encore aujourd'hui la seule exploitée. De temps immémorial, elle était renommée dans le pays pour ses propriétés bienfaisantes. De toutes les communes voisines, les paysans accouraient pour y remplir des bouteilles. Elle sortait alors du gneiss en décomposition de la rive droite et, à chaque crue du torrent, elle disparaissait sous le sable et les cailloux.

Cette source est ainsi nommée d'un monastère de ce nom qui existait dans le voisinage et qui en était propriétaire. Il est bien entendu que les moines ne songèrent jamais à y faire aucun travail de captation : on avait alors à penser à bien autre chose qu'aux eaux minérales. Des moines elle passa au prieuré de Marcols qui ne s'en occupa pas davantage. En 1869 seulement, le propriétaire actuel, M. Jacques Giraud, entrepreneur de maçonnerie, exécuta certains travaux pour capter la source, en même temps qu'il faisait creuser en face sur la rive gauche où apparaissaient aussi des indices d'eau minérale. Ces travaux eurent pour résultat assez inattendu de faire passer la source de l'autre côté de la rivière, c'est-à-dire que l'ancien filet qui sortait sur la rive droite tarit subitement et fut remplacé par une source de même nature et beaucoup plus abondante sur la rive gauche.

Cette source fut protégée par une solide construction en maçonnerie contre les crues de la rivière, et c'est cette installation, encore fort modeste, qui sert aujourd'hui de principal établissement à l'industrie naissante de l'exportation des eaux de Marcols.

Le passage de la St-Julien d'une rive à l'autre ne se fit pas sans trouble. Elle resta un an avant de reprendre ses sens, c'est-à-dire son gaz. Depuis lors, elle est aussi gazeuse et aussi agréable à boire que n'importe quelle eau de Vals ou de Vichy. Sa température est de 6 à 7 degrés. Elle est d'une limpidité parfaite, sans odeur, d'une saveur aigrelette, d'abord piquante puis légèrement alcaline. Elle débite de deux à trois litres à la minute, mais on pourrait lui faire débiter beaucoup plus en plaçant plus bas son point d'émergence (1).

(1) Analyse de la St-Julien :

Bicarbonate de soude.	2	460
— de magnésie	0	259
— de chaux	0	515
— de protoxyde de fer	0	056
Chlorure de sodium	0	203
Sulfate de soude	0	042
Silice	0	040
	3	575
Acide carbonique libre.	1	072

Une dizaine d'hommes au moins, quand nous avons visité l'établissement (en 1875), étaient occupés à remplir, boucher et emballer des bouteilles. On expédiait chaque jour près de vingt caisses de cinquante bouteilles chacune. Il avait été vendu, l'année précédente, 50,000 bouteilles et l'on espérait atteindre cette année là, un chiffre plus élevé.

*
* *

Les trois autres sources sont situées sur la rive droite de la Gleyre, en amont de la *St-Julien*, c'est-à-dire en se rapprochant du village.

La *Croix* est protégée, comme la *St-Julien*, par une construction en maçonnerie. Elle a été forée, à vingt mètres de profondeur, dans un rocher granitique semé de taches de protoxyde de fer. Elle débite environ un litre à la minute, mais avec une pompe on croit qu'elle serait inépuisable. Son eau a un léger goût de soufre. Sa température est de 10 degrés.

La *Giraud* n'est qu'à 50 mètres en amont de la *Croix*. Elle sort d'une roche quartzeuse semblable à du marbre blanc. Son débit est de deux à trois litres à la minute. Elle est très-gazeuse et sans doute aussi très-ferrugineuse, car elle trouble le vin, ce que ne font pas les précédentes. Elle laisse un léger dépôt blanc dans les bouteilles. Sa température est de 11 degrés.

La *Gauloise* sort à côté de la Giraud dans le même

puits de maçonnerie. Son débit est aussi de deux à trois litres par minute. Il est sujet à une sorte d'intermittence : pendant 20 ou 30 secondes, elle semble s'arrêter, puis tout-à-coup elle se remet à couler avec plus de force.

Les travaux de captation continuent pour ces trois dernières sources qui ne sont nullement exploitées et dont l'analyse est à faire.

Il y a encore d'autres indices de source minérale, le long de la rivière, notamment sur la rive gauche, à 150 mètres en amont de la St-Julien. On avait baptisé du nom de *St-Joseph* la petite source qui coule en cet endroit, mais son faible débit l'a fait abandonner.

Dans le lit de la rivière en face de la Gauloise et de la Giraud, on a bouché avec du ciment les fissures du granit, pour empêcher l'eau minérale et les gaz de s'en aller, et l'on assure que ce hardi moyen a donné de très-bons résultats.

Le docteur Constantin James range les eaux de Marcols parmi les eaux ferrugineuses, en leur attribuant le privilége unique de posséder toutes les qualités essentielles de ces eaux sans avoir aucun de leurs inconvénients. Et il explique ainsi la chose :

« Les eaux de Marcols sont saturées de gaz acide carbonique, ce « passe-port du fer, » puisqu'il en facilite l'absorption. Le fer y existe à l'état de carbonate, qui est une des formes les plus assimilables, et il y est à la dose de 56 milligrammes par litre. D'autre part, grâce sans doute à la quantité notable de carbonate de soude qui s'y rencontre (2 grammes 1/2 par litre), elles ne provoquent pas l'excitation et la pléthore qui sont trop souvent le résultat des eaux purement ferrugineuses. Enfin, loin de constiper, elles seraient plutôt laxatives, ce qui serait dû aux sulfates et aux chlorures qu'elles renferment à la dose de 245 milligrammes. »

Le docteur Constantin James ajoute qu'elles sont *souveraines contre l'anémie*, et il fait des vœux pour le prompt établissement à Marcols d'un établissement thermal qui lui paraît devoir nous affranchir de l'humiliant tribut que nous avons payé jusqu'ici à Schwalbach et à Spa.

Marcols est situé entre deux montagnes volcaniques : la Graveyre et le Don, toutes deux ayant de 1,200 à 1,300 mètres de hauteur.

En somme, nous avons été agréablement surpris par ce que nous avons vu à Marcols et nous ne désespérons pas aujourd'hui de voir cette localité devenir une station sérieuse. Comme Vals, sa fortune commence par une entreprise d'exportation d'eaux, mais elle doit se continuer par des travaux d'embellissement et d'utilité publique qui permettent aux étrangers de venir prendre les eaux sur place. Il y était venu cette année-là (1875) trois buveurs, mais il paraît qu'une centaine au moins s'étaient fait annoncer et avaient dû renoncer à leur projet en apprenant que Marcols était encore bien loin d'être prêt à les recevoir.

Aujourd'hui que Vals va, grâce au chemin de fer, devenir une grande ville d'eaux, il est vivement à désirer qu'elle trouve dans l'Ardèche même un successeur à qui laisser la partie de son ancienne clientelle qui n'aime ni le bruit, ni la foule, ni la grosse dépense. Et Marcols semble admirablement disposé pour recueillir cet héritage. Sans entrer dans le mérite de leurs eaux respectives — discussion que je laisse à de plus compétents que moi — Marcols a sur Vals l'avantage fort apprécié aujourd'hui d'une altitude plus élevée. Le climat, dans l'ancien pays des Ours, est encore plus sain, il faut bien l'avouer, que dans nos basses vallées de l'Ardèche. Les centenaires y sont plus nombreux qu'ailleurs. On a enterré, il n'y a pas longtemps, à Marcols, un aubergiste nommé Tournay qui, à l'âge de 105 ans, grimpait encore sur les arbres et ne manquait pas une foire de Mézilhac ou de la Champ-Raphaël.

La vallée de Marcols est assez large, bien ombragée, et le futur établissement sera d'autant plus facile à organiser que toutes les sources avec les terrains environnants sur les deux rives de la rivière, depuis Marcols jusqu'à la St-Julien, appartiennent au même propriétaire, M. Jacques Giraud, celui qui a traité avec la compagnie d'exportation des eaux.

On ne peut donc que désirer vivement, dans l'intérêt de Marcols comme dans celui de l'Ardèche, de voir le souhait du docteur Constantin James se réaliser bientôt. Pour nous, depuis que nous avons visité Marcols, le succès n'est pas douteux ; ce n'est qu'une question de temps et de circonstances sur lesquelles il est encore impossible de se prononcer.

*
* *

Nous remontâmes assez rondement vers le col de Mézilhac où nous revîmes la ligne du Mézenc, mais cette fois sous un autre aspect. Les nuages, qui le matin lui formaient une couronne agitée et menaçante, avaient disparu, et le soleil couchant faisait au roi des Cévennes comme à tous ses courtisans un lit d'or et d'argent. Au lieu de la majesté grise et orageuse du matin, nous avions une majesté dorée, calme et souriante, la majesté d'un roi qui a bien dîné et qui s'endort, non pas en pensant aux tribulations du trône, mais aux cheveux blonds de ses petits enfants. Adieu, Mézenc, tâche d'avoir cette heureuse physionomie le jour où nous nous déciderons de nouveau à escalader ton large flanc.

Deux tours de roue, et tout ce magnifique horizon des Cévennes a disparu à nos yeux derrière les huttes de Mézilhac. Nous voici sur le versant de la vallée d'Antraigues. Le volcan de la coupe d'Ayzac, éclairé par le soleil couchant, se détache au loin dans les brumes bleues comme un immense fer à cheval chauffé au rouge. Mais, n'est-ce pas une illusion? Une épaisse colonne de fumée semble en sortir. Le vieux volcan se serait-il réveillé? C'est la pensée qu'expriment tout haut deux jeunes gens, deux collégiens, arrêtés à la croisée de la route du Cheylard, qui contemplent comme nous ce magnifique spectacle. Notre cocher sourit et pique son cheval et, quand les collégiens ne peuvent pas nous entendre, nous dit simplement : C'est la fumée d'un yssard! En effet, la fumée se déplaçait à mesure que nous avancions. Tout à l'heure, elle était sur la coupe d'Ayzac, et maintenant elle planait sur Antraigues.

Que de fumées d'yssards, en politique surtout, on prend pour des réveils de volcans!

XXIII

ANTRAIGUES.

La Viole. — La fête de St-Roch à Antraigues. — Un sermon sous les châtaigniers. — Lucie Fournier. — Les sœurs de St-Roch. — Un vœu des habitants d'Antraigues en 1720. — Les *clapeyras*. — Antraigues et les Palets en l'an 1900. — Le président Gamon et sa ménagerie. — *La grande Société des Eaux de Vals et de l'Ardèche*. — Antraigues, Prades et le pont de la Beaume devenus des faubourgs de Vals. — Le futur établissement hydrothérapique des Palets. — Vals et Vichy. — Les sources du Régal. — Les Escourgeades. — Le comte d'Antraigues. — Claude Gleizal. — Un défenseur ignoré de Louis XVI. — Le volcan de Jaujac. — La fontaine du Péchier.

La descente de Mézilhac vers Antraigues est moins

rapide que vers Marcols à cause du développement plus considérable de la voie.

Tout près de Mézilhac, on aperçoit, sous la route, la glacière de M. Scharff, brasseur d'Aubenas, qui fournit de glace en été toutes les villes de l'Ardèche au sud du Coiron. C'est un petit bâtiment en planches entouré d'un courant d'eau vive. Sur ce point, comme à Mézilhac, l'air est toujours frais même au fort de l'été.

Les prairies alternent avec les bois de sapins et de hêtres. Bientôt les prairies cessent. La montagne à gauche et à droite est tapissée de bruyères dont les fleurs d'un rouge vineux tranchent sur les teintes grises des roches granitiques.

En face de nous se dresse le *Ron des Chabrié* (la montagne des Chevriers) qui est entre la Viole et Antraigues.

Bientôt nous entrons dans la région des châtaigniers où trône coquettement le joli village de la Viole. Ce lieu rappelle malheureusement un conflit semblable à celui qui a ensanglanté récemment Loubaresse. Il y a quelques années, des montagnards essayèrent de s'opposer par la force à des travaux de reboisement. Ce n'est pas assez pour l'administration des forêts d'avoir à vaincre les obstacles naturels, il faut qu'elle ait parfois à lutter contre les populations mêmes à qui doivent le plus profiter ses louables efforts pour protéger la terre des versants montagneux et prévenir les inondations.

La Volane ou le Volant, que nous cotoyons depuis Mézilhac, est désigné, dans de vieux titres, sous le nom de *Merdaric*, qui, d'après Soulavie, signifie *crasse de fer* en vieux langage vivarois. Nos lecteurs peuvent se rappeler que c'est aussi le nom du ruisseau qui vient de la Gravenne de Montpezat, et dont les eaux forment la cascade de la Gueule d'Enfer.

A partir de la Viole, la pente s'adoucit, mais les ombres crépusculaires s'épaississent et nous ne jouissons plus qu'à demi du spectacle de la vallée. Nous sommes frappés néanmoins par le caractère sauvage de la gorge que traverse la route avant d'arriver au pont de l'Huile.

On se croirait au bout du monde et l'on est à deux pas d'un chef-lieu de canton avec son juge de paix et sa brigade de gendarmerie, voire même son bureau de télégraphe électrique.

Nous saluons la vieille tour d'Antraigues que nous ne voyons pas, mais qui nous rend notre salut en sonnant 8 heures et nous allons prendre à l'auberge Brousse un repos bien mérité.

***

Le lendemain, les cloches d'Antraigues sonnaient à toutes volées. Le village tout entier avait un air de fête auquel le ciel semblait s'associer, car il était encore plus bleu que d'habitude et la lumière du soleil elle-même paraissait d'une teinte à la fois plus douce et plus gaie.

D'interminables files de paysans et de paysannes montaient à Antraigues par toutes les voies où le village est accessible, mais surtout par la route du pont de l'Huile qui passait sous nos fenêtres. Il y avait beaucoup de groupes isolés, mais on reconnaissait des villages entiers venus en procession avec leurs confréries et leurs bannières d'église.

C'était le 16 août, fête de St-Roch, patron d'Antraigues, très-populaire dans toutes les communes environnantes. Ah ! comme on retrouve l'infirmité humaine, même dans ce qui nous relève le plus, c'est-à-dire le sentiment religieux ! St-Roch ne serait pas tant fêté si à son auréole de saint il ne joignait pas la réputation d'un grand médecin.

Nous nous joignîmes à la procession qui, à 9 heures, se dirigea vers la chapelle de St-Roch, cachée dans les châtaigniers de la montagne qui domine la vallée du Mas, à une petite demi-heure d'Antraigues. Le sentier qui y conduit, monte, monte toujours. Pierreux, inégal et brûlé par le soleil, c'est un vrai chemin du paradis. Cependant il y a des oasis d'ombre où l'on a établi de petits reposoirs champêtres, formés de genêts, tapissés de mousses et ornés de fleurs. Dans chacun de ces reposoirs qui ont la forme d'une cabane se trouve un enfant rose et frais, en costume d'ange, tenant à la main une grande pancarte avec une inscription en l'honneur de St-Roch.

St-Roch, notre patron, priez pour nous !
St-Roch, consolez les affligés !
St-Roch, convertissez les pêcheurs !
St-Roch, priez pour les pélerins !
A St-Roch, gloire et amour ! etc.

Nous cheminions derrière une pauvre paysanne de la Champ-Raphaël qui, tenant d'un bras un enfant à la mamelle, et de l'autre égrenant un chapelet, répéta pendant tout le trajet : *Glorieux St Roch,* à quoi les cinq ou six personnes qui l'accompagnaient répondaient en chœur : *Priez pour nous, s'il vous plait !*

Un esprit fort n'aurait pas manqué de crier à la supercretition et un esprit léger aurait ri. Pour ma part, je déclare que le spectacle de cette foi naïve et ardente m'a touché profondément, et que j'y trouve, beaucoup plus que dans les phrases creuses de nos démocrates, un motif d'espérer le relèvement final de notre pays.

**

Nous arrivons à la chapelle. Un autel est dressé devant la porte avec l'image de St-Roch. Les petites filles et les enfants qui viennent en tête de la procession avec leurs bannières se rangent sur les bords de la route et derrière l'autel pour faire place aux confréries et au clergé qui arrivent en chantant. L'effet de ces chants graves et traînants, au milieu de cette nature agreste, est des plus imposants. L'oreille, les yeux et le cœur, captivés par l'ensemble de la cérémonie et par la physionomie recueillie des assistants, sont incapables de relever ce qui peut manquer d'harmonie dans certaines voix ou certains détails. La foule couvre les *faysses* qui forment comme les gradins naturels de la montagne et envahit même les châtaigniers dont les plus grosses branches servent de tribune aux plus agiles des fervents de St-Roch. Le tableau est d'un pittoresque charmant. Derrière la chapelle sont des buvettes champêtres où, je m'empresse de le dire, on boit surtout de l'eau, laquelle est, d'ailleurs, assez rare dans le quartier. Un soleil ardent brûle le sommet des châtaigniers et jette çà et là dans la foule des traînées lumineuses, s'épanouissant tantôt sur le frais visage d'une jeune fille et tantôt sur la figure ridée et tannée d'un montagnard. Le recueillement est le même chez tous. A part les cris de quelque enfant que la mère cherche vainement à calmer, le silence est complet, solennel.

Les prêtres et les pénitents prennent place autour de l'autel et la messe commence.

A milieu de l'office divin, l'abbé Methallier, un ancien vicaire de la paroisse, prononce, d'une voix sonore et assurée, qui retentit merveilleusement sous les arbres, un sermon où il fait ressortir la grandeur de la religion et rappelle les miracles dûs à l'intercession des saints. On l'écoute avec plaisir et, il faut l'espérer, avec fruit.

Après la messe, la procession redescend dans le même ordre et avec les mêmes psalmodies. Hélas ! dès l'entrée du village, on entend aussi d'autres chants retentir dans les cabarets et l'on se rappelle involontairement cette magnifique scène des *Huguenots* où les chansons de l'orgie sur la place alternent avec les cantiques divins qui sortent de l'église.

Il y avait bien deux ou trois mille personnes à la procession, mais on évalue au triple le nombre des personnes qui, du 15 au 17 août, viennent en pèlerinage à la chapelle de St-Roch.

On sait que St-Roch était de Montpellier et que tout jeune encore il donna son bien aux pauvres pour aller soigner les pestiférés. On ne lit pas assez la vie des saints aujourd'hui ; il y a cependant une foule de choses extrêmement démocratiques que nos réformateurs du jour pourraient y apprendre.

Une sainte fille d'Antraigues, Lucie Fournier, qui avait été guérie par l'intercession de St-Roch, voulut, il y a une trentaine d'années, marcher sur ses traces et forma une petite association destinée à soigner les malades chez eux. Telle est l'origine du couvent de St-Roch dont nous avions aperçu les sœurs à la procession avec leur costume imité de leur saint patron, c'est-à-dire un vêtement noir, une pèlerine bordée d'un liseré rouge, une croix sur la poitrine et un rosaire au côté. Ces saintes filles rendent dans le pays des services inappréciables. Le petit ordre des sœurs de St-Roch vient à peine de naître, et il a déjà des communautés au Teil, à Viviers, à Vals, à Burzet et à la Voulte.

***

Le culte de St-Roch dans nos contrées date au moins de la fin du 17° siècle et prit naissance dans les terribles épidémies qui désolèrent à cette époque une partie du Midi.

Le 19 juillet 1694, les habitants d'Aubenas font un vœu à la Sainte-Trinité pour lui demander d'arrêter le fléau qui sévissait sur eux, en se réclamant des mérites de St-Roch en l'honneur de qui ils promettent « jusqu'à la consommation des siècles une procession générale et une messe solennelle le jour de sa fête. »

C'est de cette époque probablement, à moins que leur origine ne soit encore plus ancienne, que datent les processions publiques en l'honneur de St-Roch qui se célèbrent, le 16 août de chaque année, non-seulement à Antraigues et à Aubenas, mais encore à Vinezac et dans d'autres paroisses des diocèses de Viviers, Nîmes et Mende.

La fameuse peste de Marseille de 1720 eut son contre-coup en Gévaudan et dans une partie du Bas-Vivarais. Elle fit surtout des ravages à Florac, Marvejols, Genoulhac et dans le canton des Vans, et le duc de Roquelaure, gouverneur du Languedoc, dut établir, en 1721, une sorte de blocus régional pour circonscrire le fléau.

A cette époque, les habitants d'Antraigues renouvelèrent un vœu qu'ils avaient fait autrefois à St-Roch. Voici le texte de ce vœu que nous devons au digne curé d'Antraigues, M. l'abbé Chenivesse :

« Ce vingtième d'octobre 1720, en conséquence de la délibération prise en corps de communauté ce jourd'huy et remise devers le gref ; messire Antoine Beaussier, prêtre et curé d'Antraigues, et sieur Claude Mazade, consul moderne dudit lieu d'Antraigues, ont, au nom de ladite communauté comme députés et commis à cet effet par ladite délibération, le Saint-Sacrement exposé, et à l'issue des vêpres, ratifié et solennellement approuvé le vœu que ladite paroisse avait fait autrefois à St-Roch de fester le jour de sa feste 16me d'oûst et d'aller ce jour là en procession à la croix qu'on appelle des Portes. Et pour engager d'autant plus ce glorieux saint à nous garantir par son intercession de la contagion dont nous sommes menacés et dont une partie de la province est actuellement infectée, lesdits sieurs curé et consul, en la qualité et manière que dessus, ont fait vœu de célébrer cedit jour le plus sainctement possible, en ne s'occupant que des œuvres de religion et d'empêcher autant que possible qu'aucun ne passe ce jour dans les jeux, festins, danses et cabarets. En foi de quoi, lesdits curé et consul ont souscrit les présentes pour mémoire à la postérité en y attachant la formule du vœu qu'on a prononcé.

Signés : Beaussier curé, Mazade consul.

Il y a fort heureusement dans cet acte un *autant que possible* qui sauve un peu la situation, car, en l'an de grâce 1878, le curé et le maire auraient grand peine à empêcher leurs paroissiens et administrés de faire succéder, le 16 août, à la célébration de la fête de St-Roch les jeux, les festins et la fréquentation des cabarets.

*
* *

Antraigues, que les registres notariaux du 15° siècle désignent sous le nom d'*Interaquœ*, tire son nom de sa position entre trois rivières : la Volane, le Mas et Bise, sans parler du ruisseau d'Oursières qui vient de Genestelle.

Le village est perché à 100 ou 150 mètres au-dessus du thalveg de la vallée sur un promontoire de granit entremêlé de colonnes basaltiques, adossé à de grands bois de châtaigniers et tenant pour ainsi dire dans ses mains, l'un à droite, l'autre à gauche, deux magnifiques volcans : Craux et la Coupe d'Ayzac. Peu d'endroits offrent concentrées dans un aussi petit espace autant de curiosités naturelles et autant de sources d'eaux minérales.

Le volcan de Craux, le premier en date, ne se révèle plus que par les énormes blocs de basalte qui couvrent encore en partie le versant où s'épanchaient ses laves. Le cratère a depuis longtemps disparu et a été remplacé pas un plateau sur lequel s'élève le vieux château de Craux, ancienne résidence de la famille d'Ucel et qui appartient depuis le siècle dernier à M. de Fabrias. On appelle dans le pays *Clapeyras* ou *Graveyras* les amas de rochers qui n'ont pas été encore recouverts par la végétation. Ceux de la montagne de Craux, vus d'Antraigues ou d'Oursières, rendent pour ainsi dire palpables les envahissements graduels de la végétation et font comprendre comment nos montagnes brûlées se sont peu à peu couvertes de terre végétale et d'arbres. Le bois mort, les cailloux, les mousses, les bourses de châtaignes bouchent lentement les interstices des rochers du clapeyras ; peu à peu il se forme une légère couche de terre ; les genêts et les buis poussent les premiers, puis les fougères et d'autres arbustes, et enfin les chênes et les châtaigniers dont les racines plongent dans les cavités souterraines formées par les gros blocs et vont chercher la terre extraordinairement fertile formée sous les basaltes par la décomposition des cendres volcaniques.

La Coupe d'Ayzac, de l'autre côté de la Volane, est un des derniers volcans éteints du Vivarais. Son cratère est effondré d'un côté et il y croit de magnifiques châtaigniers. Faujas de St-Fond lui trouvait une grande ressemblance avec le Vésuve. C'est de la Coupe d'Ayzac que sortirent les laves qui remplirent la vallée d'Antraigues et qui allèrent jusqu'au pont de Bridon.

Dans la vallée de la Besorgue qui se trouve derrière Ayzac, il y a aussi de belles colonnades basaltiques, que je n'ai pas eu l'occasion de visiter ; elles proviennent du volcan du Pic de l'Étoile qui avoisine Juvinas.

***

Ceci se passait en l'an de grâce 1900.

Je sortais de la gare de la Bégude-Vals.

— Les voyageurs pour les Palets ! cria une voix.

En même temps, un omnibus se remplit de voyageurs sous mes yeux.

Je cherchais dans ma tête — car je n'étais pas venu de longtemps à Vals — ce que pouvaient bien être les Palets. Ne trouvant rien, je me dis qu'il y avait un moyen bien simple de me renseigner, et comme je n'avais rendez-vous que pour le soir avec mon excellent confrère, le docteur Chabannes — qui ne sera pas fâché de se voir octroyer ainsi 23 ans de vie assurée — je grimpai assez lestement, malgré mon grand âge, sur l'omnibus où il y avait encore une place d'impériale — pardon, de nationale.

L'omnibus fila de toute la rapidité que peuvent

déployer deux maigres haridelles dans la direction d'Antraigues. Il me sembla que la route avait subi quelques améliorations. Nous rencontrâmes en chemin la diligence du Cheylard et la voiture de Marcols. Nous croisâmes une charrette chargée de caisses d'eau minérales, provenant, à ce qu'il me parut, de la *source du Volcan* et d'autres sources dont j'entendais le nom pour la première fois.

Je fus frappé de la grande quantité d'habitations qu'on avait construites tout le long de cette fraîche vallée de la Volane où les granits et les basaltes, les châtaigniers et les noyers, se font face depuis des siècles comme les danseurs pétrifiés d'un quadrille sans fin.

La route était devenue une sorte de prolongement de la rue de Vals, et Antraigues, tout en restant chef-lieu de canton, était devenu à proprement parler, un faubourg de Vals.

Le village et la tour d'Antraigues, qui nous étaient apparus à un détour de la route, s'étaient de nouveau effacés derrière les flancs de la montagne.

Les voilà qui reparaissent, nous sommes au pied du promontoire de laves et de granit où se rejoignent la Volane et Bise.

Le rocher du Fromage est toujours là, comme une sentinelle qu'on a oublié de relever depuis le déluge, continuant de montrer aux géologues l'ancien niveau de la mer lavique qui remplissait autrefois ces bas-fonds.

Une route nouvelle des plus pittoresques contourne le rocher du Fromage, se dirigeant vers Genestelle.

Notre voiture s'y engage. Je comprends maintenant, et je me rappelle qu'en effet l'ancienne demeure du président Gamon s'appelait les Palets. Et quelques vers du vieux centre gauche de la convention qui fut si près de prendre part au dernier banquet des Girondins, pour avoir trop cru à la modération des radicaux de son temps, me reviennent à la mémoire :

> D'où naît cet intérêt et ce secret amour
> Pour le champ, pour le toit où l'on reçoit le jour ?.....
> Je ne sais, mais qu'importe ? ô campagne chérie,
> O vallon des Palets, ô ma douce patrie,
> Je t'aime, il me suffit. D'un cours toujours égal,
> Là, de féconds ruisseaux roulent un pur cristal ;
> Là, de riants vergers et de sombres bocages
> Offrent de toutes parts des fleurs et des ombrages ;
> Là, des groupes d'oiseaux ravissent par leurs chants,
> De mes bosquets fleuris aimables habitants ;
> Là, je puis m'égarer sur de vertes collines
> Où paissent les troupeaux de cinq fermes voisines.....

Les vers du président Gamon sont un peu rococo, comme toute la poésie du 18ᵉ siècle, mais ils ont un parfum de naïveté qui charme et qu'ils empruntent surtout à l'amour de la nature et des choses champêtres qui caractérisent leur auteur. Écoutons-le encore descendant le matin à la basse-cour et donnant à manger à ses bêtes :

Qu'il m'est doux le matin, dans mes foyers rustiques,
De voir un bataillon d'animaux domestiques,
A ma porte assemblé, m'attendre chaque jour
Et par des cris joyeux saluer mon retour !

Ne semble-t-il pas entendre le piaillement des poules et des canards qui voient arriver le grain ou la pâtée ?

Ce sont des courtisans que l'intérêt amène,
Il est vrai ; mais leur cœur ne couve point la haine,
Et, sans déguisement, leur visage, leur voix,
Bénissent mes bienfaits et chérissent mes lois.
Dirai-je les amours de mes poules chéries,
Et des coqs panachés l'orgueil, les jalousies !
Dépeindrai-je surtout cet amour maternel
Que méconnaît souvent l'homme toujours cruel !
Que sur les animaux cet amour a d'empire !
Quel noble dévouement cet amour leur inspire !
La poule ne craint plus le dogue furieux,
Les plus affreux dangers ne sont rien à ses yeux ;
Ses petits menacés, elle se précipite :
Le dogue s'adoucit, se détourne et l'évite
Et semble respecter les transports d'un amour
Que la chienne partage et ressent à son tour.
Le chaleureux moineau, la colombe plaintive,
Et surtout la fourmi, républicaine active,
L'abeille avec transport suçant le sein des fleurs,
Le tendre rossignol célébrant ses ardeurs,
La vache ruminant dans sa marche pesante,
L'âne si patient, la brebis innocente,
L'impétueux coursier, avide de combats,
Le chien, ami fidèle, empressé sur mes pas,
La tourterelle veuve et qu'un amant console,
Et l'oiseau vigilant, sauveur du capitole,
La chèvre avec plaisir offrant à l'indigent
Une source de lait, pur et doux aliment,
Et le paon glorieux de l'éclat dont il brille,
Des végétaux enfin l'innombrable famille,
Tout m'attache et m'instruit.. ..

Le frais vallon des Palets est entièrement transformé. L'ancienne demeure du président est devenue un magnifique hôtel. Dans les prairies qui sont en face, au pied de la montagne de Craux, s'élève un établissement hydrothérapique, le premier de l'Ardèche et qui commence à devenir célèbre dans tout le Midi, car nulle part peut-être on ne trouve une eau aussi fraîche et une source aussi abondante que celle qui descend du plateau de Craux, coulant à une grande profondeur sous les immenses écroulements basaltiques qui constituent les *graveyras*.

Un restaurant champêtre avec ses nappes blanches qui éclatent à travers le vert feuillage des berceaux, s'étale coquettement au milieu d'un vaste jardin, à demi ombragé de magnifiques noyers et où l'on a soigneusement conservé les bosquets fleuris d'autrefois en y semant une foule d'autres plantations qui en font un endroit véritablement délicieux.

Ceux qui aiment la nature un peu plus sauvage n'ont qu'à monter dans les bois de châtaigniers qui dominent les prairies et le jardin. Je n'en connais pas de plus gai, de plus moussu, de plus harmonieux. De ce point d'ailleurs, la vue est charmante, avec le village d'Antraigues au premier plan et la croupe rouge d'Ayzac comme fond du tableau, sans parler des paysages verts de la vallée de Bise et de la montagne d'Oursières.

Notre omnibus prend place, dans la grande cour

de l'hôtel, à côté de cinq ou six voitures particulières, car, outre les malades qui sont à demeure aux Palets pour la cure hydrothérapique, les amateurs y affluent de Vals. On y vient surtout pour déjeuner le matin et manger des truites — poisson qu'on ne trouve plus à Vals, mais qui ne manque en aucun temps aux Palets, grâce à la série de viviers qu'on y a établis.

Les Palets ont aussi la spécialité d'une glacière magnifique qui fournit de glace tout l'été Vals et même Aubenas.

La route carrossable s'arrête aux Palets, mais un joli sentier pour les piétons a été ouvert le long de la vallée de Bise jusqu'aux fontaines du Régal, et comme on y chemine presque constamment à l'ombre, comme les sites sont des plus variés, il n'y a pas de jour où ce sentier ne soit sillonné par des groupes de buveurs.

Au-dessous de l'hôtel des Palets, dans le lit même de la rivière, dont une partie a été reconquise sur les eaux et a été transformée en promenade ombragée, jaillit une magnifique source minérale comparable aux plus belles de Vals. A côté est une vaste cabane d'où sortent tous les jours plusieurs charretées de caisses pour l'exportation.

Car l'exportation des eaux minérales a pris, depuis une vingtaine d'années, dans l'Ardèche, un développement encore plus considérable, grâce à l'organisation d'une société nouvelle dite la *grande Société des Eaux de Vals et de l'Ardèche*, rivale de la Société de Vichy, qui a centralisé tous les efforts individuels, toutes les spéculations privées, et, d'une foule de petites entreprises plus ou moins impuissantes ou périclitantes, disséminées sur toute la surface du département, a fait une entreprise féconde et prospère, connue dans le monde entier.

Vous allez me demander certainement comment tout cela est arrivé. Je vous le dirai.... dans vingt ou vingt-cinq ans d'ici, si vous et moi sommes encore de ce monde. En attendant, je prie les lecteurs de croire que, si nous venons de faire un rêve, ce rêve a ses bases dans la réalité et j'ajoute que, pour qui connaît les lieux dont je viens de parler, et dont je vais reparler maintenant au point de vue des actualités présentes, la transformation rêvée tout à l'heure ne peut être qu'une question de temps.

Une personne qui a visité beaucoup de villes d'eaux, nous disait un jour :

On s'ennuie dans les plus jolies si elles n'ont pas des environs qui puissent servir de buts de promenades ou de parties de plaisir. Une ville d'eaux qui n'est pas dans ces conditions n'est qu'un corps sans bras et sans jambes.

Sans doute il y a dans les villes d'eaux une catégorie de buveurs ou de baigneurs — ce sont ordinairement les plus malades ou, si l'on veut, les vrais malades — qui ne sortent guère de l'endroit où ils sont venus chercher la santé. Ils prennent leurs bains, boivent, mangent, se promènent conformément aux prescriptions de la Faculté et ne songent pas à autre chose, pas même à ceci : que rien ne facilite plus le bon effet des eaux que la distraction et ce qu'on appelle les parties de plaisir, c'est-à-dire les promenades par groupes dans des parages nouveaux et ordinairement en compagnie de figures nouvelles.

Mais, à côté des vrais malades, il y a la catégorie encore plus nombreuse de ceux qui le sont peu ou ne le sont pas du tout, des malades d'imagination, des gens ennuyés, des spleenétiques, des candidats battus ou des préfets dégommés, enfin des amateurs et des touristes.

Pour tous ceux-là, une ville d'eaux est cotée et vaut encore moins par elle-même, par ses ressources ou ses agréments intérieurs, que par ses échappées sur la région environnante, par les sites voisins qu'on peut visiter et qui peuvent servir de but à une partie de plaisir.

Or, il faut bien l'avouer, s'il a été réalisé depuis quinze ans à Vals beaucoup d'améliorations intérieures, tout reste encore à faire au point de vue dont nous parlons. L'étranger qui vient à Vals et qui ne voudrait pas rester éternellement confiné dans le bourg de Vals, ne sait où aller. Quand il a visité Aubenas et Neyrac, tout est dit. Il n'y a que là qu'il est sûr, ou à peu près, de trouver un hôtel et un dîner passables. Les plus hardis poussent jusqu'à Jaujac ou Thueyts. Mais Aubenas est trop ville, et Neyrac, Jaujac et Thueyts sont un peu loin, au moins dans l'état actuel des moyens de communication. Il faut à Vals des points moins éloignés où l'étranger puisse aller, en une heure, passer une matinée ou une après-midi agréables sans interrompre sa cure.

Ces points sont évidemment Antraigues, Prades et le pont de la Beaume.

Je place Antraigues en première ligne, à cause de sa proximité jointe à ses nombreuses sources minérales, à sa situation pittoresque et à son beau volcan de la Coupe d'Ayzac.

Mais le village même d'Antraigues ne pourra jamais devenir qu'accidentellement un rendez-vous pour les touristes ; il le sent si bien lui-même, qu'il descend insensiblement au pont de l'Huile où tendent de plus en plus à se concentrer le commerce et l'industrie de la commune.

Le vallon des Palets est l'endroit naturellement désigné pour servir de point de ralliement aux touristes de Vals qui viendront visiter Antraigues. C'est un des endroits les plus frais et les plus pittoresques de l'Ardèche. Nulle part on ne trouve de plus vertes prairies, de plus beaux ombrages et des eaux plus abondantes.

La source qui arrose la propriété Gamon émerge à environ 40 mètres au-dessus du chemin, et à 50 mètres au-dessus du niveau de la rivière ; elle est à la température de *quatre* ou *cinq* degrés, et par conséquent plus fraîche que toutes les sources connues dans les vallées du Vivarais. Au plus fort des étés les plus secs, elle donne encore de 20 à 30 litres à la minute. Le bassin où elle coule est rempli de petites sangsues. La source sort des blocs basaltiques d'un *graveyras* que tendent de plus en plus à recouvrir les châtaigniers, les chênes, les fougères, les genêts et les mousses. Cet endroit est tout indiqué pour un établissement hydrothérapique qui pourra rivaliser avec celui de Divonne.

La transformation des Palets peut s'effectuer à peu de frais. Aujourd'hui qu'un pont a été construit au confluent de la Volane et du Mas, il ne reste plus à ouvrir que 5 ou 600 mètres de route pour que les voitures puissent atteindre les belles prairies où doivent forcément s'élever un jour l'établissement hydrothérapique et l'hôtel que nous avons vus en rêve. C'est une dépense des plus minimes relativement aux résultats à attendre.

J'ai déjà dit ce qu'étaient les sources du Vernet et du Pestrin. Grâce au chemin de fer, elles vont se trouver, avant peu, aussi rapprochées de Vals que l'est aujourd'hui la Bégude.

Au Vernet, comme au Pestrin, outre l'exportation des eaux, il y a place pour de beaux établissements de bains, et la nature a tellement fait dans tous ces endroits, qu'il est impossible que les hommes ne se décident pas quelque jour à compléter son œuvre.

J'ai visité Vichy, il y a deux ans, et j'avoue que je fus émerveillé de la richesse et de la quantité de ses sources, non moins que de son magnifique établissement de bains. Un de mes confrères de l'endroit, qui m'accompagnait, me dit avec un sourire quelque peu narquois : Il paraît que Vals se pose en rivale de Vichy ; eh bien ! qu'en dites-vous maintenant ?

— Je vous répondrai à Vals, l'année prochaine, si vous y venez.

Il n'est pas venu ; c'est fâcheux, car, après lui avoir montré Vals, je lui aurais fait visiter toutes les sources d'Antraigues, de Prades, du Pestrin, de Neyrac, de Jaujac, de Thueyts, et même Marcols, et je lui aurais fait toucher du doigt que le Vichy de l'Ardèche, qui comprend toutes ces sources groupées dans un espace qui n'est guère plus grand que la plaine de Vichy, qui renferme les points les plus pittoresques de la France et qui va, d'ailleurs, être traversé par un chemin de fer, peut non seulement soutenir la comparaison avec le Vichy de l'Allier, mais doit le dépasser un jour.

Il faut pour cela naturellement un certain temps ; mais il faut aussi que toutes les personnes appelées par leurs aptitudes, leur situation ou leur fortune, à agir sur les affaires du pays, s'attachent à sortir la question de l'avenir de Vals et des eaux minérales de l'Ardèche des points de vue locaux et égoïstes où elle est restée jusqu'ici, pour la placer à un point de vue large et élevé qui est, d'ailleurs, parfaitement conforme à la nature des choses.

Vals n'est pas dans Vals seulement, il est dans toute la vallée de l'Ardèche, d'Aubenas à Thueyts, comme l'ont pressenti d'instinct tous les industriels de la contrée qui mettent sur leur étiquette le nom de Vals en gros caractères à la suite des noms particuliers de leurs sources. Celles-ci sont toutes, en effet, des branches, des fuites, si l'on veut, d'une rivière minérale souterraine dont chaque point d'émergence emprunte aux canaux qu'il parcourt des propriétés spéciales.

*_**

Je reviens à Antraigues.

A deux kilomètres environ des Palets, en suivant le ruisseau de Bise, on trouve les fontaines minérales du Régal.

Ces fontaines sont encore aujourd'hui d'un accès assez difficile. On y va ordinairement par le village du Régal et par des chemins plus ou moins fantaisistes où sans guide rien n'est plus facile que de s'égarer; mais il sera aisé, le jour où les Palets auront réalisé leurs destinées, d'établir le long de Bise un joli sentier pour arriver promptement et sans fatigue.

Les sources du Régal sortent ou plutôt filtrent, sur un espace de 300 à 400 mètres, à travers les fissures d'un granit très-dur qui forme le lit du ruisseau de Bise.

La plus importante, la seule exploitée jusqu'ici, appartient à M. Burel, du Régal. Sa température est de 11 degrés, elle débite un peu plus d'un litre à la minute, mais son captage est fort imparfait et elle pourrait en débiter davantage.

Le propriétaire en tire une cinquantaine de bouteilles par jour qu'il vend à Antraigues à raison de 10 centimes la bouteille. Cette eau est limpide, peu gazeuse mais très-ferrugineuse, comme l'indiquent son goût styptique et le dépôt rouge qu'elle laisse sur le granit où elle coule (1). Elle est employée depuis un temps immémorial par les habitants des communes d'Antraigues et de Genestelle.

(1) Un litre de cette eau contient, d'après une analyse de M. Bosis communiquée, le 9 février 1875, à l'Académie de médecine :

Résidu insoluble.	0,038
Bi-carbonate de fer.	0,044
Bi-carbonate de chaux	0,270
Chlorure de sodium	0,015
Bi-carbonate de magnésie	0,080
	0,447

L'autorisation d'exploiter la source Burel est du 5 mars 1875.

Les autres sources du Régal sont les suivantes :

1° A 50 mètres en aval de la source Burel, au bas du pré Gleizal. Celle-ci sort de terre derrière un gros bloc détaché ; elle paraît abondante ; actuellement elle est en quelque sorte noyée dans les eaux qui s'écoulent de la prairie qui la domine ;

2° Une autre à 200 mètres plus bas dans les fissures du granit à pinites du ruisseau, en face du pré de Pierre Villedieu.

.·.

La fontaine des *Escourgeades* est située à un kilomètre environ des Palets dans un ravin de la montagne de Craux. Il paraît que son propriétaire, M. de Fabrias, l'a baptisée du nom de *Comtesse*. Pourquoi ne pas lui laisser son vieux nom d'*Escourgeades* (en patois *écorchées*) que lui a valu le dépôt rouge comme le sang que ses eaux laissent sur les roches où elles coulent ?

La fontaine des Escourgeades sort d'un gneiss en pleine décomposition qui sert de base à une prairie. Elle est très-ferrugineuse, mais en même temps gazeuse et agréable à boire, et nous a paru avoir la plus grande analogie avec l'eau du Péchier, de Janjac. Nous ne croyons pas qu'elle ait été analysée.

Les autres sources minérales du canton d'Antraigues, du moins les principales, sont :

La *Suprême*, dans le lit même de la Volane, au quartier du Rigaudel, appartenant à M⁻ᵉ Chaudier ;

La *Source du Volcan*, au-dessous de la Coupe d'Ayzac, appartenant à M. Blachère ;

La *Reine du Fer*, au quartier du Raccourci, sur la route de Vals à Antraigues, appartenant à M. Comte (1) ;

Une autre source ferrugineuse, encore innommée, à 150 mètres plus haut que la précédente ;

La fontaine *Dupont*, appartenant à M. Baratier, située dans un ravin qui descend à la rivière du Mas, à 300 mètres en amont de la fabrique Gamon ;

Trois ou quatre sources différentes au moulin de Lacoste, dans la commune d'Ayzac ;

Une autre sur la montagne de Bise à Genestelle ;

Une autre au Vernet, commune de Genestelle, etc.

Plus nous y réfléchissons, plus nous sommes convaincu qu'Antraigues et surtout les Palets, doivent

---

(1) La *Reine du Fer*, de M. Comte, a été analysée par Ossix. (Académie de médecine, 29 août 1876.)

Voici sa composition :

L'analyse donne par litre un résidu pesant 1,160 et formé de :

Silice et alumine	0,060
Oxyde de fer	0,050
Carbonate de chaux	0,510
— de magnésie	0,125
— de soude	0,555
Chlorure de sodium	0,200
	1,100

devenir, dans une période plus ou moins prochaine, un appendice de Vals et en quelque sorte le bras droit de notre première station d'eaux. Et l'on peut prédire, sans être sorcier, que la transformation des Palets marchera beaucoup plus vite qu'on ne croit, à mesure que se rapprochera l'heure de l'ouverture du chemin de fer qui doit amener les visiteurs jusqu'à Aubenas d'abord, et ensuite jusqu'à Prades.

Antraigues a donné naissance à trois hommes qui ont joué un certain rôle dans les événements de la Révolution. Ce sont :

Le comte d'Antraigues, Emmanuel de Launay, député de la noblesse du Bas-Vivarais aux Etats Généraux de 1789,

Le conventionnel François-Joseph Gamon,

Et le conventionnel Claude Gleizal ;

Le premier, révolutionnaire au début et ensuite l'agent le plus actif de la contre-révolution en Europe ;

Le second, ami des Girondins, et voulant comme eux ce dont la possibilité n'est pas encore démontrée, c'est-à-dire une république conservatrice et modérée ;

Le troisième, républicain ardent, mais honnête et consciencieux qu'on vit protester plus d'une fois contre les crimes qui déshonorèrent la Révolution.

Toute la politique moderne, avec ses lumières et ses ombres, et surtout avec ses illusions, se trouve résumée dans ces trois hommes, et nous avons été tenté plus d'une fois d'entreprendre cette triple biographie. Il y a là, en effet, le sujet d'une étude historique où le passé pourrait fournir au présent, et surtout aux Girondins de nos jours, des enseignements dont ceux-ci paraissent avoir grand besoin. Nous supposons, d'ailleurs, — car rien n'est entêté comme un homme politique, — qu'aucun d'eux n'en profiterait. Cette considération, jointe à un absolu défaut de loisirs, nous engage à ajourner ce travail indéfiniment.

Un autre habitant d'Antraigues se distingua, en 1793, par un acte de courage qui faillit lui coûter cher, bien qu'il soit aujourd'hui presque entièrement oublié.

A la nouvelle que le Roi allait être mis en jugement et que ses jours étaient en péril, l'homme dont nous parlons partit pour Paris et fit imprimer une adresse à la Convention nationale qui était un appel chaleureux en faveur de Louis XVI. Il fit plus, il alla distribuer lui-même cette pièce aux représentants du peuple, à la porte de la Convention.

Voici quelques extraits de ce document :

« Citoyen d'un Etat libre et membre du souverain, le droit que j'ai d'émettre mon vœu sur les affaires publiques est, à mes yeux, un devoir que je dois remplir librement et sans crainte. La cause de Louis XVI intéresse le salut, la liberté, la gloire de la nation française, et si vous la jugez, ce ne peut être qu'en son nom. Représentants d'un peuple magnanime, humain et généreux autant que juste, n'oubliez pas que le dépôt brillant de tous ces titres ne vous est confié que pour le rendre, s'il se peut, plus glorieux encore. Songez que toutes vos opinions, pour être dignes de vous, doivent, aussi bien que le jugement qui les suivra, recueillir les suffrages de l'univers et faire l'admiration de la postérité ; songez surtout que, dans une cause où vous êtes juges et parties tout ensemble, votre premier sentiment doit être, non pas une crainte indigne, mais une sage méfiance de vous-mêmes... »

Après avoir fait sentir indirectement à la Convention qu'elle était incompétente pour juger Louis XVI, l'auteur ajoute :

« Je suppose incontestables les droits qu'on prétend sur la personne de Louis XVI, et je demande si on le jugera sans passions aussi bien que sans préjugés ; si l'on rassemblera, si l'on pèsera cette foule de circonstances malheureuses qui semblent s'être liguées pour amener son crime ; si l'on ne voudra pas entendre qu'il n'était pas en son pouvoir d'en arrêter le concours. Je demande si l'on observera que cette même liberté qu'on l'accuse d'avoir voulu faire périr, les deux mondes attesteront, s'il le faut, qu'elle n'existerait pas sans lui. Je demande si on le condamnera même avant de le juger ; si ce sera sans pitié pour son infortune, sans égard aux lois de la politique, au mépris de l'intérêt, de la gloire et de la générosité de la nation française. Je demande enfin si les juges ne verront en lui que l'homme coupable et s'ils n'auront pas devant les yeux, à côté de la liste de ses attentats, celle de ses bienfaits. Ce serait ici le lieu d'en rappeler le souvenir qui n'est plus aujourd'hui qu'un songe; mais les louanges qu'il faudrait leur donner ne ressembleraient-elles pas trop à ces éloges funèbres dont on avait coutume de couvrir la cendre de ses aïeux ? N'offenseraient-elles pas trop aussi cette liberté si jalouse, que fait frémir le tableau des actions honorables des Rois et qui ne se plaît qu'au récit de leurs crimes ? Par respect pour elle, je laisserai à d'autres un devoir que j'avais moi-même à remplir; mais cette même liberté qui défend d'encenser la vertu, permet sans doute au moins d'honorer le malheur. Et quel homme fut jamais plus malheureux que Louis XVI ?.... S'il fut coupable un moment, était-il en son pouvoir de ne pas le devenir et fit-il autre chose que de céder à l'impérieuse loi de la nécessité ?....

« Il semble que tous ce qui l'environnait eût conjuré sa perte, tout, jusqu'à cette assemblée constituante qui ne lui rendit son trône qu'après l'avoir constitutionnellement élevé sur une roche tarpéienne, et qui ne lui donna pour l'y soutenir qu'une inviolabilité mensongère, qu'une liste civile perfide, qu'un veto cruel, que les instruments enfin qui, loin de le garantir de la chute, devaient eux-mêmes le précipiter. Infortuné Monarque ! encore aveuglé par l'éclat de sa grandeur passée, il n'entrevit pas même l'abîme affreux qu'on creusait sous ses pas, il ne vit pas qu'on le plaçait entre deux écueils qui devaient également le faire périr et qu'il n'aurait pas même la liberté de faire un choix... »

L'adresse fait ensuite l'éloge des vertus privées de Louis XVI en rejetant sur son entourage toute la responsabilité de ses fautes.

« Louis, ajoute-t-elle, ne craint pas la mort ; mais si le premier roi qui posa les fondements de la liberté de son peuple allait être livré par ce peuple même à la main d'un bourreau, songez-y bien, grands dieux ! quel présage funeste pour les peuples ! quelle grande leçon pour les tyrans ! »

L'adresse déclare que la seule peine qu'on puisse appliquer à Louis est celle de l'exil. « Ce jugement est le seul qui soit digne de la France régénérée, libre et partout triomphante. Et qu'on ne s'y trompe pas, un décret de mort pour Louis XVI serait bien plutôt un décret de servitude pour tous les peuples ; car quel est celui qui voudrait adorer une idole de sang à laquelle on n'aurait encore sacrifié que des victimes humaines ? Voulez-vous élever solidement sur vos têtes un nouveau temple à la liberté, n'allez pas en poser les fondements sur des monceaux de cadavres. Voulez-vous étendre par toute la terre votre doctrine sublime, il est vrai, mais bien plus étonnante encore, faites-la donc annoncer auparavant par l'éloquente voix de la douceur et de la clémence..... »

L'auteur de cet écrit fut décrété d'accusation et n'échappa à la guillotine que grâce à l'intervention de ses deux beaux-frères, les conventionnels Gleizal et Gamon. Nous avons entre les mains deux exemplaires imprimés de cet écrit. Le premier en seize pages est intitulé : ADRESSE A LA CONVENTION NATIONALE SUR LE JUGEMENT DE LOUIS XVI, *par Louis Mazon, du département de l'Ardèche*. Le second qui, sauf quelques modifications de détail, reproduit le précédent, a quatorze pages. Il est précédé d'un appel spécial : AUX JUGES DE LOUIS XVI UN VÉRITABLE AMI DU PEUPLE ET DE L'HUMANITÉ. Tous les deux sortent *de l'imprimerie de Froullé, quai des Augustins, n° 39*. Soulavie mentionne le fait dans ses *Mémoires de Louis XVI*, t. 6, p. 509.

***

A propos d'Antraigues, M. Chaballier a relevé récemment une erreur de M. de Valgorge qui, confondant Entraigues en Limagne avec Antraigues en Vivarais, avait fait d'Honoré d'Urfé un écrivain quasi vivarois, en ce sens qu'il aurait passé sa jeunesse sur les bords de la Volane.

Les méprises de ce genre ne sont pas rares, mais il n'est pas toujours prudent de toucher aux gloires locales, alors même qu'elles sont évidemment apocryphes. L'incident Clotilde de Surville en est la preuve.

**

J'ai assez parlé de Vals, ce me semble, pour avoir le droit cette fois de passer sans m'y arrêter. Et puis, que pourrais-je en dire de plus, après l'intéressant travail de M. Chaballier (1) ? Qu'on me permette donc de filer tout droit sur Jaujac, qui, par ses phénomènes volcaniques, ne peut pas être omis dans un livre comme celui-ci.

Jaujac doit à son volcan un cachet pittoresque qui l'oblige à considérer comme un bonheur les incendies souterrains d'une époque où, d'ailleurs, les habitants devaient être rares dans le pays.

Le volcan de Jaujac, outre qu'il a bordé l'Alignon jusqu'à l'Ardèche de magnifiques colonnes basaltiques et construit entre cette rivière et le pont de la Beaume une terrasse cent fois plus belle que la fameuse terrasse de St-Germain-en-Laye, est resté le plus gai, le plus joli, le plus pastoral des volcans.

Le cratère adossé à la montagne de Prunet présente la forme d'une coupe ovale, échancrée à sa partie inférieure. La crête de ses bords est couronnée d'immortelles. A l'intérieur, il est planté de beaux

(1) *Vals et ses environs.* Collection des Guides Joanne.

châtaigniers et le sol est entièrement recouvert de bruyères et de plantes aromatiques.

Le cratère a un kilomètre de tour. Son rebord le plus élevé est du côté de Prades. Le vieux château de Laulagnier a été bâti sur ses flancs. A côté se trouve la petite chapelle de Laulagnier que le curé de Jaujac a fait restaurer.

Au-dessus du cratère est un bois de pins qui lui forme une couronne verte, tranchant d'une façon très-pittoresque avec les rebords rouges de sa coupe.

D'autres bouquets de pins dans les environs font honneur aux boiseurs de la contrée.

En sortant du volcan par l'échancrure du fond, on descend dans un bois de châtaigniers aux pieds duquel s'étend une magnifique pelouse, où jaillit la fontaine minérale du Péchier. Cet endroit est un des plus ravissants que je connaisse. Rien de plus frais, de plus champêtre, et en même temps de plus grandiose. Les larges proportions de la pelouse, les magnifiques châtaigniers qui l'ombragent, la merveilleuse perspective des hautes montagnes qui forment son horizon, les riantes collines, chargées de mûriers et de vignes qui l'entourent, la proximité du volcan qui, nouvelle boîte de Pandore, a répandu en flots brûlants dans la vallée le germe de ses richesses modernes, le mélange de ville et de campagne, de civilisé et de sauvage, que révèlent les visiteurs, tout cela charme et saisit et, quand on y arrive comme nous, par une belle journée d'été, on serait tenté de dire : C'est ici que je vais planter ma tente ; c'est ici que je veux attendre, en méditant sur les vanités humaines, ce qui en est le terme le plus inévitable : la mort.

J'ignore la composition de l'eau minérale du Péchier. Qui sait même si elle a été jamais analysée ? Mais je puis dire qu'elle est très-agréable à boire. Elle est peu gazeuse, mais assez acidule et le dépôt rouge qu'elle laisse sur le verre des bouteilles est la preuve flagrante de son caractère ferrugineux.

Pendant la belle saison, c'est une procession continuelle de gens, la plupart de Jaujac, qui viennent remplir leurs bouteilles ou leurs cruches à la fontaine du Péchier. D'autres viennent simplement avec un verre dans leur poche et, après avoir bu, se promènent sous les arbres ou s'étendent sur le gazon. Il y a parfois des groupes de buveurs assez nombreux et très-disparates qui rappellent un peu les anciens temps de Vals et de Neyrac. J'y ai vu de braves paysannes tricotant leurs bas et des sœurs de Saint-Joseph surveillant les petites bambines confiées à leurs soins, à côté de solides gaillards dont la figure rouge disait assez haut qu'ils trouvaient un bon verre de vin préférable à toutes les sources minérales du monde.

La fontaine du Péchier, le volcan et les terrains environnants appartiennent à la famille de Rochemure, mais, d'après ce que j'ai entendu dire, la commune de Jaujac a un droit d'usage sur la fontaine, et c'est là surtout ce qui a empêché cette délicieuse station d'eau minérale, de tomber dans le domaine industriel.

Je ne crois pas qu'il faille s'en plaindre. Assez de stations d'eau dans ce monde sont renommées par toute autre chose que leurs eaux, c'est-à-dire par des auberges luxueuses où l'on vend fort cher des indigestions et par de splendides casinos qui sont ordinairement des foyers de ruine et de corruption. Personne n'ignore que la prospérité matérielle des stations les plus fréquentées coûte fort cher à la morale publique. Le Péchier, avec son riche accompagnement de beautés naturelles, est une station unique au monde pour les philosophes comme pour les vrais malades, au moins ceux à qui ses eaux conviennent. Souhaitons-lui de garder longtemps sa fraîcheur un peu sauvage et son innocence.

**

Pour justifier complètement le titre donné à cet opuscule, il faudrait encore parler du Ray-Pic, du Pic de l'Etoile, des dikes volcaniques de Charaïx et de Privas, enfin de toute la région comprise entre Mazan, Coucouron et St-Laurent-les-Bains. Nous ne pouvons pas le faire par une bonne raison, c'est que nous n'avons pas suffisamment parcouru cette partie du département et que nous n'aimons à parler que de ce que nous avons vu.

XXIV

EN GUISE DE CONCLUSION

La carte en relief de l'Ardèche. — Le mur géologique. — Tuez la foi, vous tuez la patrie. — La consolation et la poésie du montagnard. — L'enfant sauvé de l'inondation. — Réflexions d'un vieux curé et d'un sénateur protestant sur les mystères. — Le républicanisme d'Auguste Fabre et celui de nos politiques modernes. — L'opinion d'un tailleur de campagne sur les habits et sur la République. — Sans religion point de vraie liberté.

Ce qui distingue généralement les discours des avocats et des orateurs politiques, c'est qu'il est à peu près impossible d'en tirer une conclusion pratique. Un célèbre diplomate a dit que la parole avait été donnée à l'homme pour déguiser sa pensée. Depuis trente ans que j'ai les oreilles cornées de politique, je suppose qu'elle lui a été bien plutôt donnée pour ne rien dire. C'est du moins là une application encore plus générale que l'autre. Or, afin de nous distinguer une fois de plus des avocats et hommes politiques, nous allons en terminant cet opuscule, soumettre à nos lecteurs quelques idées et considérations qui en seront comme le résumé pratique.

**

Une des choses qui nous ont le plus frappé dans nos excursions, c'est l'ignorance générale qui règne sur la géographie du département. Les renseignements les plus contradictoires et les plus inexacts nous étaient donnés chaque fois que nous nous informions de la direction à prendre pour arriver dans tel ou tel endroit, des distances et de l'état des communications. Il n'est pas rare de trouver des gens dans le bassin d'Aubenas par exemple qui connaissent beaucoup mieux la situation de Lyon, de Marseille ou même de la Chine et du Japon, que celle des localités du Vivarais situées de l'autre côté du Coiron — et réciproquement. En somme, cela n'a rien de bien étonnant, puisque dans l'enseignement géographique donné aux enfants dans les écoles primaires et même dans les colléges, ce qu'on oublie le plus, c'est précisément la géographie locale. Dans tous les établissements d'instruction publique que j'ai visités, j'ai toujours vu des mappemondes, des cartes de tous les pays, mais j'ai bien rarement aperçu une carte de l'Ardèche. Je crois cependant que c'est par là qu'il faudrait commencer si l'on veut éveiller dans les jeunes têtes l'amour de la géographie. J'ajoute que pour aider les enfants à en surmonter les aridités premières, il serait bon de leur mettre sous les yeux, à côté des cartes ordinaires du département, une carte en relief qui leur permit de mieux saisir d'un coup-d'œil la configuration extérieure de sa surface.

Mais cette carte en relief, me dira-t-on, n'existe pas !

Cela est trop vrai et cela ne nous fait pas honneur. Raison de plus pour réparer au plus vite cette fâcheuse lacune.

Les journaux ont raconté dernièrement que le ministre de l'instruction publique avait pris des mesures pour imposer à chaque mairie de France l'exécution d'une carte en relief de la commune, carte qui serait publiquement exposée et sur laquelle tous les chemins et les moindres sinuosités de terrain devraient être relevés.

Nous n'avons plus entendu parler de cette affaire, preuve que le projet en question, s'il a jamais existé, n'est pas sorti de la région des théories. On comprend fort bien que des gouvernements absorbés, comme tous ceux qui se succèdent en France, dans d'aussi graves questions que celles qui tiennent à la forme gouvernementale, et obligés de subir toutes les exigences d'un parlementarisme à côté duquel pâlit l'ancienne Byzance, n'aient pas pu s'occuper d'une amélioration aussi minime.

Eh bien ! il est au plus haut point regrettable que cette idée n'ait pas été mise en pratique, car rien ne serait plus propre que cette exécution générale des cartes en relief et leur exposition dans chaque mairie, à propager la connaissance de la géographie et à développer l'esprit des jeunes gens, sans parler des avantages qui en résulteraient pour les questions de routes, de mines, d'irrigations, de cadastre et de stratégie.

Mais, pourquoi l'initiative privée ne suppléerait-elle pas au défaut d'initiative gouvernementale, d'ailleurs si concevable dans les circonstances actuelles ? Pourquoi, par exemple, tous les instituteurs intelligents ne chercheraient-ils pas à dresser, chacun, une carte en relief de son canton ou de sa commune ?

Les cartes en relief sont beaucoup plus en usage à l'étranger, principalement en Suisse et en Allemagne, qu'en France. En Suisse, presque tous les grands hôtels possèdent la représentation en relief de la ville et des environs pour faciliter les excursions des touristes. Avis aux hôteliers de Vals !

En France, les cartes en relief, du moins leur diffusion, sont de date assez récente. Il n'y a guère que trente ou quarante ans, si nous ne faisons erreur, que la carte de France, publiée par le libraire Bazin, est dans le commerce ; mais son prix élevé ne permettait pas qu'elle se répandît dans beaucoup de mains.

Une femme, Mme Caroline Kleinhaus, a pris depuis quelques années une initiative qui lui a valu, à diverses reprises, les éloges mérités de la Société de géographie. Elle a exécuté non-seulement une carte en relief de la France qu'on peut trouver au prix de 15 fr. chez l'éditeur Delagrave, à Paris, mais encore celle de plusieurs départements notamment l'Ain, le Gard, l'Isère, pour ne parler que des plus rapprochés du nôtre. Ces cartes à l'échelle de 1/500,000 et avec le relief de un millimètre pour 100 mètres, sont remarquables par leur exactitude scientifique et par l'exécution. Elles se recommandent en outre par la modicité du prix (3 fr. 50 à 4 fr.)

On trouve chez le même libraire la carte en relief du département de la Haute-Loire au 1/100,000 pour les hauteurs, exécutée par M. Hippolyte Malègue.

On peut voir à Privas, dans la salle de l'hôtel de la Préfecture où la Société des sciences et des lettres tient ses séances, une grande carte en relief de l'Ardèche, exécutée par M. Aimé Fournier, inspecteur des écoles. Il serait très-désirable (si Mme Kleinhaus tarde trop à faire le relief de l'Ardèche) qu'un de nos concitoyens entreprît une réduction de celle de M. Fournier sur une échelle et à des conditions qui en rendissent le débit facile et permissent à chacun de nous de l'avoir dans son cabinet. Bien que la maladie des vers à soie et celle de la vigne aient singulièrement appauvri notre pays depuis quelques années, nous pensons que ce travail serait à la fois un honneur et un profit pour son auteur. Dans tous les cas, nous pensons bien que cette éventualité se réalisant, la presse locale serait cette fois unanime — ce qui ne lui est peut-être encore jamais arrivé — pour recommander cette carte au Conseil général et ne pas lui laisser de trêve jusqu'à ce qu'il en eût doté chacune des écoles communales du département.

.*.

Voici une autre amélioration pratique du même genre que je soumets aux réflexions de Messieurs les Maires de l'Ardèche, et notamment des villes principales comme Privas, Tournon, Largentière, Aubenas et Annonay.

L'autre jour, en remontant de la gare de Privas, je considérais le mur du parapet qui borde la route à droite, et je disais : Que c'est donc bête ! Toujours les mêmes pierres !

Je faisais la même réflexion en suivant le mur qui soutient la place Neuve et enfin, après avoir passé l'hôtel de la Croix-d'Or, en longeant la muraille basse qui sépare la route de l'Esplanade.

— Qu'est-ce qu'il y a donc de si bête à cela ? allez vous me dire.

Je réponds que, si j'étais maire de Privas ou seulement de Lyas, le jour où la ville ou le village aurait à construire un de ces murs de places ou de promenades publiques que chaque habitant est appelé à voir dix fois par jour, je profiterais de la première réunion de mon conseil municipal pour lui dire :

— Messieurs, vous avez décidé la construction de ce mur. Vous n'avez songé qu'à faire un mur solide. Eh bien ! moi, j'ai songé à en faire, de plus, un mur instructif, un mur qui obligera malgré eux vos enfants à apprendre la géologie sans qu'ils s'en aperçoivent, — et tout cela pour cinquante ou cent francs de plus, peut-être, que vous aurez à payer à l'entrepreneur.

Et, comme il ne s'agit pas de politique, je suis convaincu que mon conseil me donnerait carte blanche. Alors, j'appellerais l'ingénieur, ou l'agent-voyer, et je lui dirais :

— Monsieur, voudriez-vous aider notre entrepreneur à faire du mur en question un *mur géologique*, c'est-à-dire à composer le revêtement supérieur de la série des roches qui composent le globe terrestre, en commençant par les granits et en finissant par les formations les plus modernes ?

Toutes les pierres nécessaires ne se trouveraient pas sans doute dans le pays et il faudrait en faire venir quelques-unes de loin ; mais il me semble qu'il serait difficile de mieux employer son argent.

Le nom de chaque roche serait gravé au-dessous en gros caractères, de sorte que bon gré mal gré tous les enfants, même ceux d'une intelligence médiocre, apprendraient ainsi à distinguer par leur nom chacune de ces roches et à reconnaître l'ordre dans lequel elles apparaissent successivement dans les profondeurs de la terre.

J'appelle aussi sur cette idée l'attention des directeurs d'écoles normales et des chefs d'institutions.

Combien d'entre nous sont sortis du lycée de

Tournon ou du collége de Privas sans avoir la première notion de géologie ! Cela n'aurait pas été possible si, dans la grande cour du lycée ou du collége, un proviseur intelligent avait fait refaire un mur quelconque dans le sens que je viens d'indiquer.

**

Plus d'une fois, dans ces notes, nous avons effleuré un sujet sur lequel nos excursions dans les montagnes vivaroises et l'observation impartiale de l'état et des sentiments des populations, n'ont fait qu'affermir nos idées.

Ce sujet, c'est l'incroyable folie des hommes de notre temps qui, dans un but de politique inavouable, cherchent à ébranler la foi religieuse de nos populations.

Il est de mode depuis assez longtemps dans notre malheureuse France d'être impie. Beaucoup de gens croient même que cela suffit pour pouvoir devenir député ou ministre. C'est tellement de mode que l'impiété a aujourd'hui ses fanfarons et ses tartufes. On s'en pare, on s'en vante, on s'en sert, tout au moins dans certaines villes comme d'un appât pour piper les électeurs trop crédules.

Malheureux qui cherchez à enlever la foi au peuple, vous ne savez pas donc pas que vous le livrez sans défense à l'invasion des barbares ! C'est la foi, encore plus que le patriotisme, mot peu compris des masses, qui a battu les armées de Napoléon en Espagne. En 1870, ce sont nos départements les plus *obscurantistes* qui ont donné les meilleurs soldats. Si nos armées, à cette époque, avaient pu être composées entièrement d'hommes résolus et dévoués comme l'héroïque phalange de M. de Charrette, il ne serait pas sorti un Prussien de France. Nous ne voulons pas examiner le cas où elles auraient été entièrement composées d'hommes aussi peu religieux que peu belliqueux, comme ceux qui faisaient alors du patriotisme dans les journaux ou dans les préfectures.

Tout récemment, nous avons vu une nation dont la décadence n'est ni contestable ni contestée, les Turcs, se défendre héroïquement contre une puissance beaucoup plus forte. Qui leur donnait cette force ? C'est le sentiment, ou si l'on veut, le fanatisme religieux. Ce qui prouve qu'il vaut encore mieux pour une nation croire à Mahomet qu'à rien du tout.

La nécessité de la Religion — pour ne la considérer un instant qu'à ce point de vue — se comprend mieux quand on parcourt les hautes montagnes du Vivarais.

Allez contempler la vie rude de ces pauvres gens : dans la neige trois mois de l'année, luttant sans relâche contre la terre et les éléments, ne s'accordant aucune jouissance, couchant sur les feuilles de hêtre à côté de leurs bêtes, ne mangeant que du pain noir ou des châtaignes, buvant de l'eau, étrangers à la science, aux arts, mais aussi aux duperies de la politique : que leur resterait-il si on leur enlevait la religion, qui seule leur est une consolation et une poésie en même temps qu'une règle respectée, qui seule les moralise et les tient au-dessus des animaux ?

Un de nos amis nous racontait, l'autre jour, une scène émouvante à laquelle il avait assisté du côté du Béage.

La Veyradeire, un modeste ruisseau dont la fonte des neiges avait fait un torrent, menaçait d'emporter une hutte où était resté un enfant. Le torrent grossissait de minute en minute et on entendait les énormes blocs de basalte qu'il roulait se choquer bruyants dans ses eaux troubles. Il fallait cependant traverser le courant pour sauver l'enfant qui criait.

Un montagnard se précipite vers la maison. Il hésite une minute devant la rivière mugissante ; puis, sa résolution prise, il fait le signe de la croix et, son bâton en avant, entre dans l'eau d'où il ressort, un instant après, portant en triomphe l'enfant sauvé.

On le félicita de sa belle action. Il répondit simplement :

J'avais fait le signe de la croix.

Connaissez-vous, libres-penseurs, un signe cabalistique ou une théorie capables de donner à de pauvres ignorants ce courage, ce dévouement et les autres vertus qu'inspirent les croyances dont le signe de la croix est le symbole ?

Si notre âme n'est pas immortelle et s'il n'existe pas un Dieu qui punit et qui récompense, un Dieu que les simples eux-mêmes peuvent concevoir, aimer et craindre, à quoi bon s'exposer à la mort pour sauver les enfants qui se noient ?

Et les gens qui meurent, comment adoucirez-vous pour eux cette heure terrible, si vous éteignez la foi religieuse dans leur âme ? Ah ! nous en avons vu mourir de ces pauvres gens, et nous avons été frappé de la sérénité avec laquelle les croyants voyaient approcher la mort. Il n'était pas besoin de leur cacher l'approche du moment fatal ; ils l'envisageaient avec le calme que donnent une bonne conscience et les espérances immortelles d'une autre vie. Et souvent c'étaient eux qui consolaient leur famille éplorée.

Tuez la foi, vous aurez empoisonné la mort elle-même.

Essayez donc de nous dire ce que vous mettriez à la place de la religion pour tenir dans la vie et dans le cœur de nos montagnards la place immense qu'elle occupe. Vous vous moquez des mystères, mais votre science n'en laisse-t-elle pas subsister mille fois plus qu'il n'y en a dans toutes les religions réunies ? Allez, ces mystères sont plus savants que vous et, avant de les saper, vous feriez bien de les méditer. Dans tous les cas, le plus vulgaire bon sens recommande de ne détruire que ce qu'on est en état de remplacer.

Encore une anecdote. Suivez-moi de nouveau sur les hautes Cévennes.

Vous voyez ces huttes couvertes de genêts où l'homme habite pêle-mêle avec les vaches, les moutons et les porcs. Hé bien ! un beau parleur arriva un jour au milieu des montagnards et leur dit :

— Comment pouvez-vous habiter de pareils taudis ? C'est laid, c'est malsain, c'est indigne d'un pays civilisé. Détruisez-les bien vite et construisez des maisons en pierres, larges, commodes, propres, à plusieurs étages et couvertes de tuiles comme dans les autres pays.

— Nous ne demandons pas mieux, répondirent les montagnards, si vous voulez nous fournir la chaux, les tuiles et les autres objets nécessaires à leur construction.

— Notez-bien, ajouta l'un d'eux, qu'avec le vent qu'il fait par ici, si la maison est tant soit peu haute, il faudra des murs singulièrement épais. Notez aussi que vos tuiles devront être faites d'une façon particulière pour pouvoir être clouées comme des ardoises, car si nos toits avaient la pente douce de ceux du Bas-Vivarais, l'énorme quantité de neige qui s'y amasserait les aurait bien vite effondrés.

Le donneur de conseils n'avait pas songé à cela et à beaucoup d'autres choses.

Les libres-penseurs d'aujourd'hui ont-ils mieux songé aux conséquences de leur propagande ?

*
* *

Nous concevons encore qu'un homme, ayant reçu une certaine éducation, se soit fait des principes de morale, et que la philosophie puisse, dans une certaine mesure, lui tenir lieu de croyances religieuses; mais combien ont le temps et les moyens de devenir philos... es, et faut-il, parce qu'il y aurait un homme dans ce cas, par canton, rejeter comme inutile la religion qui est indispensable à tous les autres ?

Supposez le soleil supprimé : c'est le chaos.

De même, dans l'ordre moral, si Dieu est supprimé, tout s'anéantit.

Et comme les abstractions ne suffisent pas à l'homme, surtout aux collections d'hommes, Dieu lui-même est bientôt effacé sans un culte qui soit sa manifestation visible auprès des hommes.

La religion est donc la base de l'ordre moral et par conséquent de l'ordre social, et ceux qui cherchent à la détruire sont les plus grands ennemis de leur pays et de l'humanité.

Voilà où la simple raison conduit sans qu'il soit besoin pour cela d'aucun fanatisme de secte.

*
* *

Un soir d'automne — il y a bien longtemps de

cela — nous rencontrâmes, en venant de visiter un malade, l'abbé X..., un vieux curé des environs.

Je ne sais comment, d'un sujet à l'autre, nous vînmes à parler religion.

J'étais jeune alors et le dogme de l'Immaculée Conception qui venait d'être proclamé, me révoltait.¹ Je dis franchement mes impressions au curé qui me répondit :

— Quand l'expérience vous sera venue avec l'âge et la réflexion, vous ne serez plus choqué de ce qui vous choque aujourd'hui, et vous comprendrez tout seul ce qu'il me serait peut-être difficile de vous faire comprendre à cette heure.

Il voulut parler d'autre chose, mais j'étais entêté et je le ramenai à mon sujet.

— Est-ce que cela ne déroute pas la raison humaine, dis-je, la mienne comme la vôtre? Pourquoi dès lors vient-on nous heurter de la sorte? Et quel succès espère-t-on obtenir ainsi?

— Encore une fois, me répondit l'abbé, vous ne pouvez pas me comprendre en ce moment. Prenez note seulement de ce que je vous dis pour l'époque où vous penserez autrement qu'aujourd'hui. Les mystères déroutent votre raison : la belle affaire! Est-ce que le plus simple coup-d'œil sur la nature ne la déroute pas continuellement? Est-ce que vous savez pourquoi certaines tisanes calment vos malades, pourquoi l'opium fait dormir et pourquoi l'arsenic tue?

Et, au lieu de trouver là un motif d'humilité, cette pauvre raison humaine va s'enivrant toujours d'un nouvel orgueil. A cet orgueil la religion oppose le mystère. Elle lui montre ainsi une fois de plus qu'elle procède d'inspirations différentes, ne suit pas la même route et ne tend pas au même but. La raison cultive la terre, la religion montre le ciel. La religion s'adresse au cœur, au sentiment, elle désaltère en nous la soif du sublime et de l'infini. Il lui faut un langage à la hauteur de sa tâche. Si elle n'est pas mystérieuse, incompréhensible, elle n'est plus la religion. L'homme n'adore pas ce qu'il comprend. Il n'est pas dominé par ce qui n'est qu'à sa hauteur. Il n'y a point pour lui de Dieu, si ce Dieu ne se tient pas à une hauteur infinie, environné de nuages terribles. Il faut qu'en inspirant la vénération et l'amour, la religion inspire aussi le respect et la crainte.

Ce discours, je l'avoue, me parut étrange et j'y répliquai par des arguments que je croyais irréfutables et que je n'ose plus répéter aujourd'hui, tellement je leur trouve un caractère de banalité, tellement je les trouve peu efficaces en l'espèce, ou plutôt tellement je comprends aujourd'hui le peu de compétence de la raison pure dans les questions religieuses.

Ah ! que les fondateurs des anciennes religions — en laissant de côté la question de divine origine —

connaissaient mieux la nature humaine que nos modernes philosophes !

**

Nous lisions l'autre jour dans un vieux numéro de la *Revue des Deux-Mondes* les lignes suivantes que nous recommandons aux méditations de ceux qui crient à tout propos contre les dogmes et les superstitions :

« La puissance que les croyances exercent n'existe-t-elle pas dans les formules dogmatiques et les légendes merveilleuses tout autant que dans leur contenu proprement religieux ? N'y a-t-il pas toujours un peu de superstition dans la vraie piété, et celle-ci peut-elle se passer de cette métaphysique populaire, de cette brillante mythologie qu'il s'agit d'en éliminer ? Les éléments dont vous prétendez dégager la religion ne sont-ils pas l'alliage sans lequel le métal précieux devient impropre aux rudes usages de la vie ? Enfin, quand la critique aura renversé le surnaturel comme inutile et les dogmes comme irrationnels, quand le sentiment religieux d'une part, et de l'autre, une raison exigeante auront pénétré la croyance et l'auront transformée en se l'assimilant, quand il n'y aura plus d'autorité debout si ce n'est la conscience personnelle de chacun, quand l'homme, en un mot, ayant déchiré tous les voiles et pénétré tous les mystères, contemplera face à face le Dieu auquel il aspire, ne se trouvera-t-il pas que ce Dieu n'est autre chose que l'homme lui-même, la conscience et la raison de l'humanité personnifiées ? Et la religion, sous prétexte de devenir plus religieuse, n'aura-t-elle pas cessé d'exister ? »

Est-ce un dévot, un obscurantiste, qui a écrit ces lignes ?

Non, c'est un protestant, quelque peu libre-penseur même ; c'est M. Schérer, sénateur de gauche et rédacteur du *Temps* ; ce qui prouve que les protestants intelligents ne pensent pas autrement parfois, sur les questions les plus délicates, que les plus humbles curés de nos montagnes.

**

Voici maintenant ce qu'écrivait un de nos compatriotes les plus distingués, Auguste Fabre, dans le *Plan des républicains de 1830* qu'il avait été chargé de rédiger :

Cultes. — Inconséquence de ceux qui prêchent la liberté et cherchent à détruire les idées religieuses.

« En proclamant une égale protection, ou plutôt un respect égal pour tous les cultes, dont les ministres auraient été salariés également par l'Etat, on aurait cherché par tous les moyens imaginables à propager, à raffermir les grandes croyances qui servent de base à toutes les religions. Il n'y a pas, selon moi, d'inconséquence plus palpable que celle des hommes qui prêchent la liberté et tendent à détruire les idées religieuses. Tous les peuples libres ont été religieux. Du moment où la religion les a quittés, ils sont tombés sous le despotisme. L'idée d'une autre vie est la source de tout ce que nous sentons de grand, et par conséquent de tout ce que nous pensons de beau, de tout ce que nous faisons de noble. On m'objectera que quelques hommes assez malheureux pour n'avoir aucune croyance sont cependant d'honnêtes gens et de bons citoyens. Le nombre en est si petit que je pourrais les rejeter dans ces exceptions qui confirment les règles. Mais il y a mieux à dire. Interrogez ces hommes. Tous, ils ont été élevés dans des sentiments religieux. Quand leur esprit s'est égaré, leur cœur était déjà formé ; il lui était devenu impossible de se ployer au vice ; il s'était, si je puis ainsi parler, modelé sur les proportions de l'infini. Mais n'attendez rien de bon d'un cœur qui, dès l'enfance, n'aura battu que pour une existence de quelques années. Les générations où l'idée de notre immortelle nature se perd, conservent encore des vertus héréditaires ; bientôt celles qui les suivent n'ont plus rien d'humain ; elles ne sont plus même bonnes à vivre en troupeaux d'esclaves sous un tyran ; elles sont conquises et détruites par des peuples qui, croyant à quelque chose au-delà de la mort, savent encore la braver. »

Entre ce langage et celui de la plupart des républicains de nos jours, qui prêchent hautement l'athéisme et le matérialisme, ou qui pactisent lâchement avec les athées et les matérialistes, il faut convenir qu'il y a une différence qui n'est pas à l'avantage des derniers.

**

A ce propos, on me permettra de relever combien le jugement de nos campagnards est généralement plus solide et plus sain que celui des habitants des villes.

Tandis que ceux-ci sont le plus souvent les dupes grotesques de quelques beaux parleurs, nos campagnards savent presque toujours découvrir dans leur propre expérience, dans le spectacle de leur village ou dans l'étude de leur métier, le sujet de comparaisons instructives et un guide lumineux à travers les choses qu'ils ignorent.

J'ai été frappé plus d'une fois des analogies ou des déductions que leur simple bon sens sait trouver dans le rapprochement de leurs travaux journaliers avec la politique du jour.

A un candidat qui lui promettait, comme on dit, plus de beurre que de pain, un cultivateur de Prades répondait finement : « Avez-vous trouvé le moyen de faire deux récoltes par an, d'empêcher la grêle et la gelée, de faire réussir les cocons ? »

Un autre, paraphrasant sans s'en douter, le mot d'Alphonse Karr : *Plus ça change, plus c'est la même chose*, disait : « Nous voyons bien qu'on change les sous-préfets et les députés, mais nous ne voyons pas changer la cote du percepteur, et les routes ne se construisent pas plus vite qu'avant. »

Mais celui qui m'a le plus étonné par la justesse de ses réflexions est un tailleur des environs d'Aubenas à qui l'on présentait la République comme une sorte de panacée infaillible et universelle.

— C'est trop beau, répondit-il, je m'en défie.

Son interlocuteur s'efforça de lui démontrer que la République était le meilleur des gouvernements.

— Les gouvernements sont comme les habits, répliqua-t-il. L'important pour un habit n'est pas tant qu'il soit beau, mais qu'il aille bien à celui qui le porte, et que l'étoffe comme la coupe soient en rapport avec sa condition, son travail et ses habitudes. La grosse veste et le pantalon de cadis que je fais en ce moment pour X..., de Thueyts, valent mieux pour lui que le pantalon noir et l'habit brodé de M. le sous-préfet. La politique que l'on fait aujourd'hui ressemble fort à ce que mes confrères des villes appellent la mode, ce qui veut dire qu'elle est capricieuse et qu'elle n'a pas le sens commun. Quand les enfants viennent au monde et jusqu'à un certain âge, on les habille avec des langes, car c'est le seul vêtement compatible avec... leurs habitudes. Plus tard, on leur met des robes, même quand ce sont des garçons, et pour cause. Le vêtement se développe et se perfectionne en raison de l'âge et des fonctions de celui qui le porte, large chez l'un, juste chez l'autre, toujours proportionné à sa taille et à ses besoins. Voilà du moins ce qu'on faisait de notre temps. Aujourd'hui on habille les enfants comme des hommes ; on leur souffle la vanité avant même que la raison soit venue ; on fait les vêtements non pour la commodité de celui qui les porte, mais pour l'agrément des yeux de ceux qui ne les portent pas, on sacrifie tout à l'ostentation. La politique et la mode prétendent, chacune à sa manière, mettre tout le monde au même pli. C'est pour cela que les vêtements ne vont pas mieux et ne durent pas plus que les républiques.

Je ne voudrais pas cependant, ajouta en souriant ce brave homme, dire du mal de ce que vous appelez la République. Evidemment vous entendez par là un régime juste et sage comme nous n'en avons jamais eu. C'est un habit d'une étoffe supérieure, à la fois solide et belle, un habit dont les formes ne laissent rien à désirer, soigné, cousu comme on ne coud plus, brodé au col et sur les manches, un habit qui ferait merveille à la montre d'un de mes confrères de Paris ou de Lyon, mais — il y a un mais — qui n'est pas, du moins rien ne le prouve jusqu'ici, à la taille de ceux à qui on veut le mettre — trop large pour l'un, trop étroit pour l'autre, gênant celui-ci aux jambes et celui-là à la poitrine ; bref, un habit magnifique autant qu'inutile, très-bon pour allécher le client ou pour inspirer le coupeur, mais impossible à porter et ne valant pas, pour un homme nu, le dernier des habits qui sortent de ma pauvre boutique.

⁎

Nous ignorons l'avenir que la Providence réserve à notre pays, mais nous ne pouvons nous défendre de tristes appréhensions en voyant à quel point les esprits sont aujourd'hui affolés par des mots qu'ils ne comprennent pas et trompés par des ambitieux qui eux-mêmes sont les dupes d'inconcevables illusions, quand ils ne sont pas des dupeurs conscients. S'il est une chose claire au monde pour tout esprit non prévenu, c'est qu'il n'y a pas de vraie démocratie sans religion et que la liberté qui prétend se passer du frein des lois divines aboutit toujours à un odieux despotisme. A ceux que la politique emporte dans ses mortels tourbillons, nous dirions volontiers : Allez sur nos montagnes et, en respirant leur air pur et balsamique, en étudiant leur histoire, en méditant sur la grandeur et la sagesse de celui qui préside aux révolutions terrestres, vous en rapporterez des impressions qui, si elles ne vous laissent pas insensibles aux révolutions humaines, vous les feront du moins apprécier à leur véritable valeur et vous empêcheront d'y jouer les rôles insensés que tant de nos compatriotes de l'Ardèche y jouent aujourd'hui.

TABLE DES MATIÈRES

                Pages

LETTRE A UN ANCIEN PROFESSEUR DU COLLÈGE DE PRIVAS 1

CHAPITRE PREMIER.

DE LIVRON A ROCHEMAURE 1

    L'entrée en Vivarais. — L'orage. — Un hommage au figuier. — Le royaume de la chaux. — Bergwise. Comment le pavé de Montélimar' fit découvrir, au siècle dernier, les volcans du Vivarais.

CHAPITRE II.

LE CHENAVARI 13

    Le Chenavari. — L'exploitation de ses prismes basaltiques au siècle dernier. — Un ruisseau de laves solidifiées. — Une erreur de Poulett Scrope. — La mort du chêne.

CHAPITRE III.

ROCHEMAURE 23

    Les trois étapes historiques d'un village vivarois. — Le donjon. — L'église St-Laurent. — Une inscription à deviner — La fête de Ste-Marthe à Rochemaure. — Les démêlés locaux à propos de l'église paroissiale. — Relations aqueuses entre la Voulte et Rochemaure.

CHAPITRE IV.

ALBA AUGUSTA HELVIORUM 46

    Les rampes de notre chemin de fer. — Le défilé des

basaltes du Coiron. — Aubignas. — La plaine d'Aps. — Grandeur et décadence des empires et des familles bourgeoises — Les dangers de la richesse. — La religion seule pourrait en paralyser les effets. — Aveuglement des démocraties modernes.

CHAPITRE V.

UNE PROMENADE A TRAVERS LES AGES 55

Les quatre plus beaux kilomètres de France. — La source *St-Joseph* à la Bégude. — Les analyses d'eaux minérales. — Les granits. — Le fer grand peintre de la nature. — Baignoires naturelles en granit porphyroïde.

CHAPITRE VI.

LA CRÉATION DU VIVARAIS 64

L'apparition de l'île des Cévennes. — C'est à la poussée des granits porphyroïdes que nos montagnes doivent leur principale élévation. — Les orages. — L'Atlantide. — La confusion des nomenclatures géologiques. — L'herbier des 27 couches terrestres. Durée totale des formations géologiques.

CHAPITRE VII.

LES SOULÈVEMENTS DES MONTAGNES 75

M. Elie de Beaumont. — L'âge des montagnes. — Soulèvements et abaissements du sol. — Les déluges. — Développement progressif du sol vivarois.

CHAPITRE VIII.

J.-B. DALMAS. 85

Défense aux Vivarois d'ignorer la géologie. — Rôle glorieux de quelques Vivarois dans les sciences naturelles. — Un conférencier de province. — L'expérience de sir Humphry Davy. — Une objection de

M. Ampère contre le feu central. — Les observations de M. Dalmas. — Fluidité croissante des roches éruptives, depuis les granits jusqu'aux laves modernes. — Variations dans l'accroissement de la chaleur à mesure qu'on pénètre au sein de la terre. — Le feu central détrôné par l'incandescence partielle résultant du contact de l'eau et des métaux alcalins. — Progrès de la théorie Dalmas.

CHAPITRE IX.

LES ANCIENNES ÉRUPTIONS VOLCANIQUES 100

Le Pont de la Beaume. — Ventadour et la Chaussée des Géants. — Éjaculations des trachytes et des phonolites. — Eruptions pyroxéniques. — La carcasse basaltique du Coiron. — Les volcans laboureurs. — Les cinq volcans retardataires. — Ils saluent de leur artillerie la naissance de la Grèce. — Matières vomies par les volcans. — Prismes et laves.

CHAPITRE X.

LES VOLCANS MODERNES. 113

Les mastodontes sous les basaltes du Coiron. — Les troglodytes de la pierre polie sous les coulées boueuses de Denise. — Les dernières manifestations volcaniques du Vivarais en 468. — Etablissement des Rogations. — De nouvelles éruptions volcaniques en Vivarais ne sont pas probables, mais n'ont rien d'impossible. — Les noms des volcans vivarois. — Progrès de la végétation sur les terrains volcaniques. — L'extinction complète des volcans du Vivarais est plus récente qu'on ne le croit. — Volcans actifs. — Eruptions boueuses et poissonneuses. — Petits hommes et petits volcans. — Volcans artificiels. — La terre, animal vivant. — Nous retombons à Ventadour.

CHAPITRE XI.

LA FONTAINE DU VERNET 130

Le banc de gneiss schisteux de la Levade. — Les grands parents du salicylate de soude. — Les chiens médecins. — Le bassin houiller de Prades. — La source du *Vernet*. — La *Lyonnaise*. — Quelques réflexions sur les eaux minérales en général. — Variété du dosage alcalin dans les eaux minérales de l'Ardèche. — Pourquoi l'usage des eaux minérales, inutile autrefois, est devenu aujourd'hui une nécessité. — Comment se fait la tisane de granit. — La source unique de nos eaux minérales et la cause de leurs différences.

CHAPITRE XII.

LE PESTRIN ET SES ENVIRONS 446

La voie romaine d'Alba à Nieigles et à Montpezat. — Notre-Dame de Nieigles. — Les sources du Pestrin. — L'instinct populaire précurseur des découvertes de la chimie. — La chapelle de Ste-Marguerite. — Les empoisonneurs de rivières. — Le pont de Veyrières. — L'orphelinat de la fabrique Plantevin. — La vraie et la fausse démocratie.

CHAPITRE XIII.

NEYRAC 458

Une école pour les fabricants de ciments. — Neyrac, il y a trente ans. — Etymologie de Neyrac. — Neyrac du temps des Romains. — Le rocher des Lépreux. — Faujas de St-Fond à Neyrac. — La source thermale découverte en 1780 par Mazon, jurisconsulte à Antraigues.— Guérison de M. Rattier. — Les diverses sources de Neyrac. — Les dissidences des chimistes au sujet de l'analyse de la source *Jeune*. — Le nouveau Tartare. — Les bains d'acide carbonique. — Ce qui empêche la prospérité de Neyrac. — Sur le pic de Soulhol. — Les eaux de Neyrac sont antérieures aux éruptions des derniers volcans vivarois. — Un hospice militaire à Neyrac et à St-Laurent-les-Bains.

CHAPITRE XIV.

MONTPEZAT 177

Meyras. — Le château de la Croisette. — La vallée de Montpezat. — Pourseille et Pourcheyrolles. — Les cardinaux Flandin. — Une découverte à faire. — Le paysage vivarois. — Auguste Rouchet. — Les points habités les plus élevés de l'arrondissement de Largentière. — Un filon de porphyre.

CHAPITRE XV.

LA VESTIDE DU PAL 193

Le plus grand cratère vivarois. — La bataille de l'eau et du feu. — La source de Fontaulière. — Le lac Ferrand. — Les inondations. — Une éponge gigantesque. — Digues transversales et bassins de retenue. — L'escalier hydraulique de l'Ardèche. — Le reboisement de nos montagnes. — Une tentative vaine auprès du Conseil général. — Le sommet du Tanargue. — Un bon exemple donné au Conseil général de l'Ardèche par..... l'Etat de New-York. — Faculté asséchante des arbres. — Les grandes crues de nos rivières. Les pluies d'automne sur les Cévennes. — Combien de tonnes d'azote l'Ardèche emporte chaque année vers le Rhône.

CHAPITRE XVI.

LA VALLÉE DE MAYRES 217

Le Suc de Bauzon. — Etymologie de Gerbier de Jonc. — L'ancienne forêt de Bauzon. — Les chayres — Récolte de la framboise. — Retour en arrière. — La Gravenne de Thueyts. — La Gueule d'Enfer. — L'Echelle du Roi. — La fontaine de Luzet. — Thueyts en 1762. — Un futur railway entre le Pont de la Beaume et le chemin de fer de Brioude. — Le curé de Barnas. — Le nid de l'aigle. — St-Martin et le vieux Mayres. — La *Vivaroise* et la

Peyrolade. — De Mayres à la Chavade. — Il faut des conducteurs prudents aux côtes rapides.

CHAPITRE XVII.

MAZAN 236

Voyage nocturne à travers la forêt de Mazan. — Une chambre à deux lits. — Les ruines de l'abbaye. — La fondation de Mazan par un prince moine. — Le quartier des Anglais. — Le trésor de Mazan. — L'abbaye au 17ᵉ siècle. — La révolution chez les moines. — Comment eut lieu l'abandon de la basilique. — La fontaine exhilarante de St-Cirgues.

CHAPITRE XVIII.

LE BÉAGE. 253

La Loire. — Ruisseaux purs et fleuves troubles. — Riéutort. — Les Usclades. — La dentelle et les dentellières. — Le Champ Clavel. — La récolte de la violette. — Le Béage. — Les anciens muletiers. — Une relique de Saint Jean-François-Régis. — Les misères, la grandeur et la décadence d'un berger du Béage. — Régis Broyase. — Un bas-relief inédit de lui.

CHAPITRE XIX.

LE MÉZENC. 270

Les Estables. — La prairie du versant occidental du Mézenc. — Un panorama immense. — Les cornes du Mézenc. — Les pics volcaniques d'Auvergne. — Les lauzières. — La Chartreuse de Bonnefoy. — Un monastère vendu en détail. — Prise et reprise de la Chartreuse en 1569. — Le trou des Huguenots. — La seigneurie du Mézenc.

CHAPITRE XX.

LE LAC D'ISSARLÈS 285

Le lac d'Issarlès. — Sa récente mise en adjudication. —

Les poissons qu'il contient. — Un troglodyte moderne. — Une courte digression sur l'inégalité des conditions. — Les vrais riches. — Les fourmis ailées.

CHAPITRE XXI.

LA MONTAGNE 296

La Loire et Valavieille. — Une matinée d'été sur la montagne. — Le beurre et le fromage. — Le royaume des Ours. — Le mot d'un paysan de la Champ-Raphaël à l'auberge de Mézilhac. — Les maisons et les mœurs des montagnards. — La médecine en montagne. — — Développements de l'instruction primaire en montagne, grâce aux frères et aux religieuses. — Les deux pôles de la France. — Le grand concert du suffrage universel et la partie qu'y font les populations rurales.

CHAPITRE XXII.

MARCOLS 314

La montagne du Champ-de-Mars. — Le passage de Jules César dans l'Helvie. — La vallée de l'Erieux. — Les sources minérales de Marcols. — Les centenaires dans la vallée des Ours. — Fumées politiques et réveils de volcans.

CHAPITRE XXIII.

ANTRAIGUES 325

La Viole. — La fête de St-Roch à Antraigues. — Un sermon sous les châtaigniers. — Lucie Fournier. — Les sœurs de St-Roch. — Un vœu des habitants d'Antraigues en 1720. — Les *clapeyras*. — Antraigues et les Palets en l'an 1900. — Le président Gamon et sa ménagerie. — *La grande Société des Eaux de Vals et de l'Ardèche*. — Antraigues, Prades et le pont de la Beaume devenus des faubourgs de Vals. — Le futur établissement hydrothérapique des

CHAPITRE XXIV.

Palets. — Vals et Vichy. — Les sources du Régil. — Les Escourgeades. — Le comte d'Antraigues. — Claude Glabel. — Un défenseur ignoré de Louis XVI. — Le volcan de Jaujac. — La fontaine du Pêcher.

EN GUISE DE CONCLUSION 361

La carte en relief de l'Ardèche. — Le mur géologique. Tuez la foi, vous tuez la patrie. — La consolation et la poésie du montagnard. — L'enfant sauvé de l'inondation. — Réflexions d'un vieux curé et d'un sénateur protestant sur les mystères. — Le républicanisme d'Auguste Fabre et celui de nos politiques modernes. — L'opinion d'un tailleur de campagne sur les babils et sur la République. — Sans religion point de vraie liberté.

Privas. — Imprimerie Roure.